KB206602

기독교의 이해

■ 전성용·정인교 편저

서울신학대학교
SEOUL THEOLOGICAL UNIVERSITY

STUP
서울신학대학교출판부

기독교의 이해

■ 전성용 · 정인교 편저

서울신학대학교
SEOUL THEOLOGICAL UNIVERSITY

STUP
서울신학대학교출판부

| 머리말 |

『기독교의 이해』 독자님 반갑습니다. 사랑하는 우리의 학교 서울신학대학교에서 대학생활의 첫발을 내디딘 새내기 여러분은 지금까지 몸담아 왔던 중고등 시절과 전혀 다른 새로운 인생의 전기(momentum)를 맞이하였습니다. 육체적으로, 사회적으로, 그리고 정신적으로 독립된 주체로서 스스로 생각하고, 행동해야 하는 책임 있는 위치에 이르게 되었습니다. 한 사람의 성인(成人)이 된 것입니다. 지금까지 여러분을 규제하던 제약들이 사라지고, 자유의 시대를 맞이하였습니다. 질풍노도의 시대라고 할까요.

그러나 성숙과 자유의 시대가 마음대로 행동할 수 있는 기회를 부여한다고 해서 보이지 않는 규제나 제약이 사라진 것은 결코 아닙니다. 여러분은 이제부터 눈에 보이지 않는 더 높은 수준의 요구와 제약 앞에 서게 된 것입니다. 따라서 더 어렵고 더 험난한 인생의 단계로 접어들었다고 할 수 있습니다. 지금까지는 주변의 도움과 보호를 받아 비교적 쉽게 살아왔던 인생이 이제부터는 나 혼자서 더 치열한 경쟁을 뚫고 나아가야 할 수 많은 관문들이 기다리고 있습니다. 취업, 군대, 진학, 결혼, 승진, 사업, 가족, 건강, 그리고 교회 등 여러분은 고독한 개척자로서 이 모든 문제들을 대면해야 할 것입니다. 지금부터 여러분은 스스로를 개발하고, 성장시켜 가야 하는 준엄한 과제를 부여받고 있습니다.

우리 대학은 기독교학교로서 기독교 정신을 함양한 사회 지도자를 양성하고자 합니다. 여러분은 기독교 신자로서 신앙고백을 한 사람일 수도 있고, 아직은 신앙에 대한 이해가 미숙한 채로일 수도 있습니다. 우리학교의 여러 교수님들이 힘을 합쳐 기독교적인 인생을 살아가야할 여러분을 위해서 가장 필요한 부분을 정리하여 기독교에 대한 포괄적인 이해로의 안내할 수 있는 길을 이 책에 담아내었습니다.

이 책에서는 총 8개의 주제를 다루고 있습니다. 1장에서는 종교에 대한 일반적인 이해를 제시합니다(박영식 박사). 2~4장에서는 기독교의 역사를 개괄하고 있습니다(박창훈 박사). 고대교회와 중세교회, 근대교회와 현대교회, 그리고 한국교회와 성결교회의 역사를 통해서 기독교의 발전과정과 그 역사적 의미를 살펴볼 수 있습니다. 5~7장에서는 조직신학의 중심주제들을 소개하였습니다(전성용 박사). 하나님, 인간, 그리고 구원이라고 하는 기독교의 핵심적인 내용을 소개하고 있습니다. 8장에서는 교회생활에 대해서(정인교 박사), 9장에서는 그리스도인의 삶과 윤리(오성현 박사), 10장에서는 기독교와 과학(이신건 박사), 11장에서는 기독교와 문화(장혜선 박사), 마지막으로 12장에서는 기독교와 이단(박문수 박사)에 대해서 다루고 있습니다.

이상의 12장으로 된 이 책의 내용은 기독교의 문제를 전부 다루고 있지는 않지만, 기독교적 삶을 균형 있게 살아가려고 하는 새내기 여러분에게 어느 정도의 학문적 기초를 제공할 것입니다. 그리고 앞으로 더 심화된 학문의 전문영역으로 들어가기 위한 안내자의 역할을 할 것입니다. 기독교 신앙의 가장 기초가 되는 『성서의 이해』는 별도의 책으로 출판될 것이기에, 이 책에서는 다루지 않았습니다.

열악한 조건 가운데서도 수고해 주신 집필자들에게 감사의 뜻을 표합니다. 연구비(2008년)를 지원한 서울신학대학교에 감사를 드립니다. 아무쪼록 이 책을 통해서 독자 여러분들이 기독교적인 세계관과 인생관으로 무장하여 이 험난한 세상을 이기고, 또 능히 이기는 거룩한 성결인이 되기를 간곡히 희망합니다.

2011년 9월

전성용 · 정인교 교수

Contents

Contents

1장

종교란 무엇인가?

종교의 시대는 끝났는가?

종교란 무엇인가?

종교와 새로운 삶

1장

종교란 무엇인가?

| 1 | 종교의 시대는 끝났는가?

2007년에 우리말로 번역되어 베스트셀러가 된 책이 있다. 『만들어진 신』이라는 제목을 달고 나온 이 책의 원제목은 THE GOD DELUSION (신이라는 망상)이다. 세계적인 과학자이면서 과학이론을 대중화시키고 있는 베스트셀러 작가인 **리처드 도킨스 (Richard Dawkins, 1941-)**는 이 책에서 존 레넌의 노랫말 - "상상해 보라, 종교 없는 세상을." - 을 상기시키며 종교가 모든 악의 근원은 아니지만, 수많은 악행들이 종교의 이름으로 자행되고 있다는 사실을 환기시킨다. 더 나아가 『선(禪)과 오토바이 관리기술』의 저자인 로버트 퍼시그의 말을 인용하여 다음과 같이 속삭인다. "누군가 망상에 시달리면 정

독일 빌레펠트 대학에 소개된 광고

신 이상이라고 한다. 다수가 망상에 시달리면 종교라고 한다." 도킨스는 종교는 한마디로 망상이고, 집단적인 정신병이라고 말하며, 인터넷을 통해 대중적인 무신론을 선전하고 있다. 과학자가 대대적인 안티 종교 캠페인을 전개하고 있고, 이것이 또한 대중적인 관심을 끄는 것을 보면 역설적으로 종교의 영향이 얼마나 지대한지를 알 수 있다. 위의 사진(독일 빌레펠트 대학의 광고 : 과학은 신을 장사지냈는가?)이 예시하듯이 전(全)세계 대학가에서 이에 대한 찬반 논란이 뜨겁게 일어났다.

굳이 리처드 도킨스를 언급하지 않아도, "종교가 뭐 밥 먹여줘?"라는 말처럼 무신론적이거나 반(反) 종교적인 생각들은 우리들의 삶 구석구석에서 어렵지 않게 만날 수 있다. 종교보다는 밥이 먼저다. 일단 목구멍이 포도청이라 뭔가가 들어가고 한숨 돌려야 교양 있는 자태로 종교든 뭐든 논할 수 있다는 말이다. 그러고 보면 출세지향적인 오늘날 풍조에 비춰보면 종교는 정말 밥도 먹여줘야만 되는 시대에 이른지도 모르겠다. 일견, 오늘날 종교가 찬밥신세인 듯 보이지만 실상 인류 역사를 가만히 살펴보면 단 한 번도 종교가 없었던 적이 없다. 아니, 종교 외엔 그 무엇도 없다고 할 정도로 정치, 사회, 문화 등 인간의 삶 전반에 종교적 색채가 물씬 풍기는 시절이 있었다. 인기 드라마였던 〈주몽〉이나 〈선덕여왕〉에서 보면 신녀, 천신황후 등의 종교적 직함이 등장하는데 이들의 영향력은 당시 사회에서 결코 만만하지 않았다. 이들은 당시의 상식과 학문으로는 알 수 없는 일들을 예견하거나 그 안에 담긴 천기를 해명하며 하늘의 뜻을 전달하는 신성한 역할을 맡았다. 그러나 오늘날 우리는 과학의 획기적인 발달로 인해 하늘의 운행과 자연의 일들을 과학적으로 예견하며 우주와 생명의 기원까지 해명하려고 하는 시대에 살고 있다. 그렇다면 종교의 시대는 진정 끝났단 말인가?

과학의 발달로 인해 종교의 자리가 점점 협소해지는 듯 보인다. 1916년에 한 조사에 따르면, 미국 과학자의 60%가 신을 믿지 않는다고 답했다. 그렇다면, 과학이 훨씬 발달한 오늘날엔 대다수의 과학자가 신에 대한 믿음을 포기해야 할 듯 보인다. 그러나 1996년에 실시된 한 조사에서는 여전히 40%의 과학자가 신의 존재를 믿고 있는 것으로 나타났다. 과학자들만이 아니라 다양한 분야의 여러 전문가들

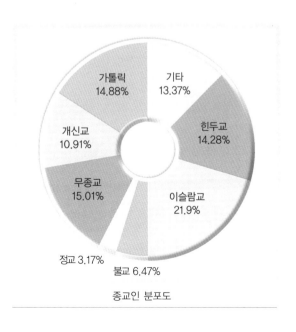

종교인 분포도

가톨릭 14.88%
기타 13.37%
개신교 10.91%
힌두교 14.28%
무종교 15.01%
이슬람교 21.9%
정교 3.17%
불교 6.47%

이 여전히 종교를 가지고 있다. 최근의 갤럽 조사에 따르면 세계 인구의 80%가 종교의 중요성을 인식하고 있는 것으로 나타났다. 물론 제법 잘 산다는 나라(스웨덴, 덴마크, 노르웨이, 프랑스, 일본 등)에서는 종교에 대한 의존도가 20% 내외로 평균이하로 나왔고, 소위 못 사는 나라(이집트, 방글라데시, 스리랑카, 인도네시아, 콩고 등)에서는 종교에 대한 의존도가 심지어 90%에서 100% 이른다고 한다. 그러나 우리가 북유럽이나 일본, 미국 등 소위 잘 사는 나라를 여행한다면, 때로는 확연하게 드러나기도 하고, 때로는 깊이 관찰해야 알 수 있지만 그들이 서 있는 문화전통에 종교적 영향이 얼마나 지대하게 자리 잡고 있는지를 알수 있다. 소위 점점 더 세속화되어 가는 시대에 개개인의 생활 속에서 종교적인 행동과 언어를 찾기는 어렵다. 그렇지만 삶의 터가(터전이) 되는 문화와 전통이라는 더 넓은 지평을 들여다보면, 부유한 환경에서 살아가는 사람들도 여전히 종교적 환경 속에 살아가고 있다. 그리고 보면, 스스로 종교인이 아니라고 말하는 현대인들조차도 종교적인 분위기와 종교문화, 그리고 종교전통의영향에서 완전히 탈피해서 살아갈 수는 없다. 예컨대, 세속화된 서구사회의 장례풍습이나 결혼예식, 국가 공휴일, 축제일 등을 다른 종교문화권과 비교해 보면 다분히 기독교적이라는 사실은 분명하다. 우리나라의 경우도 마찬가지다. 구체적으로 특정한 종교를 가지지 않은 사람들의 경우에도, 설이나 추석에 고향을 향해 갈 뿐 아니라, 차례와 성묘를 지낸다. 외국인이 방문하면 자랑스러운 우리 문화로 불국사나 석굴암, 또는 유네스코 세계무형유산으로 지정되어 있는 종묘제례 등을 보여준다. 이처럼 종교는 문화를 통해, 문화는 종교를 통해 꽃피어 있고 세속화된 사회 속에서도 종교는 여전히 우리 곁에 머물러 있다. 또한 종교는 삶을 둘러싸고 있는 외부적인 환경일 뿐 아니라, 일상의 생활방식과 일상 언어 속에도 들어와 있다. 우리가 무의식적으로 사용하는 언어들 중에는 종교적인 뿌리를 가지고 있는 것들이 많이 있다. 대표적으로 인연, 야단법석, 아귀다툼, 아수라장, 다반사(茶飯事), 이름값, 재수(財數 : 재물에 대한 운수), 신바람, 공부, 예언자, 창조, 거듭남, 부활 등이 그것이다. 윗사람에 대한 공경과 예의에 대한 중시, 그리고 가족에 대한 남다른 애정 등에도 종교적 요소의 흔적이 엿보인다. 이처럼 종교는 먼 듯하다, 우리 삶과 밀접히 연관되어 있다.

> 스스로 종교인이 아니라고 말하는 현대인들조차도 종교적인 분위기와 종교문화, 그리고 종교전통의 영향에서 완전히 탈피해서 살아갈 수는 없다. 예컨대, 세속화된 서구사회의 장례풍습이나 결혼예식, 국가 공휴일, 축제일 등을 다른 종교문화권과 비교해보면 다분히 기독교적이라는 사실은 분명하다.

프랑스의 사회학자 **오귀스트 콩트**(A. Comte, 1798-1857)는 세계가 점점 발전할수록 종교의 시대는 끝이 난다고 생각했다. 인류의 역사는 처음엔 신화적인 시대, 즉 신들의 이야기가 지배하는 시대로 전개되다가 형이상학의 시대로 넘어간다고 했다. 형이상학의 시대란 신들의 이야기를 철학적 사변으로 정리하는 시대이다. 그러나 형이상학의 시대도 지나가고 드디어 과학의 시대가 전개된다고 보았다. 그리고 콩트에 의하면 과학의 시대에는 더 이상 종교가 아무런 기능을 할 수 없다. 그러나 오늘날 콩트의 주장은 부당한 것으로 입증되고 있다. 과학이 발달하여 유전자 복제를 운운하고 우주의 기원을 밝혀내겠다고 하는 기술과학 시대에도 여전히 종교는 존속한다. 도킨스처럼 종교를 망상이라고 하는 사람이 있는가 하면, 그 반면에 도킨스의 비과학적이고 비

논리적인 주장에 실망하여 '도킨스의 망상'을 말하는 과학자도 있다. 과학의 발전과는 무관하게 종교가 여전히 존재하는 이유는 무엇일까?

종교가 사라질 것이라는 예측과는 달리, 프랑스 작가 앙드레 말로(1901-1976)에 의하면 과학이 발달하고 사회가 개인화 될수록 오히려 윤리와 종교적 질문이 더욱 중요하게 된다. 신학자 틸리히(Paul Tillich, 1886-1965)에 의하면 인간이 생존하는 한 종교는 존속할 수밖에 없다. 왜냐하면 인간은 삶의 의미를 묻고 그 대답을 종교를 통해 얻고자 하기 때문이다. 과학과 의학의 발달로 인해 인간의 거의 모든 질병을 치료하고, 그럼으로써 생명을 크게 연장할 수 있으며, 또 우주의 기원과 변화의 대부분을 설명할 수 있다고 하지만, 이와는 상관없이 삶의 의미와 가치가 점점 더 퇴색되어 가는 것은 어찌된 일인가? 왜 기술의 화려함과 삶의 아름다움은 조화를 이루지 못하는 것일까?

17, 18세기를 거치면서 과학과 기술은 놀랍도록 성장하게 된다. 그러나 신비에 둘러싸여 있던 세계는 이제 과학과 기술로 무장한 인간에 의해 마치 하나의 기계처럼 파악되기 시작하고, 인간의 계획에 따라 이리저리 측량되고 설계되고 조작될 수 있는 대상으로 전락하게 된다. 급기야 자연세계만 아니라, 인간의 몸도 하나의 기계처럼 다루어지기도 한다. 자연과학은 자연공학으로, 의학은 인체공학으로 바뀌고 있다. 유전 공학이라는 것도 따지고 보면, 인간 존재를 하나의 기계처럼 파악하고 있는 셈이다. 이처럼 살아있는 생명체를 죽은 기계처럼 취급하여 이상이 생기면 새 것으로 교환할 수 있다고 생각하는 시대에 우리는 살고 있다. 인간이야말로 세상과 자신의 삶을 자기의 계획대로 조작할 수 있는 창조자라는 자부심이 높아 갈수록, 또 한편에서는 인간에 의해

인간이 파괴되어 가는 모습을 감출 수가 없다. 인간은 '인간의 늑대'이며, 삶은 '만민에 의한 만민의 투쟁'이라는 홉스의 지적은 우리시대의 어둠을 그대로 드러내는 적실한 표현이 아닐 수 없다. 이럴 때, 인간을 보다 인간답게, 인간세상을 보다 아름답게 만드는 데 일조할 수 있는 것이 종교가 아닌가? 종교는 인간이 함께 살아가야 하는 존재임을 가르치며, 인간이 죽을 수밖에 없는 연약한 존재임을 자각하게 하고, 인간의 힘과 계획에 의해서 세상이 마음대로 조작되지 않는다는 사실을 새삼 가르쳐 주고 있기에, 종교야말로 인간이 과학과 기술에 의해 자신의 삶과 세상을 마음대로 조작할 수 있다는 교만한 몸짓에 제동을 걸고 인간의 실상을 겸허한 모습으로 발견하게 해 주지 않을까.

그러나 인류가 끊임없이 발전해 왔듯이, 종교도 역사의 흐름 속에서 지속적으로 발전해 왔다. 인류 역사가 새롭게 전개되어갈 때, 이러한 시대적 흐름을 따라잡지 못했던 종교들은 역사 속에서 소멸해 갔으며, 오늘날 여전히 살아서 영향을 미치고 있는 종교전통들도 이러한 역사의 소용돌이 속에서 끊임없이 변모하면서 동시에 이러한 변화를 주도해 왔는지도 모른다. 몇몇 사람들이 종교의 시대는 끝났다고 주장한다고 해서 종교가 끝장나 버리지는 않는다. 실제로 "종교"라는 개념 아래 상이한 여러 종교들이 존속해 왔고, 시대마다 각각 다양한 체계와 형태로 변모해 오면서 인간의 삶을 구성하는 하나의 중요한 요인으로 작용해 왔고, 또 앞으로도 그럴 것이다.

| 2 | 종교란 무엇인가?

■ 종교라는 말은 어디에서 나온 것인가?

먼저 종교가 무엇인지를 한번 물어보자. 쉬운 듯 보이는 이 질문에 대해 상당히 많은 대답들이 제시될 수 있을 것이다. 때로는 어떤 대답들은 이런 저런 종교에는 타당하지만, 다른 종교에는 해당이 안 될 수도 있을 것이다. 보통 사람들에서 전문적인 종교 학자에 이르기까지 종교들의 숫자만큼이나 종교에 대한 다양한 견해를 제시해 왔다. 그러다 보니 오늘날 종교학자들이 내린 결론은 종교의 본질에 대한 정의는 불가능하다는 것이다. 여기서 본질이라는 말은 모든 종교들 안에 있는 공통된 기반을 의미한다. 즉 종교에 있어서 그 형태는 서로 다르다고 하더라도 틀림없이 '있어야 하는 것'이 있는데, 그것이 바로 종교의 본질이라고 하는 것이다. 그런데, 종교의 본질이 무엇인지 누구도 제대로 규정할 수 없다는 것이 오늘날 종교학자들이 내린 결론이다.

"종교는 이것이다"라고 딱 잘라 말하는 순간 그 정의는 이미 틀린 것이 된다. 왜냐하면, "종교는 이것이다"고 하는 순간, 다른 종교들에서는 그것을 찾아볼 수 없는 경우가 있기 때문이다. 따라서 미국의 종교학자 **윌리엄 페이든** (William Paden, 1939-)은 말한다: "종교라는 용어는 완전히 다의적인 것이다. 말하자면 그 용어는 하나의 단어로서 같은 발음과 철자를 가지고 있으나 수많은 다른 의미들을 지니고 있으며, 끊임없이 변화할 가능성이 있다."

다른 말로 하면, 우리가 실제로 만나고 있는 여러 종교들은 '종교'라는 이름을 사용하고 있지만, 서로 그 속으로 들어가 보면 다른 점이 너무 많아서 하나의 이름으로 포괄할 수 있을지 의심스럽게 된다.

그렇다면 종교를 전통적으로 어떻게 정의해 왔는지를 한번 살펴보자.

본질이라는 말은 모든 종교들 안에 있는 공통된 기반을 의미한다. 즉 종교에 있어서 그 형태는 서로 다르다고 하더라도 틀림없이 '있어야 하는 것'이 있는데, 그것이 바로 종교의 본질이라고 하는 것이다. 그런데, 종교의 본질이 무엇인지 누구도 제대로 규정할 수 없다는 것이 오늘날 종교학자들이 내린 결론이다.

종교를 그 어원과 연관해서 이해할 때, 종교를 'religion'이라고 하는데, 이 단어는 라틴어 religio(렐리기오)에서 나왔다. 그렇다면, religio는 어디에서 유래했을까? 라틴어 religio의 어원은 대체로 세 가지인 것으로 추정한다.

(1) religere(유념하다. 돌보다. 주의하다)이다. 이것은 고대철학자 키케로의 견해(De natura deorum II 28)이다. (2) re-eligere(다시 선택하다)이다. 이것은 고대교회의 신학자 아우구스티누스의 문헌(De civitate dei X 3)에 나온다. (3) religare(다시 묶는다)이다. 이것은 고대 교회의 저술가인 락탄티우스의 문헌(Div. Inst. IV 28)에서 등장한다. 라틴어 religio의 어원이 각기 다르지만, 신적인 힘에 대한 조심스러운 참여와 선택을 의미하며, 초월적 실재 또는 궁극적인 실재와의 재결합이라는 의미를 함축하고 있다. 따라서 종교를 어원적으로 정의할 때, 종교는 어떤 초월적인 실재와 맺는 인간적 관계를 뜻한다. 그러나 모두 알고 있듯이 초월적 실재는 구체적으로 살펴보면 종교들마다 각기 다르다. 오늘날 종교에 관심 있는 학자들의 논의처럼 종교들 안에서 숭배되는 각기 서로 다른 이름의 초월적 실재가 정말 서로 다른 것인지, 아니면 단순히 이름만 다르고 동

일한 것인지를 서로 토론해 보는 것도 재미있을 것이다.

2 종교에는 안과 밖이 있다.

인간이 관계하는 대상인 "초월적 실재"란 과연 무엇이냐 하는 질문은 일단 제쳐두자. 그러나 인간이 그 실재와 '관계' 하고 있다는 것은 분명한 사실이다. 그렇다면 왜 인간은 이처럼 초월적 존재와 관계를 가지는 것일까? 이것은 사람이 태어나면서 타고난 본성에 속하는가, 아니면 자라가면서 사회적으로 획득된 경험의 산물인가? 즉, 사람은 원래 종교적인가, 아니면 이 사회가 종교적인 인간을 만들어내는가?

인간은 원래 종교적인 존재라는 사실에 주목할 때, 종교에 대한 여러 가지 견해들이 등장한다. 예컨대, 신학자이면서 철학자였던 **프리드리히 슐라이어마허**(Friedrich.Schleiermacher,1768-1834)는 종교(신앙)를 "절대 의존의 감정"이라고 표현했고, 신학자이며 종교학자였던 **루돌프 오토**(R. Otto, 1869-1937)는 "누미노제에 직면한 피조물적 감정"이라고 표현했다. 표현이 다소 어렵더라도, 이 두 사람은 종교를 인간 내면의 깊은 감정과 연관시켜 이해했음을 눈치 챌 수 있다. 즉, 두 사람 다 종교의 자리를 인간 밖에서 찾지 않고, 인간의 마음

슐라이어마허

속에서 찾았다. 이처럼 종교를 인간의 마음속과 연
관시키려고 할 때, 우리는 이를 심리학적 종교이해
라고 말할 수도 있겠다. 물론 슐라이어마허나 오토
가 말한 종교적 감정은 우리가 평소에 가지는 일반
적인 심리적 감정의 차원과는 구분되어야 한다. 이
들이 말한 종교적 감정은 단순히 슬픔, 기쁨, 분노처
럼 인간이 어느 정도 제어할 수 있는 그런 감정이 아

루돌프 오토

니다. 오히려 인간 존재 전체를 압도하는 강력한 힘
을 의미한다. 이들이 말하는 종교적 감정은 자기 자신의 속에서 밖으로 분출
되어 나가는 감정(emotion)이 아니다. 비유적으로 표현하자면, 순식간에 타오
르며 나를 불살라버리는 신적인 불과 같은 것이다. 이 종교적 감정은 내 밖에
있는 연민의 대상 때문에 갑자기 내 안에 불붙듯 타오르며 일어나는 사랑의 감
정과 같이, 나 스스로가 거부할 수도 만들어낼 수도 조정할 수도 없는 그런 감
정이다. 이런 종교적 감정의 불길은 인간의 지성과 감성, 의지를 압도하기 때
문에, 인간 자신은 이에 대해 전적으로 수동적인 자세를 취하게 된다. 오늘날
이런 **내면의 종교**, 또는 **종교의 내면**은 "종교성", "영성", "신앙심", "경건
함", "종교적 경험" 또는 "종교적 체험", 그리고 "신비적 경험"이라는 말들로
표현될 수 있을 것이다. 즉 여기서 종교는 이렇게 행동해라, 저렇게 해라는 식
의 도덕적 가르침이 아니다. 또한 이것을 믿어야 된다는 식으로 외적인 교리
적 가르침을 지키는 것도 아니다. 이런 내면의 종교는 카메라로 찍을 수 없고,
눈으로 볼 수 있는 그런 것이 아니다. 오히려 생생한 인격적 체험 또는 깊은 영

적인 관계를 의미한다. 이런 관점에서 미국의 하버드 대학의 세계종교연구소 소장이었던 캔트웰 스미스(Wifred Cantwell Smith, 1916-2000)는 종교라는 말이 그 원래적인 의미와는 달리 오늘날 잘못 사용되고 있기에 종교라는 개념을 폐기해야 한다고 주장한다. 앞서 설명한 바와 같이, 그의 입장에서 종교적인 체험 내지는 인격적인 관계를 일차적으로 지시하는 말이어야 한다. 그러나 오늘날 '종교' 하면 사람들은 교회, 절과 같이 건물이나 그 내부적인 활동, 또는 거기에서 가르치는 신념체계를 생각한다. 따라서 스미스는 오해를 불러일으키는 종교라는 말 대신에 "축적된 전통"과 "신앙"이라는 용어를 분리해서 사용해 보자고 제안한다. 축적된 전통이란 우리가 일상적으로 종교적 가르침이라고 하는 것을 의미하고, 신앙이란 내면적인 종교성을 뜻한다. 스미스의 다소 과격한 주장의 타당성은 논쟁의 여지가 있지만, 모든 종교에는 그 종교의 대상들과 갖는 개인적이고 인격적인 심오한 관계가 놓여있다는 점은 주목할 만하다. 예를 들자면, "기도"가 거대한 종교전통들에서 발견되는 이유가 여기에 있다. 이런 점에서 보면, 종교는 실천이나 이론에 앞서 먼저 인격적인 관계이며, 내면의 충만한 체험이라고 할 수 있다.

　종교를 인간의 내면적 경험과 연관해서 생각하는 것은 참으로 중요하지만, 종교가 단순히 체험만은 아니라는 점도 분명히 할 필요가 있다. 개인적이고 은밀한 종교적 체험은 밖으로 표현되며, 이를 서로 공유하는 사람들의 공동체를 통해 구체화된다. 이처럼 우리는 공적(公的)인 영역에서 또한 종교를 만나게 된다. 곧 우리의 일상적인 현실에서 다양한 종교들을 만나고 경험한다. 이들 종교들이 오랜 역사 속에서 다양한 사상적 전통들과 결합하여 이렇게 저렇게 변형되어 왔고, 불교와 기독교도 분명 다른 교리와 제도, 예전을 가진 종교이며, 개인적이고 내면적인 측면을 넘어 역사 속에서 생동하는 각각 서로 다른 현실적인 종교들로 존재해 왔다. 이처럼 종교들의 가르침의 내용, 제사 또는 예배형식, 공동체의 조직과 제도, 그리고 건물모양 등은 종교의 외적 측면에 속한다.

눈으로 관찰될 수 없는 종교의 속과 눈으로 볼 수 있는 종교의 겉은 서로 구분되지만 분리되지 않는다. 다른 말로 하면, 다른 사람이 볼 수 없는 내 맘의 신앙심은 같은 종교에 속해 있는 사람들이 믿고 있는 신앙과 완전히 별개일 수는 없다. 같은 종교 안에서 다른 사람들이 믿고 있는 신앙과 내가 믿는 바가 서로 완전히 다를 수 없듯이, 같은 종교 공동체 안에서 믿고 있는 신앙은 오랜 역사를 가진 동일한 종교의 신앙전통과도 완전히 별개일 수 없다. 한 종교의 오랜 신앙전통은 오늘날 그 종교의 신앙생활에 영향을 주고 있으며, 같은 종교 안에 신앙생활을 하는 사람들의 내면적 종교심에도 영향을 주기 마련이다. 따라서 지금까지 어떤 한 종교 안에서 전해 내려왔던 교리적 가르침과 제도들을 완전히 무시한다면, 다른 종교라고 해야 할 것이다. 또 자신이 속해 있는 종교 공동체의 신앙과 완전히 별개의 신앙을 어떤 사람이 가지고 있다면, 그도 실제로는 같은 종교를 믿고 있다고 하기는 어려울 것이다. 이처럼 종교의 겉과 속이 서로 관계를 맺고 있다는 사실은 예컨대 왜 불교와 기독교가 다른지, 즉 왜 불교인과 기독교인이 믿고 있는 바가 다른지, 그리고 생각하고 행동하는 바가 다른지를 이해할 수 있게 해 준다. 불교의 해탈과 기독교의 하나님 나라는 근본적으로 다르며, 불교의 보살과 기독교의 그리스도는 다르다. 종교는 겉으로는 서로 다르지만, 사실 속은 모두 똑같다는 식의 이야기는 종교의 겉과 속의 관계를 지나치게 무시한 것은 아닌지 모르겠다.

3 종교와 초월적 실재

문제는 더 복잡하다. 종교들이 어떤 초월적 실재와 관계한다고 했을 때, 정말 이 초월적 실재가 실제로 존재하는 것일까? 또 앞서 물어보았듯이, 서로 다른 종교들이 말하는 초월적 존재들은 정말 서로 다른가? 무신론자들의 입장에서 볼 때, 이런 초월적이고 궁극적인 실재는 존재하지 않는다. 이들은 눈으로 보고 귀로 듣고 손으로 만질 수 있는 감각적 대상들 밖에 어떤 초월적인 존재가 있다는 생각을 받아들이지 않는다. 더 나아가 이들은 종교의 속만 인정할 뿐 종교의 겉과 그 너머의 세계는 부정한다. 예를 들면, 종교인들이 속으로 무언가를 믿고 의지하는 그 마음은 이해하지만, 그 종교의 가르침과 초월적 실재는 거짓이라고 본다. 그 입장은 두려움이나 불안감 때문에 사람들은 종교심을 가지게 된다고 보는 경우다. 그러나 이 경우 내면의 종교는 마치 끈 풀린 연처럼 허공에 휘날리는 불안과 공포의 감정에 불과하다. 따라서 무신론자들은 다음과 같이 말한다. 기도를 들어줄 어떤 초월적인 실재는 없다. 기도는 단지 억눌린 자들의 한숨에 불과하다. 초월적 대상이란 인간이 만들어낸 투사물에 불과하다. 대표적인 종교비판가로는 포이어바흐, 프로이트, 그리고 칼 마르크스 등을 들 수 있다. 그러나 이들과는 반대로 모든 진지한 종교인들에게 궁극적 실재는 환상이나 망상이 아니라, 가장 현실적인 실재로 받아들여지고 있다.

이외에 또 다른 문제는 과연 초월적 실재가 "무엇"이냐는 것이다. 일반적으로 서구의 종교들, 예를 들면 기독교를 비롯하여 이슬람교, 유대교 등에서 초월적 실재는 신(神)이라고 불렸다. 따라서 서구의 많은 종교연구가들은 종교는 본질적으로 신(神) 개념을 그 안에 가지고 있기에 초월적 존재인 신 개념이 종교의 본질을 구성한다고 생각했다. 즉, 신이 하나라고 또는 여럿이라고 생각하든, 그들은 모든 종교는 신(또는 신들)에 대한 숭배라고 정의를 내렸다. 세상에 신 없는 종교란 없다는 이들의 결론은 실제 신 없는 동양의 종교들에 직면하여 좌초하고 만다. 예컨대 원시불교나 자이나교에서 신적 존재는 종교적 중심대상이 되지 못한다.

> 종교들이 어떤 초월적 실재와 관계한다고 했을 때, 정말 이 초월적 실재가 실제로 존재하는 것일까? 또 앞서 물어보았듯이, 서로 다른 종교들이 말하는 초월적 존재들은 정말 서로 다른가? 무신론자들의 입장에서 볼 때, 이런 초월적이고 궁극적인 실재는 존재하지 않는다.

오늘날 이런 신 중심의 종교 정의는 세계 내의 다양한 종교들을 포괄하지 못한다는 비판을 받고 있다. 특별히 신에 대한 신앙을 강조하지 않는 종교들에 주목할 때, 종교가 무엇을 믿는지, 그 내용이 무엇인지를 통해 종교의 본질을 딱 부러지게 정의하려는 **본질주의적인 종교개념**은 더 이상 통용될 수 없다는 생각이 지배적이다. 뿐만 아니라, 오늘날 다양한 종교들이 "신"이라는 개념 아래에 함축하고 있는 내용이 서로 다르기 때문에, 신이라는 용어를 무한히 확장해서 모든 종교의 궁극적 대상을 포괄하려는 것은 무의미한 작업이 되어버린다. 예컨대, 샤머니즘의 접신 체험에 등장하는 신령과 예수 그리스도의 아버지 하나님을 동일시하여 양자 모두를 "신"을 믿는 종교로 정의한다고 해

보자. 그러나 여기서 "신"은 과연 동일한 대상이라고 할 수 있으며, 동일한 의미로 이해될 수 있을까? 어쩌면 순전히 형식적인 측면에서는 그렇게 할 수 있을지 모르지만, 내용적인 측면에서 볼 때, 샤머니즘의 신령과 기독교의 하나님은 결코 동일시되지 않는다. 따라서 어설프고 느슨한 개념으로 종교를 포괄하려고 하는 노력들은 개별 종교들을 구체적으로 관찰할 때 무모한 추론으로 판정받게 될 것이다.

4 종교의 사회적 기능

오늘날에는 종교의 본질주의적인 정의대신에 종교의 사회적인 역할을 통해 종교를 정의하려는 기능주의적 종교이해들이 시도되고 있다(에밀 뒤르켐, 막스 베버, 니클라스 루만 등). 예컨대 종교들이 각기 함축하고 있는 내용들은 다르지만, 여러 가지 실존적 위협(죽음, 불안, 무의미 등)에 직면한 사람들에게 이를 극복하고 제어할 수 있는 힘을 제공한다는 점에서 공통적이며, 종교의 공동체가 사회에 특정한 영향을 행사할 수 있다는 점에서 종교의 기능에 주목하는 사람들이 있다. 물론 구체적으로 종교의 기능이 무엇이냐 하는 것은 학자들마다 견해가 다르다. 어떤 학자들은 종교는 기존사회의 질서를 유지하고 혼란을 방지하도록 사회적 통합에 기여한다고 보는 반면, 어떤 학자들은 종교는 사회를 변화시키고 새로운 질서를 추구하게 한다고 말한다. 종교의 기능들이 다양하다고 할지라도 종교와 사회, 종교와 종교 공동체의 관계 속에서 종교의 역할과 기능을 중시하고, 이를 통해 종교가 무엇인지를 규정하려고 할 때, 신 없는 종교들도 정당하게 종교로서 자리매김을 하게 된다. 그러나 이런 기능주의적인 종교이해는 종교의 범위를 한없이 확장해 놓을 여지가 있다. 예컨대, 종교는 사회를 통합하는 역할을 한다고 했을 때, 월드컵과 같은 세계적인 축구제전도 종교적 제의나 축제로 생각될 수 있다. 실제로 경기가 시작되기 전에는 엄숙한 예식이 치러지고, 그에 참여하는 많은 사람들은 종교적 열정처럼 뜨거운 하나 된 감정을 동반하고, 경기의 과정 속에서 희로애락을 경험하며, 일상적인 삶의 틀에서 벗어난 새로운 삶의 차원을 맛보게 된다. 그렇다면 축구도 과연 종교인가? 또 종교가 인생의 여러 문제들(죽음, 불안, 무의미 등)을 통제하고 제어할 수 있는 기능을 수행한다고 했을 때, 마약중독이나 성도착증도 - 만약 이를 통해 어떤 사람이 죽음의 공포나 불안, 삶의 무의미 등을 잠시나마 극복해 나간다고 한다면 - 종교가 될 수 있느냐는 문제가 생긴다.

우리는 앞에서 갤럽조사와 관련해서 서구인들 스스로가 종교에 대한 의존도가 크지 않다고 생각하고 있음을 말했다. 그들이 비록 전통적인 종교에서는 탈피하고 있지만, 기존의 종교가 해 오던 일을 대신해 주는 세속화된 대체종교를 찾아가고 있는지도 모른다. 실제로 오늘날 현대사회에서는 기존의 종교가 제공하던 공동체적인 삶을 세속화된 대체종교들이 대신하고 있다. 사교적인 클럽모임이라든가 취미 동호회 같은 것도 기능적인 관점에서는 대체종교로 이해할 수 있다. 비록 사람들이 전통적인 종교에 대해 관심을 덜 갖거나 이야기의 주제로 꺼내려고 하지 않더라도 기존의 종교의 기능을 대신해 줄 그 무언가를 기다리고 있는 것은 분명하다. 고정적인 드라마 시청이라든가, 특정 스타 연예인들에 대한 열광적 애착 등도 일종의 세속화된 대체종교의 역할을 하

고 있는지도 모른다. 또한 기능주의적 종교이해에서는 애국주의나 특정 이데
올로기 등도 종교의 범주에 들게 된다. 어쨌든 이럴 때, 종교는 한없이 확장되
어 종교 아닌 것이 없게 될 것이다. 본질주의적 종교이해가 종교를 협소하게
이해했다면, 그와 달리 기능주의적 종교이해는 종교의 범위를 무한정 확장해
놓은 셈이다.

5 종교는 없다. 다만 종교들이 있을 뿐이다

세상에는 다양한 종교들이 있다. 그러나 우리 인간들은 언제나 이 다양성 앞
에서 뒤로 살짝 물러나 이 모두를 통합하는 그 무엇을 찾고자 했다. 그래서 종
교의 본질이 무엇인지를 물어왔으며, 이 '본질'을 설정해 놓고 거기에 부합하
는 참된 종교와 거짓된 종교를 구별해 왔다. 그러나 이러한 물음 자체가 무의
미하지는 않지만 그 대답에는 항상 주관적인 요소가 다분히 깔려 있었다는 것
이 오늘날 종교학자들의 일반적인 견해다. 또한 앞서 언급했듯이, 종교의 본
질을 파악하려는 접근들은 하나의 본질을 공유하지 않는 다양한 종교들에 직
면하여 실패할 수밖에 없다. 종교란 항상 **다양한 종교들**로 존재할 뿐, 이 모
두를 통합하고 있는 **하나의 종교**로 존재하지는 않는다. 우리는 과일을 사기
위해 과일가게에 가지만, 결코 그곳에서 '과일'을 살 순 없다. 과일이란 항상
사과, 배, 포도, 바나나 등 구체적이고 현실적인 대상으로 존재할 뿐, 과일 그
자체란 것은 없기 때문이다. 과일이란 개념이 비록 구체적인 실재 – 사과, 배,
포도 등등 – 을 포괄하곤 있지만 이 모두를 포괄하는 과일 자체를 특정 과일

하나와 동일시할 수 없듯이, 우리가 살아가는 세상 속에 있는 다양한 종교들을 종교 자체(또는 신 자체)와 동일시해서도 안 되며, 그렇게 할 수도 없다. 사과와 배 중 어느 것이 참된 과일이냐를 물을 수 없고, 오히려 내가 먹고 있는 사과가 잘 익은 과일인지 아닌지를 물을 수 있듯이, 내가 믿고 생활하고 있는 종교적 삶 자체가 과연 참되냐를 물어야 할 것이다. 여러 종교에 대한 판단은 쉬운 것이 아니다. 그러나 내가 맛본 그 과일 맛을 통해 우리는 참으로 맛있는 과일이 무엇인지를 말할 수 있듯이, 기독교 신앙의 참맛을 통해 우리는 여타의 종교들을 판단할 수 있게 된다.

이와 관련해서 현대 신학자 **칼 바르트**(K. Barth, 1886-1968)는 신앙과 종교를 구분하여, "종교는 불신앙"이라고 말했다. 그가 여기서 말하는 '종교'란 자기 자신을 뽐내면서 자신의 힘과 능력으로 신에 도달하려고 하는 인간의 부질없는 노력을 의미한다. 이에 반해 참된 신앙은 신에게 도달하려고 하는 인간의 몸부림이 아니라 하나님이 그리스도 안에서 인간을 찾아오신 사랑과 용서의 길에 있다. 기독교 신앙은 하나님께서 그리스도 안에서 이 세상을 향해 베푸신 무조건적인 사랑과 용서의 길에서 참된 구원을 맛보았다. 우리는 이러한 신앙의 잣대를 통해 여타의 종교를 정직하게 대면하는 길을 모색해야 할 것이다.

| 3 | 종교와 새로운 삶

종교를 모두 싸잡아 "이것이다"라고 한마디로 말하는 것은 불가능한 일이다. 그럼에도 우리시대에서 종교를 어떻게 만나게 되는지, 또한 종교는 우리 시대인들에게 어떤 대답을 줄 수 있는지를 간단하게 언급하고자 한다. 여기에서 제시하는 것이 모든 종교에 천편일률적으로 적용될 순 없을 것이다. 여기서는 기독교 신앙과 관련해서 서술하고자 한다.

우리는 살아가면서 많은 고민과 질문에 던진다. 그 중에서 반드시 부딪히는 질문이 있다면, 자신의 삶에 대한 물음이다. 나는 누구인가? 나는 왜 살아가며 또 무엇을 위해 살아가려고 하는가? 나는 왜 선하게 살려고 하며, 악하게 살아서는 안 되는가? 도대체 나는 어떻게 살아야 하는가? 다소 철학적인 이 질문에 대한 명쾌한 답변을 찾기란 쉽지 않다. 오히려 이런 질문들은 우리가 내 자신의 삶에 대해 모르고 살아간다는 사실을 드러낸다. 우리는 우리 밖의 대상에 대해서는 많은 지식을 쌓았지만, 정작 내 자신의 삶에 대해서는 아무것도 모른다는 사실에 직면하게 된다. 내가 살아가는 삶은 그 자체로 신비이다.

내 삶에 대한 물음은 수학문제처럼 나의 실제적인 삶의 태도와는 상관없이 대답할 수 있는 그런 문제가 아니다. 단순히 호기심이 발동해서 나오는 질문도 아니다. 어떻게 살아야 하는가, 진정한 삶의 의미는 무엇인가 하는 물음은 단 하나밖에 없는 내 삶의 현재와 미래가 통째로 걸려 있는 질문이며 살아온 과거를 되돌아보게 하는 질문이다. 그러기에 쉽게 대답되어질 수 없는 질문이며, 당황하게 하며 당혹스럽게 하는 질문이다. 내가 물음의 주체가 아니라 대상이 되는 질문이다.

내 삶에 대한 물음은 내 자신만이 대답할 수 있는 고유한 질문이다. 인간은 인간 전체의 죽음에 대해 묻기도 하고 세계의 종말에 대해 궁금해 할 수도 있다. 그러나 엄밀한 의미에서 내 삶에 대한 질문은 나에게 던져진 질문이기에 나 자신과 관계하며, 내가 홀로 지고 가야 하는 질문이다. 내게 던져진 이 질

> 내 삶에 대한 물음은 수학문제처럼 나의 실제적인 삶의 태도와는 상관없이 대답할 수 있는 그런 문제가 아니다. 단순히 호기심이 발동해서 나오는 질문도 아니다. 어떻게 살아야 하는가, 진정한 삶의 의미는 무엇인가 하는 물음은 단 하나밖에 없는 내 삶의 현재와 미래가 통째로 걸려 있는 질문이며 살아온 과거를 되돌아보게 하는 질문이다.

문을 나를 대신해 다른 사람이 답변한다고 해서 이 질문이 해결되는 것은 아니다. 내 인생을 다른 사람의 인생과 비교할 수는 있어도 다른 사람이 대신 살아갈 수는 없지 않은가. 따라서 내 삶에 대한 물음은 지극히 개인적이다. 하지만 이 물음이 철저히 개인적이라는 말은 그 질문의 깊이와 색채에 있어서 그렇다는 뜻이다. 인간 삶의 의미를 캐묻는 종교적 질문은 그 폭에 있어서는 보편적이다. 비록 이 질문이 일상의 삶 속에 감춰져 있다고 하더라도 인간이라고 하면 누구나 다 부지불식간에 이 질문에 마주치게 된다. 특히 자신의 삶에 견딜 수 없는 고통의 순간이 찾아올 때, 밝게만 보였던 미래적 전망이 암흑으로 돌변할 때, 영원히 함께 하리라고 믿었던 사람이 내 곁을 떠나게 될 때, 자신이 경험하고 살아가는 삶이 온통 모순과 부조리로 가득하다고 느낄 때, 삶이 내게 던지는 지극히 개인적이며 보편적인 물음에 우리는 직면하게 된다.

그런데, 이런 질문을 우리는 자주 하는지? 아마 그렇지 않을 것이다. 오히려 우리는 뭘 하고 놀지? 누굴 만날까? 오늘은 뭘 먹지? 이런 질문을 하면서 지

렘브란트의 돌아온 탕자

낸다. 일상생활에서 내 존재와 삶의 의미를 묻는 질문은 쓸모없는 질문처럼 여겨진다. 그런데, 어느 날 갑자기, 일상적이지 않은 당혹스럽게 하는 이 질문은 일상의 평온함을 깨뜨리고 불쑥 찾아와 나를 괴롭힌다. 그리고 급기야는 내 삶이 마치 의미 없고 무질서한 난장판에 불과한 것이 아니었냐고 몰아세우기까지 한다. 지금까지 필요하다고 생각했던 것들 – 학업, 돈, 친구, 소중한 물건 – 등이 갑자기 무의미해 지기도 한다. 한계를 의식하지 않고 살아가던 나에게 내 삶엔 시작과 끝이 있다는 사실이 크게 다가온다. 내 삶이 언젠가 끝장난다고 한다면, 내 삶은 진정 의미가 있을까? 내가 지금 살아가고 있는 이 모든 것은 어떤 의미가 있을까? 나라는 존재는 허무하게 사라져야만 하는가? 이런 질문들을 우리는 아침 해가 떠오르는 장면을 보다가 할 수도 있다. 소설책을 읽다가 또는 음악을 듣다가 이런 질문에 부딪힐 수도 있다. 때로는 어떤 꿈을 꾸고 일어나서 이런 생각에 잠길 수도 있다.

하지만 사람들은 이런 질문에 잠시 잠기다가도 – 또는 이런 질문이 잠시 떠오르면 – 곧장 잊어버리려고 애를 쓴다. 다시 평소의 생활로 재빠르게 되돌아가려고 한다. 만약, 그렇게 하지 않으면 금방이라도 예상치 못한 괴로움이나 위기감에 빠질 것 같기 때문이다. 내 자신의 실존에 대한 질문과 함께 갑자기 삶의 무의미와 부조리, 허무함, 불안감, 좌절 등의 어두운 그림자가 나를 사로

잡을지도 모른다. 키에르케고르가 말했던 '죽음에 이르는 병' 인 절망의 기나긴 그림자가 지금까지 걸어왔던 내 삶 전체를 무의미하게 만들지도 모르기 때문이다. 하나님께서 인간에게 처음으로 던지신 "아담아 내가 어디 있느냐?" 하는 이 질문이 우리에게 던져질 때, 우리는 아담처럼 숨을 수밖에 없을 것이다. 살아가는 내 삶의 몰골이 한없이 부끄럽기 때문이다. 성서적 표현으로 하자면, 죄인된 나의 모습이 하나님의 말씀 앞에서 적나라하게 드러나기 때문이다. 이처럼 일상적인 삶 속에 불쑥 끼어들어 나를 추궁하는 하나님의 말씀에 직면하게 될 때, 우리는 내 삶의 궁극적 의미에 대한 질문에 휩싸이게 된다.

내 삶의 의미를 추궁하는 하나님의 말씀에 직면할 때 우리는 두 가지 가능성 앞에 서게 된다. 하나는 부정적인 대답의 가능성이다. 곧 우리는 이런 답변을 최종적인 것으로 선택할 수도 있다. 내 삶에는 아무런 의미가 없다. 나는 지루하게 인생을 질질 끌고 살아갈 뿐이다. 친구도 사랑도 가족도 소중한 물건도 결국엔 내 존재와 함께 소멸되고 말 것이다. 나는 그냥 이대로 살다 죽을 것이다. 나는 쓸모없는 인간이며 살아야 할 특별한 이유도 없다. 그저 이렇게 살아갈 뿐이다. 그러나 다른 한편, 긍정적인 대답의 가능성이 있다. 내 삶엔 특별한 의미가 있다. 나는 사랑받고 있으며 사랑하며 살고 싶다. 비록 삶의 여정 속에서 온갖 모순과 부조리를 경험하고 있지만, 그럼에도 궁극적으로 삶은 살아갈 가치와 의미가 있다. 그런데 이런 답변은 과연 어디에서 주어지는 것일까? 실제로 내 삶의 "궁극적" 의미에 대한 긍정적 답변은 돈이나 명예, 지식, 친구, 가족, 소중한 물건 때문에 주어지는 것이 아니다. 왜냐하면 이런 것들도 결국엔 모두 소멸할 것이기 때문이다. 또한 이들의 소멸과 함께 이들에게 걸어두었던 삶의 의미도 파괴될 것이기 때문이다. 내 삶에 대한 "궁극적인" 긍정은 내 자신뿐만 아니라 내가 소중하게 붙잡고 있던 모든 것이 소멸된다고 하더라도 이 모든 부정적인 것을 끌어안으시며 아름답게 빛나게 하실 창조주 하나님에게 나온다. 하나님은 나를 위해 자신의 생명을 주신 그리스도 안에서 죄인인 나를 무한히 긍정하시고, 또 그분의 자녀로 삼아주신다. 그런 하나님의 사랑과 용서 안에서 우리는 삶의 궁극적 의미를 붙잡게 된다.

내 삶과 존재의 궁극적 의미에 대한 물음과 함께 자신에게 과연 무엇이 가장 중요한지에 대한 새로운 자각이 일어나며, 동시에 이전까지 의식하지 못했던 새로운 삶의 차원이 열리게 된다. 이런 체험을 우리는 하나님 체험, 구원의 체험이라고 부를 수 있다. 이는 나를 무한히 긍정하시는 하나님을 만나는 체험이며, 새로운 자아와 새로운 삶을 획득하는 구원의 체험이다. 하나님 안에서 내 삶의 궁극적 의미와 가치를 발견하게 된다. 성경은 이것을 다음과 같이 표현했다. "내가 그리스도와 함께 십자가에 못 박혔나니, 이제 내가 산 것이 아니요. 오직 내 안에 그리스도께서 사신 것이라"(갈 2장 20절). "이전 것은 지나갔으니 보라 새 것이 되었도다"(고후 5장 17절). "너희가 전에는 어둠이더니 이제는 주 안에서 빛이라 빛의 자녀들처럼 행하라"(엡 5장 8절). 마치 어린 시절 가지고 놀던 장난감 자동차가 어른이 되고 나면 별로 가치가 없는 것이 되듯이, 삶의 궁극적 의미를 하나님 안에서 발견한 사람에게 이전의 삶의 방식은 어린아이의 것으로 퇴색되고 만다. 그는 하나님의 영과 더불어 새로운 삶을 살아가고 있기 때문이다.

종교비판가들이 지적하는 것과는 달리, 참된 종교는 인간을 비인간화시키거나 삶에서 소외시키지 않는다. 오히려 참된 종교는 인간을 참으로 인간다운 인간이 되게 하며, 삶을 참으로 살맛나는 삶이 되게 한다. 참된 종교로서의 기독교 신앙은 인간의 삶과 세계에 구원과 해방을 가져다준다. 그리스도 안에서 우리를 무한히 긍정하시는 하나님의 말씀을 통해 옛 자아를 벗고 새로운 자아를 얻으며, 죄로 얼룩진 삶에서 벗어나 자유와 사랑의 삶을 살게 하며, 무의미한 세상에서 하나님의 정의와 사랑이 실현되는 하나님 나라를 꿈꾸게 한다.

* * *

2장

고대와 중세교회

2장

고대와 중세교회

    기독교의 역사는 예수 그리스도의 사역으로부터 시작되어 현대의 여러 기독교 교단에 이르기까지 기독교와 교회에 관한 이야기이다. 기독교는 예수 그리스도가 하나님의 아들이라 주장한다는 점에서 다른 모든 아브라함을 조상으로 따르는 종교들과는 확연히 구분된다. 그리고 기독교는 각각의 위격으로 나타나지만, 그 신성에 있어서 동일한 아버지와 아들과 성령으로 구성된 삼위일체의 하나님에 대한 신앙을 가지고 있다. 역사가 흐르면서, 기독교는 교리에 따른 분열을 겪었으며, 현재는 크게 로마 가톨릭교회, 동방정교회, 개신교회로 나뉜다. 기독교는 예루살렘과 유대지역으로부터 시작하여 근동과 로마 제국에 퍼졌고, 중세에는 유럽 전체에, 탐험의 시대에는 세계로 퍼져, 세계 제1의 종교가 되었다.

| 1 | 초기 기독교(A.D. 33~325)

초기 역사에서 기독교는 1세기 유대교의 분파로 보였으나, 차츰 그리스와 로마 시대의 종교가 되었고, 그 이상으로 성장하였다. 초기 기독교는 크게 두 시기로 나눌 수 있다: 처음은 사도시대로, 사도들이 살아서 교회를 인도하던 때이고, 둘째는 속사도시대로, 사도들의 뒤를 이은 제자들을 통해 교회의 전통이 생기고, 교회를 향한 박해가 간헐적으로 드세지 던 때이다. 서기 313년에 그리스도인들에 대한 로마의 박해는 콘스탄틴 대제 아래에서 끝났고, 325년에 콘스탄틴 대제는 첫 공의회를 니케아에서 소집하였다.

1 사도시대

사도시대는 사도들과 예수 그리스도의 형제에 의해 인도되었다. 마태복음 28장 18-20절의 대위임(the Great Commission)에서 알 수 있듯이, 부활한 예수 그리스도는 그의 가르침을 모든 세계로 전파하라고 명령했다. 이 시기에 대한 정보는 특히 사도행전 1장3-11절에서 반복하여 나오는데, 예수 그리스도의 부탁에 따라, 교회 역사는 다소 출신 바울과 다른 전도자들이 기독교를 이방인들에게 전파하면서 시작되었다.

첫 그리스도인들은 당연히 인종적으로 유대인이 중심이었다. 즉 예수 그리스도는 유대인들에게 설교했고, 이들 중에서 첫 제자들을 세웠다. 대위임은

"모든 나라"로 나아갈 것을 지시했으나, 첫 어려움은 이방인 회심자들에 대한 것으로 "그리스도인이 되는 조건으로 유대인이 되도록 해야 하는가?"(할례와 음식에 관한 규례를 지킴)였다. 유대지역의 그리스도인들은 할례를 지지하는 반면, 지중해 지역의 헬라인 그리스도인들은 그것을 거부하였다.

사도들의 가르침이 초대 교회에 퍼지면서 유대인 종교지도자들과의 마찰이 불가피했고, 이로 인해 그리스도인들은 회당으로부터 추방되었다. 사도행전에서 나오는 스데반과 세베데의 아들 야고보의 순교에서 볼 수 있듯이, 기독교는 랍비전통의 유대교와는 구별되었으나, 로마제국은 아직 이들을 구분하지는 못했다. 사도행전 11장 26절의 "그리스도인"이라는 이름이 안디옥의 제자들에게 처음으로 적용되었다.

사도를 통해 이룩된 공동체가 믿은 내용은 복음서와 서신들에 포함되어있다. 이 본문들에 포함되어 있는 내용 가운데 초기 기독교의 신앙은 예수 그리스도의 고난, 빈 무덤, 부활 후 나타나심 등이다. 첫 신조의 내용은 고린도전서 15장 3-4절에 나오며, 부활한 예수 그리스도에 대한 믿음을 표현하고 있다: "내가 받은 것을 먼저 너희에게 전하였노니 이는 성경대로 그리스도께서 우리 죄를 위하여 죽으시고 장사 지낸 바 되셨다가 성경대로 사흘 만에 다시 살아나사."

초기 기독교는 1세기 유대교의 교리와 관습 등을 많이 따랐는데, 70인역 성경과 함께 후에 신약성경으로 들어온 기독교 본문들을 이용했다. 특히 당시 기독교는 유대교 관습(세례와 예전-향, 제단, 성서읽기, 찬양, 기도, 교회력 등)을 따랐다. 예루살렘 회의 이후 할례에 대한 강조는 사라졌으나 안식일 준수는 강조되었다. 그리스도인들은 이스라엘의 하나님 야훼를 믿으며, 예수를 구약에 예언된 메시아(그리스도)로 고백하였다.

기독교가 52년경 도마에 의해 남인도 말라바르 해안에 도달하였으며, 거기에 도마 교회가 세워졌다고 전해지고 있다. 이 남인도의 도마 교회 이야기를 17세기 포르투갈 사람들이 널리 알렸다.

② 속사도 및 교부시대

속사도 시대는 대개 100여 년경 사도들의 죽음 이후의 시대를 말한다. 처음부터 기독교는 여러 형태의 박해를 받았다. 로마 황제치하에서 특히 혹독했는데, 64년에 시작된 네로 황제의 박해는 매우 끔찍했고, 황제는 로마 대화재에 대한 비난을 그리스도인들에게 돌렸다. 베드로와 바울은 네로 황제의 박해로 인해 로마에서 순교 당했다고 전해진다. 신약성경에도 그리스도인들이 겪었던 박해에 대한 언급이 있으며, 무려 250여 년 동안 그리스도인들에게 박해기와 평화기가 번갈아 찾아왔다. 박해의 첫 번째 이유는 그리스도인들이 황제 숭배에 참여하지 않은 것이다. 황제들은 이를 반역으로 보았고, 무정부주의자로 인정되어 처형할 수 있다고 생각했다. 아이러니하게도 그리스도인들은 황제 숭배에 참여하지 않은 것 때문에 무신론자들로 오해받기도 했다. 두 번째의 이유는 그리스도인들이 모일 때마다 시행했던 성찬에 대한 오해에서 비롯되었다. 성찬을 베풀 때 '살과 피를 나눈다'는 의미를 실제로 살과 피를 나누는 식인의 풍속으로 오해한 것이었다. 특히 로마에서는 지하 동굴 묘지였던 카타콤에서 그리스도인들이 모였다는 사실은 이러한 세속적인 오해를 더욱 증폭시켰고, 그리스도인들을 반인륜적인 집단으로 여기게 하였다. 때로 격심한 박해가 있었음에도 불구하고 기독교는 지중해 지역 전역으로 퍼져나갔다.

속사도 시대에는 도시 기독교 공동체의 지도자로 감독이 있었으며, 목회자들 사이에 계층적인 구분이 생겨 감독, 장로, 집사 등의 계층이 생겼다. 그러나 이러한 직분은 느리게 지역적으로 차이를 두고 발생했다. 로마의 감독이었던 클레멘트(Clement)는 편지에서 고린도교회의 성도들을 언급하면서 감독과 장로를 동일한 개념으로 쓰고 있으며, 감독들은 최고 목자인 예수 그리스도(장로)를 대표하여 하나님의 양떼를 인도한다고 말하고 있다. 신약성경도 감독을 장로와 동의어로 사용하고 있다.

주요한 속사도 감독들은 서머나의 폴리캅(Polycarp), 로마의 클레멘트, 리용의 이레니우스(Irenaeus) 등이다. 이들은 사도들을 개인적으로 알고 배웠기에 속사도 교부라고 불렸다. 각각의 기독교 공동체는 장로들이 있었는데, 이들은 안수를 받고 감독을 도왔다. 기독교가 퍼지면서 특히 지방에서 장로들이 보다 큰 책임을 맡았고, 독특한 형태의 목회자가 되었다. 그리고 집사들도 특별한 역할, 즉 가난한 이들과 병자를 돌보는 일을 했다. 2세기에는 이러한 직분이 보다 분명해졌고, 사도적인 전승에 관한 가르침으로 지지되어, 감독은 이전 감독의 영적인 계승자로 인정되었다.

초기 기독교의 다양성은 신약성경에서도 볼 수 있다. 사도행전에도 유대주의자들과 헬라주의자들(Hellenists) 사이에서, 또 유대 그리스도인들과 이방 그리스도인 사이에서 야기된 갈등을 표현하고 있다. 서신서에서도 지도력과 신학에서의 갈등들이 나오고 있다. 이레니우스(Irenaeus)는 영지주의 가르침에 대항하여 사도전승이라는 용어를 처음으로 사용하였다. 한편, 기독교가 퍼져가면서 헬레니즘의 지식인들이 참여하게 되었다. 이들은 두 가지 종류의 저술을 내놓았는데, 하나는 신학적인 저술이요, 또 다른 하나는 변증적인 저술이었다. 특히 변증적인 저술은 기독교의 진실을 왜곡하는 주장을 반박하기 위해 이성을 활용하여, 신앙을 옹호하기 위한 목적으로 쓰였다. 그 지식인들을 교부(the Church Father)라 부르며, 이들에 대한 연구를 교부학(Patristics)이라 한다. 주목받을 만한 교부들은 안디옥의 이그나티우스(Ignatius of Antioch), 폴리캅(Polycarp), 순교자 저스틴(Justin the Martyr), 리옹의 이레니우스(Irenaeus of Lyons), 터툴리안(Tertullian), 알렉산드리아의 클레멘트(Clement of Alexandria), 그리고 오리겐(Origen) 등이다.

기독교 예술은 비교적 늦게 나타났다. 소규모 가정의 그림은 더 일찍부터 시작되었다는 기록도 있으나, 기독교 그림은 200여년 경부터 나타난다. 가장 오래된 기독교 그림은 바로 로마의 카타콤에서 볼 수 있으며, 가장 오래된 기독교 조각은 3세기 초의 석관들에서 볼 수 있다. 두라–유로포스 회당에서 볼 수 있듯이, 헬레니즘의 영향을 받은 유대인들은 종교적인 그림을 사용한 것으로 보이지만, 전통적으로 "새긴 형상"을 금기시 했던 모세의 법에 의해 그림은 많은 제약을 받았다. 이러한 그림에 대한 반감과 박해를 피하기 위한 그리스도인들의 노력으로 인해, 초기 기독교 미술과 발전을 알 수 있는 극히 제한된 고고학적인 자료만이 남아있다.

신약성경에는 올바른(정통의) 가르침을 지키고, 이단을 반박하는 것의 중요성을 말하고 있다. 잘못된 선지자들이 성경을 이용하지 못하도록, 신앙에 대한 정통의 해석은 중요했다. 초대교회에서 감독의 주요 역할은 중요한 올바른 신앙을 결정하고 유지하는 것이었으며, 이단으로 알려진 잘못된 견해를 논박하는 것이었다. 그러나 때로는 감독들 사이에 새로운 문제로 인해 다른 견해들이 있을 때는 한 동안 정통을 정하는 것이 교회의 일이 되기도 했다. 가장 처음의 논쟁은 기독론 논쟁이라 불렸는데, 이는 예수의 신성 및 인성과 관련이 있었다. 가현설(Docetism)은 예수의 인간성은 단순히 환상이라 주장하며, 성육신 하나님이 인간이 되었다는 현사실을 부정하였다. 아리안주의(Arianism)는 예수에게 죽음이 없지만, 영원한 신이 아니므로, 아버지보다는 열등한 지위에 있다고 주장했다. 삼위일체론(Trinitarianism)은 아버지, 아들, 성령이 세 위격(인격)을 지닌 한 존재임을 의미한다. 여러 그룹들은 이원론적인 믿음을 가졌는데, 실재가 완전히 반대되는 부분으로 이루어진 것으로, 물질은 악으로, 영은 선한 것으로 보았다. 이러한 견해는 이단적인 성육신의 문제를 일으켰다. 성경은 물질적인 세계와 영적인 세계 모두가 하나님의 창조임을 증거한다. 교리의 발전, 정통의 성립, 여러 견해들의 관계는 계속적인 논쟁으로 이어졌으며, 니케아 공의회로부터 칼케돈 공의회에 이르기까지 공의회를 통해 소수의 이단에 대한 다수의 정통 신학이 확립되었다.

기독교의 정경(canon)은 그리스도인들이 하나님의 영감으로 기록된 것으로

기독교 예술은 비교적 늦게 나타났다. 소규모 가정의 그림은 더 일찍부터 시작되었다는 기록도 있으나, 기독교 그림은 200여년 경부터 나타난다. 가장 오래된 기독교 그림은 바로 로마의 카타콤에서 볼 수 있으며, 가장 오래된 기독교 조각은 3세기 초의 석관들에서 볼 수 있다.

믿는 성경이다. 초대교회는 70인 역 성경에 따라 구약성경을 사용하고 있었으나, 사도들은 새로운 성경에 대한 정해진 틀을 갖고 있지 않았고, 이를 위해서는 시간이 필요했다. 사도들이 기록한 각 성경은 초대교회에서 회람되었는데, 특히 바울의 서신들은 1세기 말까지 모음의 형태로 회람되었다. 2세기 초에는 복음서라 불리는 "사도들의 기억"이 분명히 있었으며, 그것은 구약성경과 동등한 것으로 간주되기 시작했다. A.D. 160여년까지는 4개의 복음서가 정해졌고, 3세기경에는 현재의 신약과 같은 27개의 성경을 사용하고 있었으며, 어거스틴의 영향이 컸던 카르타고 공의회(A.D. 397-419)에서 27권의 신약은 정경으로 확정되었다.

| 2 | 로마제국시대(A.D. 313~476)

기독교 박해의 주요 인물이었던 갈레리우스가 311년 기독교 박해(디오클레시안의 대박해)를 끝내는 칙령을 발표한 지 2년 후 콘스탄틴 황제는 로마제국에서 종교 관용령을 선언하는 밀라노 칙령을 발표하였다. 이 밀라노 칙령은 기독교를 공인하는 결과를 가져왔다. 이 두 번의 칙령으로 인해 기독교에 대한 광대한 박해는 끝났고, 교회를 위한 새로운 시대가 활짝 열리게 되었다.

① 콘스탄틴 대제(Constantine the Great)

콘스탄틴 대제는 그의 어머니 헬레나를 통해 기독교를 알게 되었다. 312년 밀비안(Milvian) 전투에서 콘스탄틴은 전날 꾸었던 꿈을 따라 기독교의 상징을 병사들의 방패에 그리라고 명령하였다. 전투에서 승리한 후 콘스탄틴은 서방에 대한 황제권을 주장할 수 있었다. 이 시기 콘스탄틴이 기독교를 어느 정도 용인했는지 알 수 없지만, 콘스탄틴의 등극은 교회의 전환점을 가져왔다. 승리 후 콘스탄틴은 교회를 재정적으로 지원했는데, 다양한 바실리카를 건축하고, 사제에게 특권(몇 조항에 대한 세금면제)을 부여하고, 그리스도인들을 고위 공직자에 등용했으며, 디오클레시안의 대박해로 압수되었던 재산을 돌려주었다. 그리고 그는 324년부터 330년까지 완전히 새로운 수도를 건설했고, 그의 이름을 따서 콘스탄티노플이라 불렀다. 새로운 수도는 공공연한 기독교 건축을 포함하였는데, 시내 성벽 안쪽에 교회를 건설하되 이교도의 사원은 허락하지 않았다. 그리고 당시에 유행하던 대로 콘스탄틴은 임종하면서 세례를 받았다.

콘스탄틴은 교회에 대해서도 지도력을 발휘하였는데, 316년 도나티스티에 대한 북아프리칸의 논쟁에서 재판장의 역할을 담당했다. 그 보다 더 중요한 일은 콘스탄틴이 325년 아리안 논쟁을 다루기 위한 공의회, 즉 첫 공의회를 니케아에서 소집했으며, 거기서 "하나의 거룩한 사도교회"라는 니케아 신조가 채택되었다. 결국 콘스탄틴은 백성들의 영적인 건강을 위해 황제에게 하나님에 대한 의무와 정통을 수호할 책임이 있음을 보인 선례를 남긴 것이다. 콘스탄틴 황제는 교리를 강화하고, 이단을 뿌리 뽑고, 교회의 일치를 장려했다.

2 교회의 구조와 공의회

공인된 후 교회는 로마제국과 같은 지리적 경계와 정치적 단위 조직인 교구를 갖추게 되었고, 감독들이 각각의 교구를 돌보게 되었다. 감독들 가운데서도, 특히 로마, 콘스탄티노플, 예루살렘, 안디옥, 알렉산드리아 등 5개의 감독들은 주도적인 위치를 인정받았다. 그곳의 교회는 바로 사도들에 의해 세워졌으며, 그런 의미에서 그곳의 감독들은 영적인 계승자로 인정을 받았다. 그리고 로마의 감독이 그 가운데 가장 권위 있는 감독이었다면, 콘스탄티노플의 감독은 2인자로 인식되었다. 그것은 로마 교회에 대해서는 예수가 직접 교회를 위임한 제자 베드로에 의해 세워졌다는 사실과 로마가 제국의 수도였다는 정치적인 이유가 함께 작용했다.

교회는 그리스도에 대한 증언을 간직한 사도들에 의해 정체성을 유지했다. 그러나 사도들 이후로는 그 계승과 해석에 대한 입장의 차이가 나타났는데, 이를 위해 공의회가 필요했다. 초기 공의회에서 다룬 중심 주제는 기독론 논쟁이었다. 325년 니케아 공의회와 382년 콘스탄티노플 공의회는 아리안적인 가르침을 이단으로 정죄하고, 니케아 신조를 이루었다. 에베소 공의회에서는 네스토리우스를 정죄하고, 시릴의 그리스도 안의 한 인격을 확인하였다. 그리고 칼케돈 공의회에서는 그리스도의 양성(신성과 인성)과 그 통일성을 분명히 하면서, 단성론을 정죄하였다. 그러나 공의회의 결정에 동의하지 않았던 다수의 교회들은 정통교회로부터 분열하여 동방지역에 퍼졌다.

후기 교부들은 수많은 저작들을 남겼는데, 어거스틴(Augustine), 나지안주스의 그레고리(Gregory of Nazianzus), 예루살렘의 시릴(Cyril of Jerusalem), 밀란의 암브로스(Ambrose of Milan), 제롬(Jerome) 등이 있으며, 그 중에서도 존 크리소스톰과 아타나시우스 등은 유배와 박해 그리고 순교의 아픔을 당하기도 했다. 이들의 저서는 니케아 교부와 니케아 이후 교부 총서로 영역되어 전해진다.

3 수도생활

수도생활은 세속적인 가치를 멸시하고, 겸손, 가난, 순결 등의 영적인 가치에만 집중하는 금욕주의 운동의 한 형태였다. 이 운동은 유대교로부터의 전통에 뿌리를 두고 있으며, 초기 교회에서 성경적인 사례들과 이상들을 구체적으로 실천하면서 시작되었다. 세례 요한은 전형적인 수도사의 모습이었으며, 수도생활은 사도행전 2장의 사도공동체의 조직에서 영감을 얻었다. 수도생활에는 2가지 형태가 있었다. 은둔적인 수도사는 혼자 살았으나, 공동체를 이루고 원장의 지도를 받는 수도원도 있었다. 원래 모든 수도사는 안토니를 모방한 은둔자였다. 그러나 영적인 지도의 필요로 인해 파코미우스는 추종자들을 조직하여 첫 수도원을 만든 이후로, 유사한 단체가 로마제국의 동방지역과 이집트의 사막에 설립되었다.

수도원의 발달에 기여한 중요한 인물은 동방지역의 바질이었다. 서방지역에서는 유명한 규칙을 만든 베네딕트가 중요인물이었는데, 그가 만든 규칙은 중세를 통해 가장 일반적인 수도원 규칙이 되었으며, 다른 수도원 규칙의 출발점이 되었다.

| 3 | 초기 중세시대(A.D. 476~799)

1 초기 중세 교황권

중세로 바뀌는 일은 서서히 지역적으로 발생하였다. 도시 지역이 쇠퇴하는 반면 지방이 권력의 중심으로 등장하였다. 많은 그리스도인들은 동방지역에 남아있었으나, 서방지역에서 중요한 발전이 있었고, 독특한 모습을 띠었다. 로마의 감독들, 즉 교황들은 이렇게 급격히 변하는 환경에 적응해야 했기에. 황제와 형식적인 관계를 유지하면서 로마지역의 변방에 있었던 게르만족, 즉 "야만적인 통치자들"과 협상을 시도하였다. 동방지역에서는 초기 교회의 구조와 특성을 유지하면서 변화에는 아주 느렸던 것과 대조적이었다. 이탈리아 지역이 게르만과의 전쟁과 소요 가운데 빠지자, 황제 유스티니안 I세는 고트족에 대항하여 이탈리아에 대한 제국의 통치권을 재차 강조했다. 이러한 정치적인 조치는 다소 성공적이었고, 이탈리아를 위한 대주교를 두기도 하였으나 한계가 있었다. 그러나 롬바르드족이 이탈리아를 공격하자 로마는 그 자체로 고립되고 말았다. 황제가 있었던 동방지역으로부터의 지원이 끊기자, 교황은 자신의 땅에서 나온 농산물로 도시에 양식을 대고, 롬바르드족과 조약을 통해 보호반을 것을 시도했으나 효과적이지 못했다. 결국 교황은 도움을 프랑크 왕국에서 찾게 되었다.

2 아일랜드 선교

로마제국의 정치적인 경계가 축소되고 서방은 붕괴되었으나, 기독교는 제국의 경계를 넘어 한 번도 개종되지 않았던 게르만들에게 퍼지기 시작했다. 5세기 초에 독특한 문화가 현재의 아일랜드와 웨일즈 부근인 아일랜드 해에서 발전하였다. 이러한 환경 속에서 브리튼(잉글랜드)의 성 패트릭(St. Patrick)이 로마의 기독교를 아일랜드로 전파하였다. 패트릭은 처음 아일랜드에 노예로 잡혀왔으나, 탈출하여 선교사가 되었고, 자신을 노예로 부렸던 아일랜드로 다시 돌아가 기독교 신앙을 전했다. 그리고 아일랜드의 콜롬바(Columba)와 콜롬바누스(Columbanus) 같은 선교사들은 스코틀랜드와 유럽대륙으로 기독교 신앙을 전했다. 특히 아일랜드의 기독교는 로마 기독교의 공개적인 참회보다는 개인적인 참회 제도를 강조하였다.

3 앵글로색슨 선교

남부 브리튼은 로마의 점령지였으나 407년 로마제국 군대가 철수하자, 다양한 야만족들이 침략하여 섬에 정착하였다. 이 야만족들은 앵글로색슨(Anglo-Saxons)이라 불렸고, 잉글랜드의 선조가 되었다. 이들은 철저한 이교도들이며,

한 번도 로마제국에 포함되지 않았으나, 주위의 기독교 문화에 영향을 받다가 교황 그레고리가 보낸 어거스틴에 의해 개종하게 되었다. 앵글로색슨은 기독교와 함께 문화와 학문의 황금기를 이루었다. 그리고 얼마 되지 않아, 윌프리드(Wilfrid), 윌리브로드(Willibrord), 보니파스(Boniface) 등 잉글랜드 선교사들은 자신들과 같은 혈통인 독일의 색슨족에 기독교 신앙을 전했다.

4 프랑크 왕국과 다른 유럽지역 선교

5세기 초에 광범위한 고울 지방의 로마제국은 게르만 족인 프랑크 족에 의해 점령당했다. 496년에 원주민들에 대한 박해는 클로비스 I세가 기독교로 개종해서야 멈추었다. 클로비스 왕은 지배자의 신앙과 피지배자의 신앙을 하나로 결합하여 새로운 왕국의 기초를 놓을 것을 강조하였다.

698년에 윌리브로드는 현재의 네덜란드 지역인 프리시안의 감독으로 임명을 받았고, 유트레히트에 교회를 설립했다. 프리시안의 이교도 왕이었던 라드보트가 윌리브로드의 선교를 가로막았으나, 잉글랜드 선교사 보니파스가 파송되어 프리시아에 다시 교회를 설립하였다. 보니파스는 독일 지역까지 들어가 기독교 신앙을 설파하였으나, 754년에 이교도들에게 죽임을 당했다.

5 성상파괴 논쟁(the Iconoclastic Controversy)

8세기 초에 성상파괴주의는 동방지역 비잔틴 교회에서 이슬람교에 대한 군사적인 대항의 일환으로 시작된 운동이다. 726년에서 730년 사이 황제 레오 III세가 콘스탄티노플 궁정의 입구에 있던 예수의 상을 없애고 십자가로 대치하라는 것이 발단이었다. 이 명령은 곧 예수의 가족, 기독교 성자, 성서의 배경에 대한 그림을 금지하는 것으로 이어졌다. 그러나 서방에서는 교황 그레고리 III세가 로마에서 회의를 소집하여, 황제의 조치를 비난하였다. 754년에 동방에서는 공의회를 열어 성상 문화는 기독교적인 것이 아니라, 이교적인 것이라 결정하였다. 동방교회는 이 운동으로 인해 기독교 초기 예술 역사의 많은 부분을 상실했고, 이 후의 예술과 종교적인 역사를 잃어버리게 되었다. 후에 787년 제 7차 공의회에서 성상파괴 운동은 이단적인 것이라 규정되었으나, 815년에서 842년 사이 다시 발생하였다.

| 4 | 중기 중세시대 (A.D. 800~1299)

■ 카롤링거 르네상스(Carolingian Renaissance)

8세기 말에서 9세기 사이에 카롤링거 르네상스는 문학, 예술, 성경 연구 등에 대한 지적이고 문화적인 문예부흥을 말하며, 프랑크 왕국을 중심으로 발생하였다. 이는 샤를마뉴(Charlemagne) 대제 이후의 통치자들의 시대였다. 샤를마뉴 대제는 교직자와 왕실 기록관들의 문맹의 문제를 해결하기 위하여 학교를 설립하고, 학식이 깊은 사람들을 전 유럽에서 자신의 왕궁으로 불러 모았다.

2 수도원 개혁

6세기부터 서방지역의 수도원 대부분은 베네딕트 수도회였다. 베네딕트 규율을 보다 엄격하게 개혁한 클루니(Cluny) 수도원은 10세기부터 지도적인 수도원으로 인정되었다. 클루니 개혁은 분원체제를 통해 중앙집권적인 조직을 이루어 12세기에 전성기를 맞았으며, 특히 노르만지역 교회 부흥에 영향을 주었다.

수도원의 다음 개혁은 시토(Citeaux) 수도회 운동이었다. 1098년에 첫 시토 수도원은 설립되었으며, 베네딕트 규율에 문자적인 복종을 강조하였다. 개혁의 가장 충격적인 모습은 노동, 특히 야외 노동으로 돌아가는 것이었다. 기술적인 힘은 시토회를 창시한 버나드(Bernard of Clairvaux)로 부터 영감을 받아 중세 유럽으로 확산 되었다. 15세기에는 750여개의 수도원이 시토회 수도원이 될 정도로 전성기를 이루었다. 대개는 황무지 지역에 세워졌으나, 유럽의 소외된 지역을 경제적인 문명세계로 편입시키는 역할을 하였다.

세 번째 종류의 수도원 개혁은 바로 탁발 수도회(Mendicant orders)의 설립이었다. 탁발 수도사들도 가난과 순결이라는 전통적인 서약 수도원의 규율을 지켰으며, 특히 격리된 수도원에서의 설교, 선교사역, 교육 등을 수행했다. 12세기경부터 시작된 프란시스회는 아시시의 프란시스의 추종자들에 의해 설립되어 가난한 자들에 대한 선교를 도모했고, 이후 도미니크에 의해 시작된 도미

니크회는 귀족들에 대한 선교와 학문연구에
큰 진전을 이루었다.

③ 서임권(Investiture) 논쟁

평신도의 서임권 논쟁은 중세 유럽에서
교회와 국가 사이에 가장 심각한 문제였다.

개혁의 가장 충격적인 모습은 노동, 특히 야외 노동으로 돌아가는 것이었다. 기술적인 힘은 시토회를 창시한 버나드(Bernard of Clairvaux)로 부터 영감을 받아 중세 유럽으로 확산 되었다. 15세기에는 750여개의 수도원이 시토회 수도원이 될 정도로 전성기를 이루었다.

이는 11세기 신성로마제국의 헨리 IV세와 교황 그레고리 VII세 사이의 "누가 감독을 임명할 것이냐"라는 논쟁으로 시작되었다. 평신도의 서임권을 금지하는 것은 곧 제국의 권력과 교회개혁으로부터 이득을 기대하는 귀족들의 야망을 위협하는 것이었다. 감독들은 관할구에 딸린 토지에서 수입을 얻었는데, 토지를 소유하고 있는 귀족들은 토지를 가족들에게 유산으로 상속하였다. 감독들은 상속자가 없이 사망하므로, 감독이 죽으면 후임자를 임명하는 것은 왕의 권리였다. 그래서 귀족들이 상속이나 왕족과의 결혼으로 권세를 잡는 것을 왕이 신뢰하지 못할 경우, 왕은 감독들에 속해 있던 토지에 대한 지배를 통해 영향력을 유지하려고 하였다. 왕은 우정관계가 돈독하고 안전한 귀족 가족에게 감독들에 속해 있던 토지를 하사하려고 하였고, 왕이 감독의 자리가 비었을 때는 감독이 임명될 때까지 해당 토지의 수입은 원칙적으로 되돌려 주어야 했다. 그러나 그 수입은 실제로는 왕의 것이 되었다.

4 스콜라 신학

교회가 제도화 되면서, 13세기경에는 신학을 하는 방법에 특별한 강조점이 나타났다. 이를 스콜라 신학이라 하는데, 교회의 근간이 되는 교리를 이성, 믿음, 성서, 전통 등을 통해 설명하고자 했다. 스콜라 신학자들(안셀름, 아벨라드, 아퀴나스, 버나드, 오캄, 스코투스)은 믿음과 이성이 만나는 자리를 마련하고자 했다. 이들은 새로운 교리에 관심을 가지지 않았다. 오히려 믿음 안에서 교회의 정신적 성장을 확대하여 누구든지 맹목적이고 모호한 믿음이 아니라, 고백하는 믿음과 교리와 신조의 뜻과 의미를 충분히 알 것을 원했다. 다시 말해, 이성으로 신앙을 시험하거나 증명하는 권위가 아니라, 우리로 하여금 신앙의 타당성과 의미를 알도록 돕는다는 것이다. 스콜라 신학자들에 따르면, 중생한 하나님의 자녀는 반드시 지성을 사용한다는 생각을 했으며, 지성이야말로 도덕의 원천이라고 생각했다. 그러므로 이 시기에 성장한 대학은 스콜라 신학자들 사이의 교류와 교육의 터전이 되었다.

5 서방교회와 동방교회의 갈등과 분열

이슬람교도들의 침략으로 동방의 비잔틴제국은 아프리카와 아시아 지역 대부분을 잃었다. 그리고 프랑크 족의 개종으로 인해 성장한 서방교회는 많은 힘을 상실한 비잔틴 제국을 더 이상 필요로 하지 않게 되었다. 교황은 로마교회의 감독인 자신이 전체 교회의 대표자로 자임하는 반면, 동방교회는 감독들의 동등성을 강조하면서 갈등은 고조되었다.

여기에 서방교회와 동방교회의 분열의 직접적인 원인이 된 "필리오케"(Filioque, "그리고 성자로부터") 논쟁이 있었다. 이 단어는 서방교회가 "성부와 성자로부터 나온 성령"이라고 주장하면서, 니케아 신조에 첨부시켰던 것이다. 그러나 동방교회는 단순히 "성부로부터 나온 성령, 주님, 생명을 주신 분"이라 언급하면서, 니케아 신조의 원안을 고수할 것을 주장했다. 즉 서방교회에 의한 "필리오케"는 서방교회에 의해 일방적으로 붙여져서 동의할 수 없으며, "필리오케"라는 단어가 성령의 원천이 성부와 성자라는 두 근원과 과정을 암시할 우려가 있다는 것이다.

결국 로마교회의 우월성과 "필리오케"에 동의하지 않았던 콘스탄티노플의 대주교는 로마교회로부터 파문을 당하면서, 1054년에 서방교회와 동방교회는 대분열을 겪게 되었다. 교회 내에 오랫동안 잠재되었던 로마문화와 그리스 문화의 차이를 극복하지 못한 것이 근본적인 원인이기도 하였으니, 이제 교회는 서방의 가톨릭교회와 동방의 정교회로 나뉘었다.

6 십자군 원정

십자군은 그리스도인들을 보호하고, 기독교의 영토를 확장하고자 시도한 그리스도 기사들에 의해 수행된 일련의 군사행동이었다. 십자군 원정은 일반적으로 이슬람 세력이 점령한 성지를 회복하고자 교황이 지지한 전쟁이었다. 이슬람 세력에 대항한 십자군은 남부 스페인, 남부 이태리, 시실리, 동부 유럽 등에서 여러 형태로 일어났다.

성지는 처음부터 로마제국의 영토였으며, 잠시 비잔틴제국의 영토였다가 7-8세기에 이슬람 세력이 점령하였다. 그 후 그리스도인 순례자들이 성지를 방문하는 것은 허락되었으나, 셀주크 터키가 이를 막고, 비잔틴제국을 공격하면서 악화되었다. 비잔틴 제국의 황제는 이슬람 공격을 막기 위해 교황에게 도움을 요청했다. 이에 교황 우르반(Urban) II세는 모든 힘을 쏟아 1차 십자군 원정을 시도하였다. 그는 십자군 원정을 통해 주도권을 행세할 기회로 여기고, 순례자들을 위협하는 이슬람 세력의 만행에 대한 연설을 하면서 깊은 감동을 주었다. 특히 사람들이 참여하도록 설득하기 위하여 여러 가지 제안을 했는데, 모든 죄에서 사면, 영원한 축복, 기적, 채무의 탕감 등을 약속하고 무엇보다도 면죄부를 대중화하였다. 1096년에 30여만의 1차 십자군은 콘스탄티노플을 경유하여 출발했고, 수만 명이 소아시아의 고지대의 추위 속에서 죽었고, 1099년에 안디옥을 점령하고, 이후 예루살렘을 회복하였다. 그러나 그곳에서 이슬람교도들과 유대인들을 학살하는 만행을 저지르기도 했다.

1145년에 2차 십자군 원정은 이슬람세력이 그리스도인들로부터 에뎃사를 다시 탈환하면서 시작되었으나, 철저하게 실패했다. 1187년까지 예루살렘은 그리스도인들의 수중에 있었으나, 이슬람의 지도자 살라딘이 예루살렘을 점령하면서 그리스도인들의 감정에 치명적인 상처를 주었고, 이로 인해 3차 십자군 원정이 시작되었다. 특히 영국의 사자왕 리차드와 살라딘의 결투가 유명하다. 1202년에 4차 십자군 원정은 이노센트 III세에 의해 시작되었으나, 베네치아인들에 의해 뒤죽박죽이 되어 기독교 도시인 자라(Zara)를 점령하는 일을 벌였다. 성지로 전진하기 보다는 콘스탄티노플을 점령하고, 소아시아를 점령하여 동방지역에 서방제국을 이식하는 일을 시도했으며, 이것이 교황이 지원한 마지막 십자군이었다. 이후의 십자군 원정은 개인적인 지원으로 계속되었다.

예루살렘은 1세기 정도 탈환되었고, 그 외의 근동에 대한 그리스도인들의 지배권은 좀 더 오래 지속되었으나, 성지에 영원한 기독교 왕국을 건설하려 했던 십자군 원정은 결국 실패하였다. 그러나 남부 스페인, 남부 이탈리아, 시실리 등에서는 결과적으로 이슬람 세력을 물리칠 수 있었다. 북부 이탈리아의 도시들은 십자군 원정으로 인해 알프스를 넘어 유럽을 관통하는 교통의 중심지로 성장했으며, 특히 상업적인 발전을 이루었다. 거기에서 상업으로 부를 축적한 도시인들, 즉 제 3계급이 등장하였다. 아울러 동방의 고대문명과 문화를 접하게 되면서 서방세계의 좁은 세계관이 확대되었으며, 대학, 스콜라 신학, 예술 등에 큰 영향이 미쳤고, 나중에 르네상스를 이루는 토대가 되었다.

| 5 | 후기 중세시대 (A.D. 1300~1499)

1 서방교회의 분열

서방교회의 분열, 또는 교황의 분열은 서로가 교황이라고 주장하는 2-3명의 교황으로 인해 서방교회에 닥친 위기를 의미한다. 이는 신학적이기 보다는

정치적인 이유에 근거했다. 교황 클레멘트 V세는 정치적인 이유로 남부 프랑
스 아비뇽으로 옮겨 치리를 계속했다. 이후 교황들은 아비뇽에서 70여년 이
상을 거주하면서 프랑스 왕의 영향 하에 놓이게 되었는데, 이를 개선하려고
했던 노력의 결과로 교황 그레고리 XI세를 로마로 돌아오게 하였다. 그러나
교황 그레고리 XI세가 죽자, 로마에서는 우르반 VI세를, 아비뇽에서는 클레
멘트 VI세I를 추대하였다. 교황들은 각자 베드로의 후계자임을 자처하면서
서로를 파문하는 사태로까지 이르렀으며, 결국 서방은 로마의 교황을 따르는
국가와 아비뇽의 교황을 따르는 국가 사이에서 40여년의 분열을 겪게 되었
다. 피사에서 열린 공의회에서 중재를 시도하며, 새로운 교황 알렉산더 V세
를 선출하였으나, 양측 모두 따르지 않아 교황이 3명이 되는 진기한 일도 벌
어졌다. 결국 콘스탄스 공의회(1414-1418)를 통해 서방교회의 분열은 일단락
정리되었다.

2 위클리프(Wycliffe)와 후스(Huss)

서방교회가 분열을 겪고 있는 동안 영국에서 개혁운동이 시작되었다. 위클
리프는 어거스틴의 신학에 영향을 받아 당시 유명론을 반대하면서, "교황은
기껏해야 가시적인 교회의 수장일 뿐"이라고 주장하며, 화체설을 거부하였다.
롤라드(Lollards) 운동은 위클리프의 영향을 받아 성서를 영어로 번역하는 일을
진행하면서, 영국 전역을 두루 다니며 설교하는데 중점을 두었다.

보헤미아에서 태어난 후스는 영국에 유학하는 도중에 위클리프를 만나게 되

었고, 그의 영향을 받아 교회의 생활과 가르침을 개혁하기 위하여 성서의 권위를 주장하였다. 그리고 후스는 교황에 대한 비판적인 시각을 펼쳤으나, 서방교회의 분열을 수습하기 위해 모였던 콘스탄스 회의에서 이단으로 정죄되어 화형을 당했다.

위클리프와 후스의 교회에 대한 개혁정신은 곧바로 결과를 맺지는 못했다. 그 이후 두 극단적 입장을 가진 세력이 나타났다. 한 쪽은 교회의 개혁이 새로운 학문의 결과로서 나타날 것을 기대한 인문주의자들이고, 다른 한쪽은 너무 부패하여 개혁이 불가능한 교회와는 상관없이 개인적인 영성의 개발로 직접 하나님께 나아가고자 하는 신비주의자들이다. 특히 라인 강을 중심으로 일어난 신비주의는 마이스터 에크하르트와 존 타울러 등의 인물을 낳았고, 기존의 교회 권위나 구조와 충돌을 빚지는 않았으나, 교회의 전통적인 기능에 대한 이해를 허무는데 일조하였다.

3 비잔틴제국의 멸망

비잔틴제국의 수도였던 콘스탄티노플은 이슬람세력인 오스만제국에 의해 1453년 멸망당했다. 이때부터 7세기 정도 이슬람의 본거지는 이집트가 되었고, 정교회의 중심은 러시아의 모스크바가 되었다. 그래서 모스크바는 자신들 제 3의 로마로 부른다.

비잔틴제국의 멸망과 콘스탄티노플의 함락으로 인해, 발칸반도와 근동의 정교회는 서방교회와 완전히 결별하게 되었고, 적대적인 이슬람세계에서 둘러

싸여 고립되었다. 러시아 정교회만이 오스만제국의 영향에서 자유로운 정교
회를 유지하였다. 이러한 지리적, 정보적 한계로 인해 16세기 서방교회의 종
교개혁의 시대에 이들은 가톨릭이나 종교개혁세력에게 철저히 잊혀졌다. 다
행히 콘스탄티노플의 함락으로 많은 학자들이 중요한 고대 필사본을 가지고
서방교회로 망명하면서, 르네상스 정신 형성과 인문주의 작업에 기여했다.

* * *

3장

근대와 현대교회

■ 르네상스

■ 종교개혁

■ 종교개혁과 근대

■ 부흥운동

■ 현대교회

3장

근대와 현대교회

| 1 | 르네상스

르네상스는 상업무역을 통한 부의 축적과 고전에 대한 연구를 통해 문화적 변화와 성취를 이룬 기간이다. 교황의 도시였던 로마와 중부 이탈리아는 바로 이 르네상스의 영향을 받았다. 르네상스는 알프스 이북에서 신앙적 인간의 재발견이라는 형태로 나타나기도 했다.

◼ 알프스 이남

르네상스는 엄청난 예술후원과 건축의 광대함을 이룬 시기로, 그 때에 미켈

란젤로, 라파엘로, 프라 엔젤리코, 도나텔로, 레오나르도 다빈치 등의 예술가들이 활동하였다. 교회의 수장이면서 동시에 이태리에서는 가장 강력한 세속 권력을 가진 교황은 다른 이탈리아의 귀족들과의 세련된 경쟁심을 통해 개인적인 사치품뿐만이 아니라 공적인 영역, 즉 교회 건축과 보수, 다리, 수로 등의 건설에도 지출을 감행했다. 1505년부터 1626년까지 진행된 베드로 성당은 가장 분명한 예인데, 이는 콘스탄틴 바실리카의 자리에 건축되었다.

르네상스는 또한 그리스 문화와의 접촉이 확대되어 새로운 학문의 길이 열린 시기이다. 르네상스시기에 철학, 시, 고전, 수사학, 정치학 등의 영역에서 인문주의 정신이 고양되었고, 교회에도 영향을 끼쳤다.

2 알프스 이북

독일의 대학에서도 이탈리아 르네상스를 받아들이면서, 고전에 대한 연구가 활발하였다. 특히 독일의 봉건영주들이 자신들의 영토에 대학을 가지려는 욕심으로 이를 독려하기도 했다. 자유분방하게 이루어진 이탈리아 인문주의 운동과는 달리, 독일의 인문주의는 진실한 그리스도인들이 이끌었으며, 이들은 인문주의 운동 과정에서 신앙생활을 개혁하려는 열망을 드러내기도 하였다. 대표적인 인물은 네덜란드의 에라스무스이며, 영국의 존 콜렛, 프랑스의 르페브르, 스위스의 파렐 등과 같은 그리스도인 인문주의자들은 구약성서, 신약성서, 교부 저서들을 연구하였다.

당시의 독일에서는 오랜 흉년(1490-1503)과 외부의 위협으로 사람들은 마법에 대한 미신을 강하게 신봉했으며, 하나님의 진노의 심판이 임박했다는 의식이 그들 사이에 널리 퍼져있었다. 이러한 시기에 신앙의 본질은 개인의 영혼이 하나님과의 관계를 갖는 것이라는 신비주의적 경건운동(Devotio Moderna)도 함께 존재했다.

| 2 | 종교개혁

16세기 초에 마틴 루터(Martin Luther)와 울리히 쯔빙글리(Ulrich Zwingli)가 시작한 종교개혁은 교회를 개혁하려고 했다는 점에서 이전의 개혁자들과는 달랐다. 즉 이들은 타락한 교회의 뿌리는 단순히 도덕적인 침체나 교회 규칙의 약화가 아니라, 교리적인 것이라 지적하면서, 동시대의 교리를 "진정한 복음"에 일치시키려고 하였다. 이런 의미에서 그들은 자신을 "복음주의자"라 여겼다. 종교개혁의 결과로 생긴 개신교(Protestant)라는 단어는 라틴어 선언 프로테스타티오(protestatio)라는 말에서 왔으며, 교황의 권위에 따르지 않는 서방기독교를 일컫는 용어가 되었다.

종교개혁의 시작은 마틴 루터의 95개조 반박문에 그 기원을 두고 있으며, 초기의 개혁은 성직매매, 면죄부 판매 등에 집중되었다. 그리고 그 중심 주제는 바로 오직 성서, 오직 믿음, 오직 은혜였다. 중요한 개신교 전통이 종교개혁으로부터 직접적으로 나왔는데, 즉 그 전통들은 루터교, 개혁파(칼빈파 또는 장로교), 그리고 영국의 성공회이다.

종교개혁은 제도적인 개혁과 급진적인 개혁으로 나타났다. 제도적인 개혁은 루터, 쯔빙글리, 칼빈, 그리고 크랜머 등의 신학자들의 연대로 나타났으며, 세속 정치가들의 지원을 받았다. 급진적인 개혁자들은 국가의 허락을 얻지 않은 공동체를 형성하거나 니케아-칼케돈 교리를 부정하기도 하였다. 제도적인 개혁가들은 급진적인 개혁가들에 대해 가톨릭에 대한 혐오보다 더 강력하게 폭력적으로 대응하기도 했다. 종교개혁은 아일랜드와 독일 일부지역을 제외한 북부 유럽에 퍼졌으며, 제도적인 개혁이 급진적인 개혁보다 더 넓게 퍼졌다.

■1 마틴 루터

마틴 루터는 어거스틴파 수도사이며, 비텐베르크 대학의 교수였다. 1517년 면죄부의 부당함을 지적한 95개조 반박문을 제시하였고, 이것이 바로 종교개혁의 신호탄이 되었다. 루터는 특히 아리스토텔레스 철학을 혐오하였고, 이로 인해 결국 중세를 떠받든 스콜라신학과 갈등을 빚게 되었다. 루터는 스콜라신학과는 다르게 하나님 앞에서 의롭게 되는 것에 관한 "칭의"의 신학을 발전시켰다. 스콜라신학은 선행과 연합된 믿음을 통해, 그리고 점진적인 은혜를 통해 의로워진다고 주장했으나, 루터의 칭의의 신학은 죄인인 인간에게 전적으로 그리스도의 공덕이 부여됨으로 선포된 의로움을 강조하였다. 결국 선행은 의로움에 어떤 기여도 할 수 없는 비본질적인 것이었다. 스콜라신학자들과 루터의 갈등은 가톨릭교회체제에서 루터를 배격하는 방향으로 진행되었다.

1520년에 루터는 결국 교황의 교서에 의해 가톨릭교회로부터 이단으로 정죄되었다. 루터는 이 교서와 교회법을 불태움으로 본격적인 종교개혁을 시작했으며, 나아가 자신의 신학을 더욱 정교하게 발전시켜 인근 지역에 종교개혁의 이상을 전파하기 시작했다.

2 울리히 쯔빙글리

쯔빙글리는 종교개혁의 초기에 영향을 끼친 스위스 학자이다. 쯔빙글리는 루터가 종교개혁의 신호탄을 올리기 전 1516년 그의 신학을 발전시켰다고 주장하지만, 그의 칭의의 교리는 루터의 신학과 현격하게 유사하다. 1518년에 쯔빙글리는 취리히 교회에서 목회를 시작하면서 종교개혁의 이상을 실천했으며, 그가 죽기까지 그곳에서 시무했다. 취리히에서 그의 명성은 높아졌고, 스위스의 개혁파 진영과 황제의 가톨릭 세력과의 긴장은 고조되었다. 그와 같은 환경에서 쯔빙글리는 독자적인 종교개혁을 진행했는데, 루터와는 칭의의 교리에서는 동일한 입장을 취했다. 그러나 그는 성상을 우상으로 정의하여 첫 계명을 어기는 것으로 간주하고, 성찬에서 성체가 직접 임재하는 것이 아니라, 기념하는 것이라고 주장함으로서 루터와 다른 입장을 취했다. 취리히 시의회는 쯔빙글리의 생각을 채택하였고, 쯔빙글리는 급진적인 개혁의 중심이 되었다. 그런데 어떤 이들은 쯔빙글리의 사상을 보다 더 급진적으로 발전시켰는데, 이들 가운데 유아세례의 효용성에 의문을 제기하며, 신자의 믿음의 고백을 토대로 세례를 다시 받아야 한다는 재세례파가 등장하였다. 재세례파는 종교개혁가들과 가톨릭 모두로부터 박해를 받아 수많은 희생을 감수해야 했다. 한편, 쯔빙글리와 취리히 지도자들은 스위스내의 가톨릭 주들에 대한 경제봉쇄를 단행하여, 결국 개혁진영과 가톨릭진영 사이에서 전쟁이 발발하였다. 쯔빙글리는 그 전쟁에서 사망하였다. 종교개혁의 초기에 루터와는 다른 개혁의 길을 간 이들을 개혁주의자라고 한다.

３ 존 칼빈

존 칼빈은 프랑스 출신의 목회자이며, 법학박사로서 종교개혁에 가담했다. 그는 종교개혁의 2세대로서 신학적 저서인『기독교 강요』를 집필하여, 제네바의 개혁주의 교회의 지도자가 되었다. 후에 제네바는 16세기 후반 개혁주의의 비공식적인 수도로서의 기능을 하였다. 칼빈은 제네바 시와 시의회에 막강한 권위를 행세하여, "개신교 교황"이라는 칭호를 얻기도 했다. 칼빈은 교회회의제를 통해 장로제를 설립했으며, 이를 통해 목회자와 장로들은 제네바 주민을 위한 종교적 규율을 제정할 수 있었다. 칼빈의 신학은 그의 예정론의 교리로 잘 알려져 있는데, 이는 하나님께서 영원 전부터 누가 구원받을지 또 누가 구원받지 못할지를 정해놓으셨다는 것이다.

사실 예정론은 칼빈의 중심교리가 아니었는데, 그의 개혁주의 후예들이 그렇게 강조한 것으로 보인다.

4 영국의 종교개혁

    다른 종교개혁과는 달리, 영국(잉글랜드)의 종교개혁은 왕에 의해서 주도되었다. 영국 왕 헨리 8세는 스스로 가톨릭 왕이라 자처했기에, 그는 한 때 루터에 반대하며, 교황을 지지하는 집필했기 때문에, 교황으로부터 "신앙의 수호자"라는 칭호를 받기도 했다. 그러나 그가 첫 부인 캐더린과의 이혼을 교황이 허락해줄 것을 간청하면서 교황과의 갈등이 시작되었다. 문제는 캐더린이 당시 유럽의 황제였던 찰스 5세의 숙모였으며, 황제는 교황의 가장 강력한 세속적 후원자였다는 점이다. 그 결과 영국의 왕은 로마로부터의 분리를 결정하였고, 왕이 영국교회의 수장임을 선포하였다. 이것이 영국국교회 즉 성공회의 설립을 의미한다. 그러나 헨리 8세의 여성편력으로 인해 그의 자녀들이 왕위를 연이어 계승하면서, 영국교회는 혼돈의 시대를 경험하였으나 신학과 실천에서 가톨릭과 종교개혁의 중간적인 모습을 지니고 있다. 토마스 크랜머, 윌리엄 로드 등이 왕들을 도와 종교개혁을 위한 신학적 토대를 놓았다.

    영국의 성공회는 종교개혁 진영에서의 대표적인 국가교회가 되었다. 따라서 국교회의 기도서를 따르지 않는 이들은 비국교도(Non-Conformists)로 분류되어, 국민으로서의 권리를 박탈당했다. 대표적인 비국교도인들은 가톨릭교도였을 뿐만 아니라 엘리자베스 I세 치하 때부터 보다 본질적인 종교개혁을 요구했던 이들인 청교도들도 비국교도에 속하였다.

    영국의 북부 스코틀랜드에서 종교개혁은 귀족들의 지원에 힘입어 진전되었는데, 그들이 왕실과 대항하여 싸우는데 있어서 핵심의 역할을 하였다. 존 낙스(John Knox)가 신학적 지도자의 역할을 했으며, 감독제가 군주정치와 동맹 관계를 맺는 것을 염려하여 장로제를 기초로 개혁교회를 조직하였다.

5 반종교개혁

종교개혁에 대한 가톨릭의 대응을 반종교개혁, 또는 가톨릭 개혁이라 부른다. 이로 인해 전통적인 교리를 강조하고(트렌트 종교회의, 종교재판소의 강화), 도덕적인 개혁과 선교에 목적을 둔 새로운 단체가 나타났다(예수회). 이그나티우스 로욜라에 의해 창설되고, 엄격한 규율을 따르는 예수회는 개신교와의 싸우는데서 교황의 직접적인 힘이 되었다. 예수회 사람들은 선교활동에 있어서 탁월한 능력을 발휘하여 광범위한 지역에 선교회를 설립하였다. 프란시스 사비에르, 마테오리치, 세스페데스 등을 통해 예수회는 인도, 중국, 일본, 그리고 조선에까지 입국하여 선교 활동하였다.

반종교개혁의 노력은 사제들을 훈련시키기 위한 신학교를 설립하고, 영성 개발에 박차를 가하는 모습으로도 나타났다. 이때 프랑스와 스페인의 영성가들(성 테레사, 성 요한)이 활동하였다. 교황들도 대중적인 경건의 이상을 강조하여 개신교의 주장을 극복하려고 하였고, 가난한 이들에 대한 기부와 자선, 병원 등을 지원하고, 선교사를 후원하기도 하였다. 반종교개혁의 노력은 북부 유럽의 30%가 다시 가톨릭으로 돌아가는 결과를 낳았다.

이에 반해 개신교의 초기 선교는 북미 식민지와 아프리카로의 소규모 진출에 머물 수밖에 없었는데, 이는 유럽 내에서의 존립과 자립의 문제가 더 급박

했기 때문이었다. 특히 프랑스에서는 개혁
주의 위그노교회를 통해 한 때 많은 개종자
를 있었으나, "성 바돌로매 축일"의 대학살
로 인해 위그노교도들 수천 명이 학살을 당
하고, 내전과 왕권과의 갈등으로 인해 그 세
력은 급격히 줄어들었다. 영국 성공회에 대

> 예수회 사람들은 선교활동에 있
> 어서 탁월한 능력을 발휘하여 광
> 범위한 지역에 선교회를 설립하
> 였다. 프란시스 사비에르, 마테
> 오리치, 세스페데스 등을 통해
> 예수회는 인도, 중국, 일본, 그리
> 고 조선에까지 입국하여 선교 활
> 동하였다.

한 대표적인 반종교개혁을 주도한 메리 여왕은 아버지 헨리 8세의 개혁을 원
점으로 돌리려고 하면서, 많은 종교개혁가들을 숙청하였다. 그러나 그녀의 집
권은 그리 오래가지 못했고, 이복동생인 엘리자베스 I세가 왕이 되면서 아버
지의 종교개혁을 계속 진행시킬 수 있었다.

│ 3 │ 종교개혁과 근대

종교개혁은 중세적인 요소와 근대의 요소를 모두 포함하고 있었다. 종교를
외적인 권위 즉 국가를 통해 보존해야 한다는 생각, 교육과 문화를 교회에서
관할해야 한다는 생각, 어거스틴 이후의 죄와 은총의 문제를 다루었다는 점,
그리고 금욕주의적 이상이 강했다는 점 등은 분명히 중세적인 요소였다. 그러
나 가톨릭의 다양한 성례전을 세례와 성만찬으로 정리했다는 점, 성례만이 유
일한 은혜의 수단이 아니라 성경묵상, 금식, 교제, 구제 등을 통한 은혜의 수
단을 인정했다는 점, 그리고 구원은 하나님께서 인간에게 베푸시는 인격적인

관계로 이해했다는 점 등은 근대적인 요소라고 할 수 있다. 그러나 진정한 근대의 모습은 세속화, 노동계급의 출현, 그리고 근대 과학의 대두와 함께 본격화 되었다.

1 갈릴레오 재판

　가톨릭교회가 코페르니쿠스적인 천문학을 지지하게 된 때가 종교와 과학의 관계사에서 가장 중요한 순간이라 할 수 있다. 1610년에 갈릴레오는 자신의 새로운 망원경으로 관찰한 내용을 발표하였을 때, 고대로부터 세계관과 우주관을 지배했던 천동설이 유지되기 어려웠고, 오히려 사람들은 급진적인 코페르니쿠스의 지동설에 관심을 갖게 되었다. 그러나 이에 대한 반동으로, 많은 학자들은 지구가 돌고 태양이 멈추어 있다는 주장을 이단으로 간주하였다. 왜냐하면 이들은 지동설의 세계관은 성서의 말씀에 모순이 된다고 믿었기 때문이었다. 갈릴레오가 신학, 천문학, 그리고 철학에 대한 논쟁에 참여하면서, 그에 대한 재판은 정점에 달했고, 1633년에 그는 결국 이단의 혐의를 받게 되었다. 물론 갈릴레오로부터의 교황에 대한 모욕과 코페르니쿠스의 이론이 아직 충분한 과학적 증거로 뒷받침 되지 못했기 때문이었으나, 갈릴레오에 대한 이 재판은 중세를 이끌어오던 세계관의 변화를 의미했다. 뉴튼의 만유인력의 법칙의 발견을 통해서 지동설이 타당한 패러다임으로 받아들여졌다.

2 청교도

영국의 반종교개혁가였던 메리 여왕의 시대에 유럽으로 망명을 떠났던 종교개혁자들은 엘리자베스 여왕 때 조국 영국으로 돌아올 수 있었다. 깊은 종교적 열정으로 영국 성공회가 성서에 기초한 온전한 개혁을 이루어야 한다고 주장한 개혁가가 그들 중에는 있었다. 가톨릭과 유사한 미신적인 잔재를 없애고 교회를 정화한다는 의미에서 이들은 청교도라는 이름을 얻었다. 청교도들은 감독제를 폐지하고, 회중이 목사를 선출하고, 각 교직의 동등성을 주장하였다. 그러나 영국 성공회에서 강경책을 펴자, 이들 중에는 영국 성공회에서 청교도를 분리하자는 일파와 분리하지 말고 영국 성공회를 내부에서 개혁하자는 일파로 나뉘었다. 분리를 주장했던 청교도들은 신대륙 북아메리카로 이주하여 종교적인 자유와 철저한 교회의 이상을 시도하여, 식민지개척의 선구자들이 되었다. 1620년과 1640년경에 북아메리카로 이주한 청교도들을 중심으로 건설된 지역이 뉴잉글랜드였으며, 이들 청교도들은 후에 미국 회중교회의 시초가 되었다.

찰스 I세가 의회를 무시하고 통치하며 전쟁을 위한 세금을 부과하려고 하자, 영국에 남아 성공회를 내부적으로 개혁하려고 했던 비분리파는 올리버 크롬웰을 중심으로 찰스 I세를 체포하여 처형하고 정국을 장악하는 청교도 혁명을 일으켰다. 크롬웰은 청교도 혁명으로 호민관의 역할을 하면서 공화제 정치를 시행했다. 그러나 왕정에 대한 요구가 증대하면서, 1660년에 찰스 II세가 영국 왕으로 복귀하였고, 이후 청교도들은 교회의 강단에서 쫓겨나는 시련을 겪었다. 영국의 청교도들을 통해 제임스 I세 때 흠정역성경(King James Version)이 공인되고, 청교도 혁명 중에 작성된 웨스트민스터 신앙고백은 중요한 성과물 이었다.

③ 지식(인식)론 철학의 발달

근대 철학은 인간이 사물의 진리를 어떻게 알 수 있는가라는 지식론을 중심 으로 발전하였다. 우선 유럽 대륙에서 데카르트, 스피노자, 라이프니츠 등을 중심으로 발전한 합리론은 인간의 지식과 관념은 태어날 때부터 부여받았음 을 주장하였다. 그러므로 합리론에서는 교육을 인간 안에 감싸여 있는 이성을 벗겨 밝혀내는 작업으로 보았다. 그와 달리, 영국에서 로크, 버클리, 흄 등을 중심으로 발전한 경험론은 인간이 태어날 때 백지와 같은 상태로 태어나며, 지 식은 감각을 통해 형성되는 것이라 주장했다. 그러므로 경험론에서 교육은 후 천적인 경험을 강조하게 되었다.

이러한 지적인 분위기는 유럽의 전 지역에서 이성이 지배하는 낙관적인 견 해를 갖게 만들었다. 이성적으로 모든 것을 설명하고 적용하면서, 인간은 자 율적으로 이성과 조화를 이룰 수 있다는 낙관적인 견해가 계몽주의라는 이름 으로 널리 퍼졌다. 이 계몽주의 영향으로 영국에서는 그리스도교를 원시적이 며, 미신적인 것으로 여겼으며, 예언, 기적, 계시를 공격하는 이신론이 풍미하 였다.

3장 | 근대와 현대교회 | **079**

4 경건주의

종교개혁 이후 유럽의 개신교는 정통의 시대를 경험한다. 루터파와 개혁주의 모두 가톨릭의 교리에 대한 자신들의 신학적인 견해를 정의할 필요가 생겼다. 신앙과 교리의 체계화는 주로 대학의 학자들과 교수들을 중심으로 진행되었으나, 복음이 하나님의 능력의 말씀이 아니라, 이지적인 교리로서 받아들여지기 시작했다. 또한 형식적인 신학논쟁으로 인해 평신도들의 신앙생활은 생명력을 상실했으며, 수동적인 자세로 머물게 되었다.

당시 독일은 30년 동안의 종교전쟁의 와중에 신비주의적인 신앙생활이 많이 퍼지게 되었다. 하나님의 성령은 그리스도인의 생활에 임재할 수 있으며, 생생하게 이를 경험하지 않으면 안 된다는 것이다. 심령과 생활 속에서 하나님을 경험하는 것, 즉 하나님과 인간의 합일은 신비주의의 공통점이었다.

정통신학에 대한 반동과 신비주의에 의한 자극으로 인해 그리스도인의 생활에서 하나님을 내적으로 경험하여 실제적인 윤리생활 즉 거룩한 생활을 할 수 있다고 주장한 이들이 바로 경건주의자들이다. 경건주의는 필립 슈페너의 『경건의 소원』이라는 책을 통해 본격적으로 표현되었는데, 여기서 슈페너는 소그룹을 통한 성서공부, 만인제사장설을 통한 평신도 상호간의 견인, 봉사의 강조, 회심의 중요성, 평이하고 경건한 설교 등을 주장하였다. 경건주의는 지역적으로 프로이센 왕국 안의 할레(Halle) 경건주의(필립 슈페너, 어거스트 프랑케), 모라비안들의 헤른후트(Hermhut), 경건주의(진젠도르프), 니더라인(Niederr hein) 지역의 경건주의(고트프리트 아놀드, 게하르트 테어스테겐), 그리고 뷔템베르그

(Württemberg) 경건주의(요한 벵엘, 프리드리히 웨팅어) 등으로 나뉜다.

경건주의는 주로 교육과 선교에 대한 많은 관심을 가지고 개신교내에 많은 도전을 주었으며, 인도, 서인도, 그린랜드, 그리고 북아메리카 등에 열성적으로 선교사를 보내기도 하였다. 경건주의의 이상은 특히 영국 등에 영향을 주어 부흥운동의 촉발제가 되면서, 체험적 복음주의의 주류를 형성하는 커다란 기여를 하였다.

| 4 | 부흥운동

18세기에 유럽에서는 인간의 이성을 무한히 신뢰했으며, 이로 인해 구시대를 바꾸고자 하는 혁명이 발생하였다. 그러나 이성으로 이해할 수 없는 초자연적인 현상이 함께 있었는데, 이는 바로 부흥운동이었다. 즉 부흥운동은 전근대적인 요소가 아니라, 분명히 근대사회의 한 모습이었다.

1 영국의 부흥운동

영국의 부흥운동은 존 웨슬리, 찰스 웨슬리, 조지 횟필드, 그리고 하웰 해리스 등에 의해 시작되었다. 특히 존 웨슬리의 메소디스트들에 의해 주도된 부흥운동은 체험적 복음주의의 맥을 이어 영국과 미국에 소개하고, 성결운동을 가능하게 한 출발점이 되었다.

존 웨슬리는 영국 성공회 목사인 사무엘 웨슬리와 수잔나 웨슬리의 아들로서 차터하우스와 옥스퍼드의 크라이스트 처지에서 공부하였다. 목사안수를 준비하던 1725년에 그는 성서와 함께 토마스 아켐퍼스, 제레미 테일러, 그리고 윌리엄 로의 저서를 읽었으며, 평생을 지속한 일기쓰기, 새벽기도회, 그리고 경건 훈련 등을 시작했다. 1729년에 그는 옥스퍼드 학생들과 함께 '홀리 클럽'(holy club) 또는 메소디스트라 알려진 모임을 시작하였는데, 그 모임에 찰스 웨슬리, 조지 휫필드 등이 동참하였고, 그들은 그 당시 보통의 학생들과는 구별되는 성서적 기독교의 경건을 실천하였다. 이 메소디스트의 기도, 금식, 그리고 절제 등의 개인적인 경건은 옥스퍼드 주변사회로 확대되어, 빈민, 어린이, 그리고 교도소 등을 방문하여 복음과 함께 음식과 물건을 나누는 사랑의 행동으로 표현되었다.

1735년에 웨슬리는 이전까지의 윤리적인 경건이 자신의 구원과는 동떨어져 있다고 생각하고, 이를 극복해 보고자 북아메리카의 조지아로 선교를 떠난다. 그러나 지나치게 철저한 그의 목회방법과 소피 합키라는 여인으로 인한 스캔들 때문에 오래 지속할 수 없었다. 이즈음 웨슬리에게 신앙적인 도전과 해답을 제시한 사람들은 독일의 경건주의자인 모라비안들이었다. 1738년에 웨슬리는 모라비안들이 강조하는 "구원의 믿음"이 자신에게 부족함을 깨닫고 기도하는 중 5월 24일 런던의 올더스게이트 모임에서 "이상하게 마음이 뜨거워지는 구원의 확신"을 얻었다. 그 이후 많은 웨슬리안들은 이를 웨슬리의 회심으로 인정하게 되었다. 그리고 1739년 1월 1일에 그는 동료 메소디스트들과 간절히 기도하는 중에 성령의 충만함으로 자신의 사역에서의 새로운 모습과 능력이 나타나는 계기를 맞게 되었다.

선교지에서의 부정적인 소식과 모라비안들과 가깝다는 소문은 웨슬리로 하여금 설교강단에 설 수 없게 만들었고, 이에 그는 횟필드의 조언에 따라 옥외설교를 시작하였다. 이 옥외설교는 당시 국교회의 교구경계를 넘어, 부흥운동이 전국적으로 확산되게 되는 결정적인 전도 및 대중 집회의 형식이 되었다. 국교회의 목회가 예배당에 참석해야 하는 의무감과 적극성에 호소하였다면, 웨슬리의 옥외설교는 정규예배에 참석할 수 없는 농민, 노동자, 탄광부, 여인, 어린이들에게 직접 나가 야외에서 복음을 전하는 적극적이고 능동적인 목회방법이 되었다. 웨슬리는 자신의 부흥운동에 동의하는 목회자들이 적은 것을 발견하고는 보다 효과적으로 복음을 전파하기 위해 평신도 설교자들을 파송하였고, 이들의 헌신적인 노력으로 웨슬리안 부흥운동은 영국 전역으로 퍼져나갔다. 그 후로 이 부흥운동은 여성 사역자들에게도 기도, 간증, 그리고 설교의 길을 열었다.

1740년대 이후 특히 성령의 역사에 힘입은 은사주의적인 사역이 주류를 이루었는데, 중생이라는 주제 외에도 성도의 변화된 모습이 완전에 이를 수 있다는 성결(그리스도인의 완전)의 신학, 복음이 영적인 상태의 구원뿐만이 아니라, 육체적 연약함을 치료하여 온전하게 만드실 것이라는 신유의 신학, 그리고 다시 오실 주님을 대망하는 재림의 신학의 맹아가 나타나기도 하였다. 이러한 웨슬리의 사역이 열광주의로 오해를 받아 1760년경에는 "성화논쟁"에 휩싸이기도 하여, 1763년경에는 웨슬리의 평신도 설교자 중에는 사회에 물의를 빚은 자들이 나타났으며, 웨슬리의 신학도 다소 보수화 되어가는 경향을 띠게 된다.

1770년 이후 웨슬리는 영국 국교회 내에서 "칼빈주의자"들과의 갈등을 빚게 되었다. 웨슬리는 당시 영국의 칼빈주의가 예정론에 입각해서 자신의 생활과 행동에 책임을 지지 않으려는 율법무용론에 빠질 위험이 있다고 보았다. 그리하여 하나님의 은혜에 참여하여 자신의 구원을 온전히 이루기 위한 변화된 신자의 생활을 강조하는 성결론을 발전시켰다.

웨슬리의 부흥운동은 잉글랜드의 런던, 브리스톨을 중심으로 시작되었고, 초기의 반대에도 불구하고 잉글랜드 전역으로 퍼져나갔으며, 1750년대 이후에는 스코틀랜드, 아일랜드, 그리고 북미로 전파되었다. 1784년에는 미국에 있는 메소디스트를 위해 웨슬리 자신이 직접 안수를 시행하여 지도자를 파송하고 독립국가에 맞는 새로운 교단(감리교)을 이룰 수 있는 근거를 마련하여, 미국의 서부개척과 함께 미국을 대표하는 교단으로 성장하는 계기를 이루었다. 88세의 나이로 세상을 떠난 웨슬레는 20만 마일을 전도 여행하고, 4만 번의 설교를 했으며, 수 천통의 편지와 수많은 저서를 남겼다.

2 북아메리카의 대각성 운동

북아메리카의 대각성 운동은 독일의 경건주의 그리고 영국의 부흥운동과 함께 근대 교회사에서 빼놓을 수 없는 영적 운동이었다. 대각성 운동은 크게 1차(1730-1740년대), 2차(1800-1830년대)에 걸쳐 나타났는데, 신대륙 북아메리카에 이주한 이들에게 단순히 신앙적인 부흥뿐만이 아니라, 새로운 나라를 위한 각성과 변화를 통해 정치, 사회적으로 영향을 끼치게 되어 이를 대각성 운동 이라 부른다.

　제 1차 대각성 운동은 처음 펜실바니아의 메노나이트와 모라비안 등을 중심 으로 시작되었다가, 뉴저지의 화란개혁교회로 퍼지고, 스코틀랜드 장로교회 의 테넌트 부자를 중심으로 발전하였다가 경험적인 신앙을 강조하는 청교도 적인 흐름과 만나면서 본격적인 부흥운동으로 나타나게 되었다. 지역적으로 메사추세츠를 중심으로 하는 제 1차 대각성 운동은 조나단 에드워즈와 그의 초대를 받은 조지 휫필드에 의해 대중적인 집회로 더욱 폭발적인 운동이 되었 다. 열정적인 설교, 원초적인 예배, 개인의 죄와 예수 그리스도의 구원 등을 통 해, 당시 북아메리카에 이주한 거의 모든 교파가 이에 참여하였다. 그러나 부 흥운동에 참여하지 않는 목회자들에 대한 비난과 입교의 기준을 회심을 한 성 도들로 한정하여 높게 적용하면서 기존 교회와의 마찰을 겪었다.

　제 2차 대각성 운동은 독립한 미국에서 새롭게 출발한 감리교의 순회전도 자들의 체험적 신앙의 강조와 함께 준비되었다. 특히 서부개척과 함께 동부의 뉴잉글랜드 지방에서 서부로 진행되었고, 켄터키 부흥운동으로 본격화 되었 다. 설교와 함께 개인 기도뿐만 아니라 캠프집회를 통해 하나님의 주권과 이 에 대한 순종의 의무가 강조되면서 개혁주의 신학과 웨슬리안 신학의 접목이 이루어졌다. 특히 믿음으로 "지금" 결단할 것을 촉구하면서 캠프집회에 참여 한 이들은 강단 앞에 마련된 회개석에서 죄를 고백하고, 기도하며, 하나님을 찬양하고, 구원의 감격을 경험하였다.

　처음 뉴욕을 중심으로 활동했던 피비 팔머는 감리교의 평신도 여성지도자였는데, 성령의 사역을 강조한 "아버지의 약속"과 성령충만으로 순간적인 성결이 가능하다고 제시한 "제단신학" 등을 통해 제 2차 대각성운동의 저변을 넓히는 역할을 하였다. 그리고 팔머와의 교류를 통해 성결신학에 대한 이해를 갖게 된 찰스 피니는 제

> 제 2차 대각성 운동은 독립한 미국에서 새롭게 출발한 감리교의 순회전도자들의 체험적 신앙의 강조와 함께 준비되었다. 특히 서부개척과 함께 동부의 뉴잉글랜드 지방에서 서부로 진행되었고, 켄터키 부흥운동으로 본격화되었다.

2차 대각성 운동의 중심인물이 되었다. 찰스 피니는 순회 부흥사로서의 활동과 오버린 대학의 교수로서의 역할을 통해 칼빈주의자로서 인간의 책임을 강조한 독특한 신학을 발전시켰다. 그의 설교를 통해 수많은 사람들이 단기간에 부흥을 경험하였다.

제 2차 대각성 운동은 1860년대를 넘어서면서 성결운동으로 계속되었다. 1867년에 성결운동은 특히 성결증진을 위한 전국 캠프집회를 통해 본격화되었다. 캠프집회를 위한 위원회는 후에 전국성결연합회의 모체가 되었으며, 각 교단 특히 감리교 내에서는 성결운동에 보다 적극적인 교회와 지도자들이 나타났다. 그러나 성결운동이 본격화되면서, 감리교 내에서 성결에 대한 이해차이로 인해 신학논쟁이 발생하였다. 성결운동가들은 성결을 죄의 전적인 제거, 심령의 완전한 사랑, 성령의 내주 등이 순간적으로 체험되는 것으로 이해하였다. 이와 달리, 자유주의적인 감리교 신학자들은 성결을 "중생" 이후의 제 2의 단계로 이해하지 않고, 교육과 훈련을 통한 점진적인 변화를 강조하였다. 성결논쟁의 결과 성결단체들은 기존 교회로부터 독립하기 시작했다. 나사렛 교회, 만국성결연맹 및 기도동맹(필그림 성결교회), 하나님의 교회(Anderson), 불기

등 교회 등이 전형적인 성결교회들이었다. 이 외에도 1800년대 중반 감리교의 변절을 지적하며 나온 웨슬리안 감리교회(흑인노예문제), 자유감리교회(교회 회중석 임대에 반대), 그리고 구세군(가난한 자들) 등도 성결교회들로서 특히 사회, 정치적인 주제들에 적극적인 입장을 취하기도 하였다. 칼빈주의 성결운동은 성결을 부패성의 제거가 아니라, 그리스도와의 연합이나 권능의 부여로 이해하는 "고상한 기독교인 생활운동"과 "케직" 등으로 계속되었고, 알버트 심프슨의 기독선교연합(C&MA) 등의 교단을 이루었다. 아울러 1800년대 말경에 중생 및 성결과 함께 신유와 재림에 대한 체험과 같은 성결운동의 주제가 강조되었다.

| 5 | 현대교회

현대라는 말은 가장 진보된 기술, 사상, 그리고 최첨단을 의미한다. 현대는 이미 근대의 르네상스와 철학, 과학의 발달로 시작되었고, 교회사에 있어서는 현대 철학과 과학에 의해 전통적인 가치관과 세계관, 특히 신앙관이 붕괴되면서 본격적으로 현대에 대한 주제가 대두되었다.

1 자유주의와 근본주의

자유주의는 신학의 주제를 "현대 세계에서 존립할 수 있는 신학이 어떻게 가능한가?"로 집중하여, 인간의 상황과 경험을 강조하는 현대신학이었다. 자유주의 신학은 경건주의자였던 슐라이에르마허로부터 시작하였으며, 제 1차 세계대전에 이르는 시기를 풍미했던 신학이다. 자유주의 신학자들은 기독교 신앙을 재해석하고, 재 진술하여 기독교를 변호하면서 종교와 신앙의 가능성, 기독론의 가능성, 기독교와 문화의 관계에 관심을 집중하였다.

현대 세계에 대한 일종의 신학적 응답이었던 자유주의 신학은 신학의 주제를 계시가 아닌 인간의 자기의식에로 환원하면서, 예수 그리스도의 인간성을 강조하고, 낙관주의적인 인간관과 기독교의 윤리 및 사회적 의미를 강조하면서, 기독교를 다른 종교와의 연속성 속에서 소개하려 하였다. 이 자유주의는 진화론과 함께 각 대학과 신학교, 그리고 교회에서 현대주의 논쟁을 촉발하면서, 복음주의 신학뿐만 아니라, 실제적으로 교회 전반에 전도와 선교에 동기를 상실하게 만들었다. 자유주의 신학은 해방신학, 여성신학, 흑인신학, 민중신학 등으로 세계 여러 지역에서 토착화되어 적용되고 있다.

근본주의는 자유주의 및 진화론과 같은 현대이론에 대항하여, 역사적인 기독교 신앙을 보수하려는 움직임이었다. 근본주의는 단순히 도시문화에 대한 사회적 부적응 현상이 아니며, 종교적인 운동만도 아니다. 근본주의는 1800년대 말과 1900년대 초의 정치, 사회, 그리고 문화 전반에 걸친 미국의 대표적인 보수적인 문화였다. 그리고 그 중심에는 부흥운동, 경건주의, 성결운동, 프린스턴 전통 등이 함께 하고 있었다.

1878년에 나이아가라 대회를 시작으로 성서의 근본적인 진리를 수호하려는 노력으로, 성서의 영감과 권위, 그리스도의 동정녀 탄생과 신성, 초자연적 이

적과 속죄의 죽음, 육체적 부활과 승천, 그리고 육체적 재림에 대한 철저한 강조를 통해 사회주의, 고등비평, 진화론 등을 공격하였다. 근본주의는 기존 대학과 신학교들이 자유주의에 의해 오염되었음을 지적하고, 성서학원과 대중매체를 통한 활동에 치중하면서 미국 보통 사람들의 정서에 깊이 파고들었다. 그러나 근본주의는 논쟁적이고 전투적이어서 분열하기 쉽고, 반지성적이어서 현대사회와 조화를 이루지 못하며, 사회에 대한 무관심으로 인해 기존체제를 옹호하는 경향이 강하다는 비판에 직면하였다.

2 신정통주의

세계대전과 경제대공황을 통해 이성과 과학에 의한 낙관주의와 진보주의의 환상이 깨지면서, 19세기 초에 시작된 자유주의는 그 사상적 토대를 잃게 되었다. 미국에서 근본주의가 자유주의에 대한 문화적인 저항이었다면, 유럽에서 그 유사한 모습이 바로 신정통주의였다. 이 시기에 활동한 신학자들 가운데 가장 두드러진 인물은 칼 바르트다. 그는 자신의 스승들이 전개한 자유주의 신학에 반발하여 "하나님 말씀의 신학," "위기의 신학," "변증법적 신학"을 주창하였다. 바르트는 목회활동과 성서연구를 통하여 하나님의 말씀이 —자유주의 신학자들이 주장하듯— 인간의 종교적 경험에 관한 문서가 아니라, 하나님 나라에 관한 책임을 철저하게 받아들였다. 그는 이러한 그의 새로운 방향전환을 『로마서 주석』에서 공포하였는데, 그것은 "하나님은 하나님이고, 세상은 세상이다"이라는 질적인 차이를 나타내는 명제로 요약된다. 자유주의 신학자들은 바르트의 주장을 학문적 신학에 대한 정면도전으로 받아들였으나, 그에 반해, 고가르텐, 브루너, 투르나이젠, 불트만, 틸리히 등의 소장 신학자들은 그의 주장을 열광적으로 환영하면서 새로운 신학의 근거로 삼았다. 이들은 동인지 「중간시대」를 통하여 신학을 하나님의 원 사건을 사람의 말로 이해하는 것이라는 역설적인 상황이 기독교 신학에 존재함을 밝혔다.

신정통주의는 여러 형태로 발전되어 최근까지 그 영향력을 끼치고 있다. 그러나 신정통주의가 자유주의를 붕괴시키는데 큰 기여를 했지만, 보수적인 신학자들은 그것을 이름만 정통일 뿐 내용과 실상은 자유주의라며 비판하기도 한다.

❸ 오순절운동

20세기를 시작하면서 교회는 성령에 대한 이해와 체험 그리고 신학에 대한 새로운 시기를 맞이하였다. 이는 미국의 캔사스 주 토페카(1901년)에서 오즈만 양의 체험과 캘리포니아 로스앤젤레스 아주사(1906년)에서 윌리엄 시모어 목사와 함께 일어난 사건을 기원으로 하는 오순절운동에서 시작되었다. 오순절운동은 전혀 새로운 신학이라기보다는 이전까지의 부흥운동과 성결운동의 토대 위에 성령의 사역에 대한 강조가 더해진 것이었다. 오순절 운동은 로마가톨릭교회, 프로테스탄트교회를 잇는 제 3세력으로 인정받으며, 교단. 지역, 신구교의 경계를 초월하여 전 세계적으로 확산되고 있다. 1907년에 한국에서 일어난 대부흥운동이 전 세계적인 부흥운동에 영향을 받은 것이었듯이, 1970년대 이후 폭발적인 부흥은 이 오순절운동으로부터 직 · 간접적으로 영향을 받은 것이었다.

오순절 운동은 성령세례의 체험을 강조하는데, 이는 모든 그리스도인들이 경험해야하는 체험이라고 주장한다. 특히 중생이 말씀과 성령을 통해 죄 사함을 받고 예수 그리스도로부터 새 생명을 받아들이는 것이라면, 성령세례는 성령충만의 체험이며, 하나님의 사역을 위한 능력을 받는 것이라고 둘을 구분하는 시각이 있다. 초기 오순절 운동은 성령세례의 유일한 증거는 방언이라고 강력하게 주장하기도 하였으나, 이제는 성령세례의 여러 은사 중에서 하나로 보는 경향이 강하다. 그러나 사도행전 2장에서의 성령체험이 모든 그리스도인들에게 반복적으로 있다고 믿는 것에는 공통점을 보인다.

오순절 운동은 전 세계에 있는 많은 교회에게 큰 영향을 미쳤다. 침체 상태에 있었던 세계의 많은 교회들이 오순절 운동을 통하여 교리신학이 빠지기 쉬운 형식적이고 제도적인 교회의 모습으로부터 신앙의 역동성을 얻게 되었다. 오순절 운동이 그리스도인의 삶과 경험에서 성령의 역할을 재발견하여 교회에 새로운 활력을 제공하는 성령운동을 전개한 점은 긍정적으로 평가되어야 한다. 때로는 오순절 운동의 신학이 없다고 폄하하는 주장이 있으나, 현대의 성장하는 교회의 근본 특징은 성령운동이라는 점은 반드시 기억되어야 한다. 특히 아시아, 아프리카, 남미의 신생교회들이 성령운동으로 성장하는 것은 현대의 두드러진 현상이다. 기독교 문화를 이끌어 오던 북반구 즉 서구의 교회가 쇠퇴하는 반면, 남반구의 그리스도인 인구는 폭발적으로 증가하고 있다. 이제 기독교는 북반구의 종교가 아니라 남반구의 종교이며, 그들에게 기독교를 전해준 북반구로 남반구 교회들이 선교사를 파송해야 하는 때가 올 것이다.

④ 에큐메니칼 운동과 복음주의

현대 에큐메니칼 운동은 여러 요소들로부터 비롯되었으나, 특히 선교운동
으로부터 시작되었다. 선교지에서 사역하는 이들이 서로 과열하고, 분열되는
것으로 인해 불신자들의 회심에 장애를 초래하는 것을 깨닫고, 몇몇 선교단체
들이 회합을 갖고 선교협력과 다양한 교류의 기회를 모색하기 시작했다. 1910
년에 스코틀랜드의 에든버러에서 개최된 대회가 대표적이었는데, 후에 국제
선교협의회, 신앙과 직제운동과 연합하여 세계교회협의회를 이루었다. 이러
한 단체는 그리스도인들의 일치를 위하여 노력을 기울였으나, 현재는 기본적
인 복음전파가 아니라, 정의, 평화, 창조질서의 보전 등 선교를 사회사업으로
이해하는 경향으로 기울고 있다. 여기에 대해 1974년 선교는 타문화권 선교
가 우선되어야 한다는 것을 강조하면서 로잔대회가 개최되어 복음주의 선교
의 차별화를 선언했다.

복음, 즉 하나님의 복된 소식을 보존하고 선포하려는 기독교의 역동적인 운
동은 초대교회로부터 시작되었으나 중세로 인해 단절을 겪다가 16세기 종교
개혁, 18세기 부흥운동 등 형식적 신앙에 반기를 들고 성서적 신앙을 회복하
려는 운동은 현대에 들어 새로운 복음주의에 의해 계승되었다. 제 2차 세계대
전 말에 근본주의와 자유주의 논쟁 사이에서 중용의 길을 가고자 천명한 전국
복음주의자협회(National Association of Evangelicals)의 결성을 통하여 가시화 되
었다. 헤롤드 오켄가(Harold Ockenga), 칼 헨리(Carl Henry), 빌리 그래함(Billy

Graham) 등이 주도한 이 운동은 극단적인 복음주의자들과 자신들을 구분하면
서, 개신교 정통의 교리를 유지하면서도 학문적 연구에 가치를 부여하고 사회
문제에 적극적으로 관심을 갖고, 문화를 포용하는 비전을 제시했다. 성서의 영
감, 회심, 십자가 중심, 평신도의 참여 등 기독교 역사를 통해 간직해온 가치
를 소중하게 유지하고 발전시키려는 현대의 복음주의는 기독교의 미래를 결
정할 매우 중요한 운동이다.

* * *

4장

한국교회와 성결교회

■ 한국교회의 역사

■ 성결교회의 역사

4장

한국교회와 성결교회

| 1 | 한국교회의 역사

■ 근대 이전의 기독교와의 접촉

한국에 기독교가 전래된 것은 상당히 오래된 것으로 추정된다. 에베소 공의회(431년) 결과 성자가 신성과 인성의 양성을 함께 공유하면서, 한 인격으로 조화를 이룬다는 점을 몰랐던 네스토리우스는 출교를 당하고, 추방을 당했다. 고상하고 온유한 인격을 지녔던 네스토리우스는 가톨릭교회로부터 추방을 당해 페르샤에 머물면서 동방에 보낼 선교사들을 양성했다. 그가 보낸 선교사들은 인도와 중국에까지 와서 복음을 전파했는데, 중국의 당나라에서 이 기독교를 경교(景敎 : 광명의 종교)라고 불렀다. 특히 당 태종은 경교의 가르침에 깊은 관심이 있었는데, 당시 당나라는 신라와 외교적으로 무척 가까웠다. 물론 그에 대한 직접적인 증거를 찾을 수는 없으나, 1971년에 중국 서안부 근처에서 발견된 "대진경교유행중국비"의 모조품이 금강산의 장안사에서 발견되었다는 점과 경주 불국사 경내에서 발견된 돌 십자가 등은 당시 신라의 해상활동을 고려할 때 충분히 기독교의 한 줄기와 마주쳤을 가능성을 무시할 수 없다. 후에 1595년 마테오리치가 명나라에 도착해서 경교의 흔적을 발견했을 때, 거기에 한국의 책이 있었다는 기록을 남겼음도 이 심증을 굳게 만든다.

이 낭만적인 이야기 바로 다음에, 보다 직접적인 한국 역사속의 기독교의 관계는 바로 몽고를 통해서이다. 당시 몽고는 전투적 확장을 통해 이슬람세력을 압박하여, 서구 기독교의 많은 환영을 받았다. 그 일로 교황은 여러 차례 몽고에 사절을 파견하였는데, 그 중 루브루크는 몽고에서 선교를 하면서, 일본을 정벌하기 위해 고려를 침공한 군사들과 함께 압록강까지 왔다. 루브루크는 교황청에 보내는 서신에서 한국을 소개했는데, 그가 쓴 이름이 바로 고려를 뜻하는 Caulei였다. 이것이 후에 Coree로, 그리고 Korea로 바뀌어 한국을 세계에 알리는 공식적인 이름이 되었다.

1517년에 독일에서 시작된 종교개혁으로 유럽이 큰 변화를 겪을 때, 가톨릭교회에서도 자성의 노력이 있었다. 그 일환으로 이그나티우스 로욜라에 의해 설립된 예수회는 군대식의 복종을 강조하면서, 특히 선교에 앞서 나갔다. 예수회 선교사들은 당시 스페인과 포루투갈의 항해가 미쳤던 인도, 마카오, 일본에 까지 진출하였다. 특히 일본은 당시 임진왜란을 준비하고 있었는데, 가톨릭에 개종한 일본인들은 전쟁을 통해 조선 땅에 입국하였다. 참전한 왜병들을 위해 예수회 선교사 세스페데스는 조선에 입국하여, 종군 신부로서의 일 외에는 왜군을 피해 달아난 조선인들과의 직접적인 접촉을 하기는 힘들었으나, 울산을 거쳐 웅천까지 도달했다. 조선인들이 침략자 왜병의 군종으로 참여한 예수회 신부를 직접 만나지는 않았으나, 후에 일본으로 포로로 잡혀간 조선인들 가운데는 기독교로 개종한 이들이 있었다. 이들은 고향을 떠나 슬픔과 힘든 하루하루를 복음을 통해 영혼의 위로를 얻었다. 그러나 전후 일본 정국을 장악한 도쿠가와 이에야스는 기독교를 탄압했다. 이 탄압 때 순교한 이들 가운데는 한국인들이 있었고, 후에 일본 순교자들이 순교복자로 시복될 때 포함되기도 하였다.

이렇게 일본을 통한 한국선교의 문은 전후 더욱 어려워졌으나, 상대적으로 친교가 두터웠던 명나라를 통해서 예수회 선교사들은 계속 선교의 문을 두드렸다. 결국 적대적인 일본을 통해서보다는 우호적인 중국을 통해서 본격적이고 지속적인 한국선교가 가능했던 것이다.

2 가톨릭교회의 한국전도

중국에서 청나라를 세운 여진족은 명나라와 조선의 관계를 의식하고, 먼저 조선을 정벌하러 쳐들어왔다. 청 태종은 직접 군사를 이끌고 쳐들어와 남한산성에서 항전을 하던 조선의 인조를 굴복시켰다(병자호란). 청나라는 인조의 아들인 소현세자와 대신들을 볼모로 잡아갔다. 북경에 도착한 소현세자는 당시 북경에 있던 독일인 신부 아담 샬을 만나 친분을 맺게 되었다. 아담 샬은 상류 층을 통한 전도방법을 모색하던 중 세자를 통해 조선에 선교할 기대를 가지고, 기독교 관련 서적과 서양 문물을 세자에게 주었고 조선으로 돌아가는 세자에 게 많은 기대를 하였다. 그러나 타국에서의 오랜 볼모 생활로 인해 육신이 약 해져, 곧 세상을 떠났기에 아담 샬의 계획은 이루어질 수 없었다.

왜구와 청으로 인해 두 번의 전란을 겪은 조선에는 학문의 분야에 일대 각 성이 있었다. 실학으로 알려진 새로운 학풍은 전통적인 유학에 대한 반성을 통 해, 사실에 토대를 두어 진리를 탐구하고(실사구시), 삶의 현실에 실제적으로 도 움을 줄 수 있는 학문을 추구하였다. 당시 간헐적으로 있었던 외국인과 접촉 을 통해서도 더 넓은 세계와 그들의 문물에 대한 호기심은 점점 커져만 갔다. 그리고 서양 문물에 대한 호기심과 연구는 자연히 서학으로 알려진 로만 가톨 릭에 대한 소개와 평가가 함께 따르게 되었다.

처음에는 학문적 호기심과 함께 시작된 서학에 대한 관심은 점차 종교의 형 태로 이해하고, 믿고, 따르며 신앙을 가진 자들이 서서히 나타났다. 처음에는 학문적으로, 이후로 보다 진지한 신앙의 형태로 따르는 이들은 대개 조선 정 가의 남인들이 중심이 되었는데, 이승훈은 중국을 방문할 기회에 천문학과 수 학을 소개받고, 예수회 선교사들을 통해 기독교의 교리를 전해 듣게 되었다. 이승훈은 그 도덕적 교훈에 큰 감동을 얻고, 신앙을 고백하여 공개적인 세례 를 받았다. 이 일로 그는 한국인 최초의 수세자가 되었고, 그의 세례명은 바로 "베드로"(반석)로 한국교회의 초석이 되길 희망했던 것이다.

이승훈은 진리를 찾는 과정에서 세례까지 받았고, 귀국길에 교리서, 십자가

상, 성화, 묵주 등을 가지고 와서 5년여가 지났을 때는 그 자신뿐만 아니라, 이벽, 정약용 3형제, 권철신, 김범우 등이 함께 하는 모임이 되었고, 전체의 신도 수는 4천명에 이르렀다. 선교에 의해서가 아니라, 학문적인 진리를 통해 신앙으로 나아갔던 이 모임은 중인이었던 김범우의 집을 중심으로 모였으나, 정식 교회라고 할 수 없는 것이어서 북경에 신부의 파송을 요청하기로 하였다. 그러나 이 모임이 발각되어 양반이 아니었던 중인 김범우는 모진 고문과 유배로 숨을 거두고 말았다. 한국 교회 최초의 순교자가 된 김범우는 교인들의 신앙을 더욱 자극했으며, 후에 김범우의 명동 집에 성당(명동성당)이 세워지고, 그 순교의 결실을 맺게 되었다.

한국에 기독교가 전래된 것은 인조를 거쳐 영조와 정조 때였다. 영조와 정조는 기독교의 전파를 그다지 중요하게 생각하지 않았고, 특히 왕위에 못 오르고 요절한 정조의 아버지인 사도세자에 대한 긍정적인 입장을 가지고 있던 호남 양반들 중 남인 가운데 기독교에 관심을 가지고 있었기 때문에, 정조는 이 일을 큰 문제로 삼지 않았다. 그 와중에 기독교 신앙을 지킨다고 하여 제사를 폐지하고 조상의 신주를 불태우는 사건이 생겼다(권상연, 윤지충). 이들은 체포되어 패륜으로 나라의 양식을 깨고 백성을 미혹한다고 하여 사형을 당했다. 그러나 정조가 죽고, 순조를 도와 증조모인 정순왕후가 즉위했을 때는 기독교를 사악한 학문으로 몰아 자신의 정치적인 정적들을 제거하려는 목적과 함께 기독교를 박해하기 시작했다. 기독교인들을 색출하기 위해 백성이 서로 신고하게 하는 법(오가작통법) 등의 시행으로 인해 이승훈과 중국인 신부 주문모 등 수많은 이들이 순교하였다. 이즈음 황사영은 청국에 밀서를 보내 조선 내의 참혹한 상황을 알리고, 청국을 통해 조선 정부에 압력을 행사하며, 서양의 군사적인 행동을 통해 조선이 선교의 승인을 할 수 있도록 해달라는 의도를 선하려다 발각되었다(백서사건). 이 일로 황사영은 대역모반죄로 몰려 사형을 당하고, 300여 교인들도 순교를 당했다. 조선의 왕들은 일련의 박해로 쇄국과 서교 탄압(척사)으로 일관하였다.

박해의 와중에 한국의 가톨릭교회는 북경교구로부터 독립하여 독립된 교구로 인정받았다(1831년). 그 이후 한국인 신부(김대건)가 최초로 나타나기도 했다. 그러나 당시 조선의 쇄국정책에 대하여 통상을 요구했던 프랑스와 미국 등의 군사적인 행동이 오히려 조선 내의 탄압을 가속화했으니, 한국에서 가톨릭교회의 선교역사는 이처럼 처절한 순교와 수난의 역사였다. 몇 차례의 박해를 통해 교인들은 헌신과 고난의 길을 갔고, 그 아픔은 교회사에서 그 유래를 찾을 수 없을 정도로 커서 오래도록 남았지만, 이들의 순교로 한국에 개신교의 전래가 상대적으로 수월했고, 더 나아가 한국 사회가 근대화로 향하게 되는 기여를 하였다.

3 한국의 개신교

가톨릭교회의 선교가 한국에서는 정치적인 역학관계와 얽히면서 의외의 방향으로 흘렀다. 그 결과 근대화에 자존심으로 대항하던 유학자들의 반대에 부딪히면서 반민족적인 종교로 인식되었으나, 개항 및 개국과 함께 전래된 개신교는 서구를 통한 근대화와 함께 소개되었다. 일본과의 강화조약을 계기로 시작된 미국,

영국, 독일, 러시아, 프랑스 등과 연속적으로 수교를 하게 되었다.

고종은 서구의 열강들과 수교를 하면서, 선교의 자유에 대한 조항이 삽입되지 않도록 각별한 주의를 하여, 외교관이 자국의 종교행사를 거주지에 한해서 용인하였다. 그러나 1886년에 체결된 프랑스와의 수호조약에서는 자국 신부들의 한국에서의 수난을 알고 있었던 프랑스는 상업적인 목적보다는 가톨릭 세력을 보호할 목적으로 "교회"라는 단어를 삽입하였고, 이것이 공식적으로 개신교의 선교를 법적으로 보호받는 시발점이 되었다.

수교통상 이전에 화란, 영국, 스코틀랜드의 개신교 선교사들이 한국으로의 입국을 시도했으나, 조선의 쇄국정책으로 인해, 국가교회의 특성을 지니고 있던 유럽교회의 선교사들은 실제로 한국에 들어와 선교를 할 수 없었다. 그 와중에도 영국의 토마스 선교사는 대동강에서 달려드는 한국 병사들을 향해 성서를 전해주면서 칼에 맞아 순교하여 최초의 개신교 순교자가 되었고, 스코틀랜드의 선교사였던 존 로스와 존 매킨타이어 등은 성서를 한국말로 번역하는데 기여를 하였다.

실제로 한국에 들어와 머물면서 일한 최초의 선교사는 미국의 북장로교회의 호레스 알렌이었다. 그는 각국 공사관의 부속의사 신분으로 일하던 중, 1884년 12월에 발생했던 갑신정변으로 부상을 입었던 민영익을 치료해주면서 왕실과 가까워졌다. 그리고 현재 세브란스 병원의 모체가 되었던 광혜원의 설립허가를 얻었다. 민영익의 도움과 수교통상의 결과, 1885년 부활절에 일본을 통해, 미국의 감리교(아펜젤러, 스크랜튼)와 장로교(언더우드) 선교사가 입국할 수 있었다. 언더우드는 알렌의 광혜원에서 일하면서, 한국어를 배우고 곧

거리와 시골을 돌아다니며 전도를 하였다. 아펜젤러는 배재학당을 설립하여 서구적인 교과과정으로 인재를 양성했고, 스크랜튼도 모친을 통해 이화학당을 설립하여 한국 최초로 여성 교육을 실시하였다.

물론 가톨릭과 마찬가지로, 한국 개신교의 전래에도 한국인 스스로 선교의 과업에 적극적으로 참여했다. 임오군란 이후에 이수정은 일본에 동경제국대학의 한국어 교수를 역임하였고, 동경의 교회에서 한문 성서와 기독교 교리를 배우고, 마침내 세례를 받았다. 그리고 이수정은 선교사들과 성서연구를 하면서, 시간을 내어 성서를 우리말로 번역하였다. 1883년에 이수정은 마가복음을 번역하였고, 언더우드 선교사는 이 번역본을 가지고 한국에 들어왔다. 그 뿐만 아니라 이수정은 한국어를 언더우드에게 직접 가르쳐서 한국 선교에 많은 도움을 주었다.

성서를 우리말로 번역하는 작업은 중국에서 이루어졌는데, 스코틀랜드 선교사인 존 로스와 존 매킨타이어가 성서를 번역할 때 도움을 주었던 사람이 바로 서상륜이었다. 서상륜은 성서를 우리말로 번역하고, 목판을 조각하고 인쇄하는 일까지 맡아서 했다. 서상륜은 이 성서들을 남만주, 서울 등에 전했으며, 자신은 황해도 장연의 소래에 정착하여 교회를 설립하였다. 이 소래 교회가 바로 한국인의 손으로 세워진 최초의 개신교 교회였다.

장로교와 감리교에 이어 영국 성공회, 호주 장로교, 미국의 남장로교 선교사들이 한국에 계속해서 들어오면서, 건전한 선교의식을 가진 선교사들은 피차 경쟁적인 과열로 인한 잘못된 선교행태를 피할 방법을 강구하게 되었다. 선교사들은 당시 중국 지푸에서 선교를 하고 있던 존 네비우스 목사를 초청하여 2주일 동안 함께 보내며, 한국에서 활동하는 선교사들이 앞으로 명심하고 실천할 선교 원칙을 배웠다. 그리고 선교부가 연합하여 "선교공회"를 만들었다. 처음에 북장로교 선교부가 중심이 되었다가, 후에 여러 교단이 함께 참여하게 되었는데, 이 선교공회에서 중요한 활동은 우선 선교지 분할 정책이었다.

> 장로교와 감리교에 이어 영국 성공회, 호주 장로교, 미국의 남장로교 선교사들이 한국에 계속해서 들어오면서, 건전한 선교의식을 가진 선교사들은 피차 경쟁적인 과열로 인한 잘못된 선교행태를 피할 방법을 강구하게 되었다.

선교기관이 여럿이기 때문에 노력을 중복하거나 필요 없는 경쟁을 하지 않도록 연합적으로 분할하는 프로그램이었다. 이렇게 해서 남장로교는 전라도, 호주장로교는 경상도, 캐나다선교회는 함경도, 북장로교는 평안도와 황해도, 감리교는 경기도와 강원도 일부와 관서지방 일부 등으로 선교지역을 분할하였다. 그 당시 이 분할 시도는 선의의 분담이었으나, 현재에 와서 각 지역은 한국교회분열의 지방적 배경과 대체로 일치하며, 여전히 우월한 교세를 지니고 있음을 볼 수 있다. 그리고 선교공회는 네비우스의 권고를 받아들여 자립선교, 자립교회, 자급교회 등의 원칙을 채택했다.

1895년 이후부터 한국의 국제 정치적인 위상은 극도로 불안했다. 청일전쟁에서 승리한 일본은 암살 훈련을 받은 군일들을 시켜 당시 고종황제의 명성황후를 시해함으로서 우리나라의 국권을 완전히 유린하였다. 특히 이 해에 한국교회에는 커다란 변화가 있었다. 한국의 교인들이 열심히 전도한 결과이기도 하지만, 나라의 허약함과 국가적 불안정에 대한 대비책을 교회에서 찾았다는 점이다. 이와 함께 선교사들이 왕궁과 긴밀한 관계를 갖고 있었다. 미국 정부 자체도 일본의 만행을 묵과하고자 했으나, 선교사들이 고종황제를 보호하고, 그 진상을 국제사회에 알렸다. 교회는 또한 한국 사회의 개화와 근대화를 이

끈 주요 통로였다. 배재학당, YMCA, 그리고 성교학회(The Korean Tract Society) 등과 각종 잡지의 발간을 통해 한국의 출판문화가 시작되었다.

1907년에 일본의 득세로 군대의 해산, 외교권 박탈, 경비권의 박탈로 인해 의분에 못이긴 의병활동이 일어났었다. 그러나 그것이 기울어가는 국운을 되돌릴 수는 없었다. 이 때 교회는 사경회를 통해 성서연구, 그리고 성서연구를 통해 얻은 인간존엄의 자각, 자립 교회의 정신에서 배양된 책임 있는 인간상의 형성, 자립 선교의 실천에서 오는 고백적 공동체의 강한 의식, 선교사들의 연대 활동 등으로 신앙의 불길이 점차 뜨겁게 타오르는 배경이 되었다. 이미 미국, 영국, 그리고 인도에서 시작된 부흥의 불길은 선교사들을 통해 한국의 교회에도 알려졌고, 한국의 교인들도 성령의 새로운 역사를 체험하기를 사모했다. 1903년에 우선 원산을 중심으로 일어났던 감리교 선교사들의 기도회 운동이 강원도를 거쳐 평양에 소개되었다. 그리고 1907년에 평양의 사경회에서 폭발력 있는 부흥운동으로 확산되었다. 이 평양 대부흥운동은 선교사와 한국인 지도자 사이에 서로에게 향했던 갈등으로 인한, 오해와 증오를 회개하면서 시작되었고, 주위 모든 이들이 함께 회개운동에 동참하면서 불타올랐다. 교인들은 눈물과 감격으로 며칠을 밤새면서 계속해서 기도를 했다. 그 감동의 도가니가 계속해서 퍼져나갔다. 이 대부흥은 이후의 한국 교회의 신앙형태를 특징짓는 중요한 사건이 되었다. 이 대부흥 운동으로부터 한국 교회는 교파의 구분 없이 성령의 은사를 사모하고, 그 은사를 통해 교회 공동체를 세우는 고린도전서 12장의 이상을 지니게 되었다.

1910년에 일본의 강압에 의한 한일합병은 한국 사회뿐만 아니라, 교회에도 안겨 줬다. 일제는 "105인 사건"으로 기독교의 지도자들을 투옥하고 선교사들을 추방함으로서 교회 탄압뿐만 아니라, 한국 통치의 방해가 되는 것을 제거하려 하였다. 그러나 이를 묵묵히 견뎌낸 한국교회는 1919년 3.1운동을 기해 전국적인 독립운동에 적극 가담했다. 물론 이는 한국사람 전체의 운동이었고, 천도교, 불교 등 여러 종교인들도 참여했으나, 기독교는 그 핵심적인 파급력을 일으킨 원동력이었다. 독립선언서를 서명한 33인 중에 16명이 기독교인이었으며, 이를 안 후 일본은 교회 박해를 가속하기 시작했다. 3.1운동 이후 교회는 다소 비정치적인 태도를 취하면서도, 동시에 민족의 암울한 시련의 때에 교회는 늘 복음을 통해 한국백성의 아픔의 현장에 늘 함께 하면서, 해방을 꿈꾸며, 그 소망을 설파했다.

| 2 | 성결교회의 역사

1907년을 대부흥을 기점으로 장로교와 감리교 등 여러 교단의 성장이 두드러졌다. 대부흥은 특히 한국에 성결교회가 터를 잡는 가장 중요한 배경이 되었다. 사실 성결교회는 미국 부흥운동의 열매로 1897년에 조직된 만국성결연맹 및 기도동지회(International Holiness Union and Prayer League)에서 직접적인 기원이 되었다고 할 수 있다.

1 만국성결연맹

만국성결연맹은 미국 오하이오 주 신시내티에서 리스(Rees)와 냅(Knapp)을 중심으로 시작되었다. 이 연맹은 19세 미국 성결운동 중에서 보다 급진적인 성격을 가지고 있으며, 중생과 성결뿐만 아니라 신유와 재림의 주제를 함께 강조하였다. 특히 냅 목사는 감리교 목회자였으나 자신의 성결체험 후에 앓고 있던 일사병으로부터 나음을 얻고, 전도사역을 위한 특수한 사역에 집중하였다. 세계 선교 사역에 큰 관심을 가지고 있었던 냅은 성령으로 거듭나고, 성령세례로 성화되고, 성령의 은사로 능력이 충만한 사역자를 양성하기 위해서 하나님의 성서학원(God's Bible School)을 세웠다. 냅은 신약시대의 사도적인 교회를 회복할 것을 희망하여, 만국성결연맹을 "만국사도성결연맹"[1]으로 이름을 바꾸기까지 하였다.

만국성결연맹은 웨슬리안성결운동이었으며, 소외된 사람들 특히 산업화속에서 슬럼에 모였던 이들을 향한 선교를 강조하였다. 그리고 교권주의를 반대하여 "본질적인 것에는 일치를, 비본질적인 것에는 자유를, 모든 것에는 사랑을, 모든 것 위에는 하나님"을 강조하여 회원들의 활동을 자유롭게 보장하였다. 그리고 이 연맹은 만국이라는 말이 암시하듯이 세계복음화를 목표로 하였다.

2 동양선교회

---

[1] 후에 "만국사도성결연맹 및 교회"로, 또 "만국성결교회"를 거쳐, 1922년 "필그림성결교회"로 이름을 바꾸었다. 1968년에는 웨슬리안교회가 되었다.

한국성결교회는 동양선교회의 선교로 시작되었다. 동양선교회는 만국사도 연맹에서 냅 목사의 안수를 통해 교역자가 되어 선교사로 자원한 찰스 카우만 (Charles E. Cowman) 부부에 의해 세워진 신앙선교단체이다.

카우만 부부는 시카고의 은혜감리교회의 신실한 신자였다. 감리교회에서 회심체험을 한 카우만은 제 2의 축복, 즉 성결의 은혜를 체험하였다. 특히 선교에 대한 열정을 가지고 있었던 카우만은 심프슨 목사의 부흥회 때, 선교사로 나갈 것을 자원하였다. 카우만은 시카고 전신회사에 다녔는데, 직장 동료였던 어니스트 길보른(Earnest A. Kilbourne)과 함께 전신선교단을 구성하여 한 달에 한 번씩 모여 기도하며, 선교를 위해 헌금을 하기 시작했다. 하나님의 일을 계속하기 위해, 성서에 대한 지식이 부족함을 느꼈던 카우만은 무디성서학원 (Moody Bible Institute)에서 6년간 공부하였다. 이곳에서 카우만은 일본인 나까다 쥬지를 만났고, 나까다는 카우만에게 일본에 와서 선교할 것을 권했다. 냅을 만난 카우만 부부는 교단 선교부가 아니라, 오직 하나님만 의지하고 선교지로 떠나는 것이 신앙의 길이라는 확신을 얻었다. 그 후에 카우만 부부는 만국성결연맹에서 안수를 받고, 1901년 2월에 일본으로 떠났다.

일본에 도착한 카우만 부부는 오랜 친구인 나까다 쥬지를 만났다. 나까다 쥬지는 무디성서학원에서 성결의 체험을 했고, 그 후에 일본에 돌아와 성결의 복음을 전하고 있었다. 일본에서는 성결운동에 필요한 일꾼들을 확보하고 있었는데, 성서학원을 통해 이들을 훈련시켜 본격적인 성결운동을 벌이려는 계획을 나까다는 카우만 부부에게 알렸다. 카우만 부부와 나까다는 동경에 성서학원을 개설하고, 복음전도사역에 집중적으로 참여할 학생들을 교육하기 시작했다. 이들은 전통적인 신학교육이 지나치게 이론에 치우친 교육이라고 생각하여, 특히 철저한 성경공부와 현장중심의 실습교육을 강조했다. 신학교 사역에서 특히 사사오 데쓰사부로의 역할이 컸는데, 그는 실제적으로 성서학원을 이끌었고, 성결론을 가르친 사람이었다. 1902년에 일본에 도착한 길보른은 카우만 부부의 큰 힘이 되었고, 일본인들과 같이 지내면서, 일본어를 배우며 전도하기 위하여 지방 전도관에서 활동을 하였다.

동경성경학원에는 일본인뿐만이 아니라, 중국학생들과 한국학생들이 있었는데, 이들을 통해 아시아에 선교하려는 비전을 갖게 된 카우만 부부는 1905년 동양선교회(Oriental Missionary Society)를 조직하게 되었다. 동양선교회는 순복음 즉 사중복음을 동양에 전하기 위한 사명을 가지고 있었으며, 이를 웨슬리안 신학을 통하여 성서를 하나님의 말씀으로 믿는 신앙위에 세워진 선교단체였다. 동양선교회에 적극적으로 참여했던 나까다는 1904년에 한국을 방문하여 전국을 돌면서 성결의 복음을 전했는데, 이러한 노력은 1907년 대부흥운동의 배경이 되었다.

③ 한국성결교회의 시작과 부흥

나까다의 한국전도 과정에서 인상을 깊은 은혜를 받고, 동경성서학원과 동양선교회를 소개받은 의사 고명우는 김상준과 정빈을 동경성서학원에 소개하여 더 큰 성령의 역사를 체험하고 성결한 삶을 살도록 하였다. 동경성서학원을 마치고 돌아온 1907년에 김상준과 정빈은 종로 염곡에 동양선교회복음전도관을 세웠는데, 이것이 바로 한국성결교회의 시작이었다. 지방에 생긴 복음전도관과 구별하기 위해, 중앙전도관이라 부르게 된 동양선교회의 한국선교본부는 동양선교회 선교사들이 얻어준 건물에 위치했으며, 1907년 5월 30일에 정식으로 시작했다. 이 날을 한국성결교회 창립일로 지키고 있다.

처음 얻은 염곡의 건물은 작았는데, 초기 사역자들이 열심히 사역을 하여, 더욱 비좁게 되었고, 이에 동현으로 옮겼고 큰 부흥은 계속되었다. 얼마 지나지 않아 이곳도 곧 집회 때에 설교자가 서 있을 공간도 없이 비좁게 되었고, 겨울에도 마당에 멍석을 깔고 앉아야 할 정도가 되었다. 이에 새로운 복음전도관 건물을 무교정에 마련하게 되었다. 무교정은 서울역과 가까웠고, 서울의 한복판이었기에 서울로 모여드는 젊은이들을 비롯한 다양한 계층에 접근하여 복음을 전할 수 있는 최적의 장소였다.

동양선교회 복음전도관이 날로 부흥하자, 지방 전도관을 관리확장하며, 동경성서학원 졸업생 전도자들을 지도하고, 국내의 전도자 양성을 위한 성서학원 건설 등을 위해 동양선교회에 선교사를 파송해 줄 것을 요청했는데, 1910년 10월에 영국 웨일즈 출신인 존 토마스(John Thomas) 목사가 초대 감독으로 파송되었다. 토마스 감독은 1911년에 설립된 원장 직까지 맡아 혼신의 힘으로 사역을 담당했다. 그런데 토마스 목사는 1919년 3.1운동 때 강경전도관을 순회하다가 독립운동을 지원하는 사람으로 오인한 일본경찰에게 구타를 당해 큰 부상을 입고, 감독직을 수행할 수 없게 되었다. 토마스의 후임으로 영국인 윌리엄 헤슬럽(William Heslop)이 잠시 감독직을 수행했으나, 부인의 병으로 1921년 조선을 떠났으며, 길보른 총리가 한국 감독으로 임무를 겸임하고 동양선교회 본부를 서울로 옮겨 오면서, 전도활동에 더욱 박차를 가하게 되었다.

1911년 3월 13일에 경성성서학원은 무교정복음전도관에서 시작하였다. 당시 감독이었던 토마스 목사가 원장으로, 교수에는 정빈, 이장하 등이 맡아, 10여명의 남녀학생들에게 3년 동안 집중적인 성서교육을 실시했다. 성서학원의 첫 졸업생은 이명헌이었다. 미국의 후원자들에게 성서학원에 대한 소식이 알려지면서, 모금운동이 전개되었다. 성서학원을 위한 대지와 건물을 세울만한 자금이 준비되자, 카우만 목사가 성서학원의 부지를 마련하기 위해 직접 한국을 방문하였다. 성서학원은 서대문(지금의 아현교회)에 세워졌으며, 3개월은 교실수업, 9개월 동안은 일선에서 전도를 함으로 3년의 과정을 완수하여야 했다. 적은 생활보조비를 받으며 지냈으나 이들의 헌신적인 전도활동으로 많은 전도관이 개척되었으며, 방학 동안에도 전국 가가호호를 방문하며 전도에 힘써 많은 결신자를 얻었다.

동양선교회는 복음이 전파되지 않은 지역과 복음이 전해졌더라도 성결의 복음이 전파되지 않은 지역, 곧 조선 전역을 선교지역으로 선정하였다. 그리하여 "선교지 분할정책"에 구애받지 않고 전국적인 교단으로 성장할 수 있었는데, 1921년 성결교회라는 이름으로 바뀔 때까지 경기도, 평안도, 충청도, 경상도, 그리고 강원도 등 전국에 교회가 건설되었다.

1921년에 동양선교회 복음전도관은 '조선예수교 동양선교회 성결교회'란 이름으로 바꾸었고, 이 때 괄목한 성장을 이루었는데, 이는 성결교회가 배출한 부흥사들이 원동력이 되어 일어난 현상이었다. 우선 경성성서학원에서 일어난 부흥운동을 들 수 있는데, 당시 이명직 목사는 철야를 하면서 성결의 체험을 갈망했는데, 3일째 되는 날 응답을 받았다. 이명직 목사는 학생들 앞에서 이를 간증했는데, 간증에 은혜를 받은 학생들이 철야로 기도하였고, 기도의 은혜를 받은 학생들이 계속 생겨나면서 15일 동안 수업을 전폐하고 회개와 기도에 전념하였다. 이 운동은 아현성결교회로 번졌고 더 나아가 전국의 성결교회로 퍼져 나갔다. 이 부흥운동은 성서학원 학생들의 시장전도대와 지방전도대와 같은 전도활동의 영적 에너지의 원천이 되었고, 그 전도의 열기로 성결교회는 도약의 계기를 마련하였다.

1928년에 조치원성결교회의 김동훈 전도사는 자신을 핍박하는 이들에 의해 순교를 당했고, 성결교회 최초의 순교자가 되었다. 김 전도사는 순교를 당하면서도 그리스도의 사랑으로 용서하였는데, 뒤를 이은 천세봉 전도사가 3천명 구령운동을 선포하고 기도운동을 시작하였다. 이에 조치원 교인들 사이에서 성령의 은혜를 체험하고 구령의 열기가 솟아올라 김동훈 전도사 순교 1주기가 되던 날에는 인근각처에서 모인 7시간이 넘는 예배에 큰 은혜와 간증의 시간이 계속되었다. 1930년에 이 부흥운동은 정남수 목사가 인도한 아현교회 부흥운동으로 연결되었고, 인근의 동막교회, 독립문교회, 무교정교회로 옮겨졌고, 기도운동은 다시 지방으로 확산되어 충청도 금당리교회, 북청읍교회 등으로 이어 갔고, 1931년에 전국의 성결교회 수양회로 회개의 운동으로 번져나갔다. 특히 정남수 목사는 미국의 교회들이 헌금하여 마련해 준 전용자동차와 6-7천명을 수용할 수 있는 대형천막으로 무장한 장막전도대를 통해 1935년까지 3만 명을 전도하고, 60개의 새로운 교회를 개척하는 놀라운 결실을 맺었다. 이 부흥운동으로 성결교회는 급성장하여 성결교회보다 먼저 선교를 시작한 장로교단, 감리교단에 이어 규모면에서 제 3의 교단에 이르는 성장의 기반을 이루었다. 또 성장을 통해 성결교회는 제도적인 변화를 이루었는데, 감독제는 1929년 연회를 도입하게 되었고, 1933년에는 총회를 구성하게 되었다. 1930년대 부흥과 함께 '하나님의 교회' 분열 사건이라는 아픔도 있었다. 성결교회는 이성봉 목사를 중심으로 한 전국순회부흥사 제도를 통하여 이를 수습할 수 있었다. 이성봉 목사의 수년에 걸쳐 거의 매일 쉬지 않고 진행된 부흥회로 빠른 안정을 찾았고, 이때부터 이성봉 목사는 교단을 넘어 한국교회를 대표하는 부흥사로 인정받게 되었다.

한국을 병합하고 있던 일본이 1937년에 중일전쟁을 시작으로 아시아에 대한 침략전쟁을 본격적으로 시작했을 때, 한국은 전쟁물자 및 인력 공출지로 도구화되었다. 이를 위해 일본제국은 한국의 정신세계를 일본과 통합하려 시도하면서, 일본의 국가신도와 천황숭배를 한국 국민들에게 강요하였다. 한국의 다수 교회는 일본의 국가신도숭배에 무릎을 꿇었으나 2,000여명의 신사참배 거부자들이 투옥과 순교를 마다하지 않고 저항하여 기독교 신앙의 생명력을 보여주었고, 그 중 50여명은 옥중에서 순교하였다. 성결교회의 박봉진 목사와 손갑종 전도사 등이 그 순교자의 반열에 들어 있다. 성결교회는 공식적으로 신사참배를 수용하였으나, 사중복음의 하나인 재림의 교리는 포기할 수 없었다. 그러나 재림의 교리는 그리스도의 재림에 의한 일본제국의 심판을 암시하는 것이어서, 일본제국은 이 교리를 용인하지 않았다. 더 나아가 재림교리의 유지는 성결교회를 해산하게 한 중요한 이유가 되었다. 그리하여 1920년대 이후 커다란 부흥을 이루었던 성결교회는 1943년 12월 29일에 강제로 해산되고 말았다.

4 해방과 전쟁

1945년 8월 15일에 해방이 되자, 성결교회는 무엇보다도 무너진 교회의 재건을 서둘렀다. 새롭게 시작한 총회에서는 교단의 이름에서 동양선교회를 빼고 기독교조선성결교회라 정하고, 경성신학교, 「활천」, 전국

한국의 다수 교회는 일본의 국가 신도숭배에 무릎을 꿇었으나 2,000여명의 신사참배 거부자들이 투옥과 순교를 마다하지 않고 저항하여 기독교 신앙의 생명력을 보여주었고, 그 중 50여명은 옥중에서 순교하였다. 성결교회의 박봉진 목사와 손갑종 전도사 등이 그 순교자의 반열에 들어 있다.

부인회 등을 복구시켰다. 그리고 지난날의 과오를 돌아보며 자성하고 회개하는 시간을 가졌는데, 일제 말 10년 동안의 과오, 특히 신사참배에 대한 참회였다. 이와 함께 일제 강점기에 폐쇄되었던 교회들이 다시 재건되기 시작했다. 여기에는 잃어버렸거나 빼앗겼던 기존의 재산을 환수하기 위해 노력하였고, 미군정에 귀속된 일본인들의 재산(敵産)에 대한 인수나 불하에도 적극적으로 나섰다. 교회들은 일본인들의 가옥, 대지, 공장, 상점, 학교, 사회사업기관, 일본인교회, 천리교건물, 일본불교사찰 등을 적극적으로 인수하여 전국적으로 재건과 확장의 기회를 얻을 수 있었다.

이렇게 재건에 박차를 가하고 있던 중 한국교회는 한국전쟁이라는 초유의 시련을 맞게 되었다. 3년에 걸친 전쟁으로 인해 한반도 전역이 초토화 된 상황에서 성결교회도 예외일 수 없었다. 106개의 교회가 완전 소실되거나 반파되었으며, 순교자의 수도 행방불명자를 포함하여 160여명이 넘었다. 이 가운데는 병촌교회 66명, 진리교회 48명, 두암교회 23명 등 한꺼번에 당한 집단 순교자들도 있었다. 특히 해방 후 성결교회 재건을 주도하였던 핵심 지도자들

이었기 때문에, 성결교회는 다른 교단에 비해 상대적으로 피해가 더 컸다고 할수 있다. 그리하여 이명직 목사가 다시 성결교회의 지도자로서 역할을 담당했고, 동양선교회의 지원이 큰 힘이 되었다. 동양선교회는 총회보조, 신학교, 십자군전도대, 사회사업, 군목 등에 지원을 아끼지 않았다. 그 결과 한국전쟁으로 크게 쇠약해졌던 성결교회는 다시 재건과 부흥의 기회를 마련할 수 있었다.

전후 1957년에 서울로 돌아온 성결교회 총회는 교단설립 50주년을 희년의 해로 선포하고, 1천 교회 설립운동을 시작하였다. 성결교회는 각종 세계구호 단체들을 통해 유입된 구호물자에 힘입어 각종 사회사업도 활발하게 할 수 있었는데, 선명회(World Vision), 세계구호위원회(WRC), 기독교세계봉사회(CWS) 등과 같은 단체들이 성결교회의 사회사업의 성장에 크게 기여하였다.

5 교단분열과 통합 그리고 체제의 정비

성결교회 1960년대는 분열의 아픔과 함께 시작되었다. 군소교단으로 남아있는 다른 나라에서와는 달리, 한국의 성결교회는 주요 개신교 교단에서 주도적인 위상을 유지해 왔고, 그 만큼 개신교 전체의 성장에 일조를 담당했다. 특히 대규모 전도대회, 교회성장정책, 그리고 전도와 선교의 열정을 통해 60년대와 70년대를 거치면서 한국성결교회는 비교적 빠른 성장을 경험했다. 80년대 이후 오순절과 침례교의 약진이 두드러져서, 다소 주춤한 면도 없지 않으나, 성결교회는 도시화로 확장된 서울과 경기 등의 수도권지역에서 꾸준한 성장을 이룩하였다. 전국적으로도 효과적인 전도와 개척으로 성장하였는데, 특

히 남도지역에서는 낙도와 도서지역에서 헌신적인 전도의 결과 꾸준히 증가
하는 교회수와 교인수를 기록하고 있다.

성결교회가 크게 성장한데에는 부흥사들의 역할이 컸다. 60년대와 70년대
는 부흥회가 매우 활발하던 시기였는데, 초교파적인 한국기독교부흥협의회에
성결교회 부흥사들이 주도적인 역할을 하였다. 이들은 교파를 초월하여 전국
을 다니며 집회를 인도했고, 여기에 비례해서 성결교회의 인지도가 높아졌다.
이성봉 목사의 뒤를 이은 이만신 목사는 70년대에 성결교회 부흥사회를 조직
하여 부흥사들을 규합하였고, 성결복음을 통한 부흥운동을 일으킨 장본인이
었다. 이만신 목사는 특히 '전국부흥사연합회'를 중심으로 '빌리 그래함 전도
대회', '엑스폴로 74', '77복음화성회', '88 세계복음화 대성회', '90 성령화
세계대회' 등 대형 연합집회를 주도하기도 했다.

기독교대한성결교회와 예수교대한성결교회의 2차 합동 후, 성결교내에 가
장 주목할 만한 사안은 십자군전도대의 활동이었다. 1974년에 제29회 총회에
서 십자군전도대 위원회의 조직 및 사업을 허락하였는데, 교회개척 자금지원
과 대원파송을 골자로 하는 십자군전도대의 활동은 이전에 직접적인 복음전
파 방법이었던 부흥회를 통한 전도집회의 방법에서 회심자를 향한 사후관리
를 하며 구체적으로 교회를 개척하는 일을 효과적으로 수행할 수 있었다.

1960년대 이후 성결교회 부흥의 중심에는 총회본부가 있었다. 1966년에 교
단의 행정과 살림을 맡아서 실행하는 총무의 임기를 3년으로 정하면서, 총무
를 중심으로 한 행정체계는 장기계획에 따라 분명한 방향성을 가지고 실무를
처리할 수 있게 되었다. 총회본부가 주도하고 전국의 교회가 참여한 교단 60

주년 행사의 핵심은 "내 교단은 내 힘으로" 라는 기치를 내걸었던 운동이었다. 이 운동은 "교단자립부흥대책위원회"에서 주관하였는데, 평신도 지도자들인 장로가 앞장서야 한다는 귀한 마음으로 기금이 모이기 시작하여 사업이 끝난 1977년 4월까지 9,600만원으로 예정 목표액을 거의 달성하였다. 이 금액은 후에 성결교회회관 대지(강남구 대치동) 매입에 사용되었고, 성결교단으로서는 첫 모금성공 사례가 되었으니, 평신도들의 참여가 빚어낸 아름다운 결과였다. 1987년 80주년을 맞이한 한국성결교회는 1,500교회, 55만 성도로 성장했다. 특히 80주년 기념사업의 일환으로 시작된 순교자기념사업위원회는 역사 속에 묻혀있던 성결인 순교자들의 눈물겨운 사연들과 유적들을 밝혀내어 성결인으로서의 자긍심을 북돋아왔다. 90주년을 맞이하는 교단의 행사는 그 이전보다 성대하지는 않았다. 그 이유는 100주년을 앞에 둔 시점에서 보다 큰 생일맞이를 준비하는 과정이기도 했고, 1997년 말에는 대한민국 유사 이래 가장 큰 경제적 시련인 외환사태로 국가경제 파산의 상태를 맞았기 때문이었다. 총체적인 경제난으로 국가의 신용도가 한없이 추락한 시대 상황에서 성결교회는 그 원인을 기독교인들이 사명을 다하지 못한 책임으로 인식하였다. 그리하여 성결교회는 "성결인대회"의 전통을 살려, 1998년에 모든 성결인이 하나가 되어 국가적인 난국을 극복하고, 시대를 깨우는 회개운동과 성결성 회복을 위한 영적대각성성회인 "성결인대회"를 총회 선교국의 계획으로 개최하게 되었다.

1960년 이후 교단의 신학을 선도한 서울신학대학에는 세계 각국의 명문대학에서 학위를 마치고 돌아온 교수들의 헌신적인 노력과 교단의 꾸준한 지원으로 한국의 대표적인 선지동산이 되었다. 가장 큰 외형적인 변화는 서울시 서

대문구 충정로 교사에서 경기도 부천시 소사동으로의 이전이었다. 학교의 규모가 점점 커지게 되면서, 당시 조종남 학장은 새로운 장소로 교사를 이전할 계획을 수립하였고, 국내외에서 모금을 시작하였다. 국내에서 기성회가 교단 부흥대책위원회와 협력하여 1969년부터 모금에 힘썼고, 국외에서는 동양선교회 국제남전도회, 그리고 1971년 7월에는 조종남 학장과 길보른(J. Elmer Kilbourne) 기획실장이 도미하여 모금활동을 벌인 결과 건축을 시작할 수 있게 되었다. 이 때 학교기성회에서 일하던 아현교회 이계무 장로는 자신의 농장인 부천 소사 삼거리의 복천암(福泉庵)을 대학 부지로 기증하였다. 이계무 장로는 신학교 최초의 졸업생인 이명헌 목사의 아들이었다. 새로운 교사는 1973년 6월 28일에 기공하여 15개월이 지난 1974년 9월 25일에 본관 및 기숙사 1동이 준공되어, 서울신학대학의 첫 건물로 자리하게 되었다. 이후 2002년에는 이명헌 목사의 손자이며, 이계무 장로의 아들인 이대범 집사의 헌신으로 우석기념관(선교센터)을 준공하였다. 아울러 이성봉 목사의 사위인 한국도자기의 김동수 장로는 성봉기념관을 헌납하였다.

성결인은 구원받은 신자가 젖먹이 어린아이의 단계에 남아있지 말고, 계속해서 그리스도의 완전한 분량의 충만한데 이르기까지 말씀과 은혜가운데 성장할 것을 외쳐왔다. 하나님의 도우심으로 성결인은 한국사회가 거룩성을 회복하고, 하나님의 사랑으로 바로 서도록 지칠 줄 모르고 달려왔다. 이제 새로운 세기는 아직도 못다 핀 성결의 꽃을 흐드러지게 피게 할 사명에 충만한 성결인의 힘찬 발걸음을 중단 없이 재촉하고 있다.

5 장

하나님은 누구인가?

5장

하나님은 누구인가?

    기독교 신앙의 대상은 하나님이다. 인간은 하나님이 누구인지 제대로 알아야 하나님과 올바른 관계를 맺을 수 있다. 하나님이 누구인지 그리고 어떻게 하나님을 알 수 있는가 하는 문제는 조직신학에서 다루게 될 전문분야이다. 여기에서는 조직신학의 신론과 삼위일체론에 해당하는 하나님이 누구인가에 대한 기초적인 내용을 살펴보려고 한다. 하나님과 올바른 관계를 맺는 것 즉 하나님을 제대로 섬기는 것이 기독교신앙의 궁극목적이다. 그것을 위해 여기에서는 먼저 하나님이 어떤 분인지 세 가지 차원에서 소개한다.

| 1 | 하나님의 이름

■ 하나님의 이름표기

구약성서에서 가장 대표적인 하나님의 이름은 야훼(Yahweh, 여호와)인데 약 6,300회 사용되었다. 신약성서에서는 하나님의 이름을 테오스(Theos, 그리스신 화의 최고신 제우스와 같은 이름임)라고 불렀다. 하나님의 이름이 영어에서는 God 이라고 하고, 한자에서는 신(神)이라고 하는데, 이 이름을 우리말로 번역하여 하나님이라고 부르게 되었다. 120여 년 전 우리나라에 처음으로 복음을 전했 던 선교사들이 성경을 번역하면서 하나님의 이름을 우리나라 사람들이 사용 하던 하늘님(하늘에 계신 님, 天神)으로 번역하려고 하였다. 그런데 이 전통적인 신의 칭호에 기독교의 유일신(唯一神, Monotheism)사상의 의미를 덧붙여서 하 나이신 분이라는 뜻으로 하나님이라는 명칭을 만들어 냈다(초기 선교사 게일 (Gale)이 만든 것으로 알려져 있다). 그러니까 하나님의 이름은 기독교의 고유하고 독특한 신 칭호이다. 하나님은 성서에 나오는 믿음의 조상들이 불렀던 바로 그 이름을 한국어로 번역한 말이다. 가톨릭교회의 '천주' (天主)나 중국의 '상 제' (上帝)나 '신' (神)으로 번역된 것과는 달리, '하나님'이라는 이름은 순수한 우리말로 되었기 때문에 더욱 더 정감이 깊고 잘 이해되는 좋은 번역이라고 생 각된다.

외래종교인 기독교가 우리나라에 들어오면서 우리의 전통적인 문화와 접촉하게 되었다. 이 과정에서 기독교의 내용이 우리의 전통적 문화의 옷을 입게 되는데, 이것을 토착화(土着化)라고 한다. 그러니까 기독교의 신의 칭호를 우리 말로 번역하는 과정에서 한국의 전통적인 언어를 빌려서 표현할 때, 토착화 과정에서 전통문화와 외래종교 사이에 교류와 통섭이 일어나게 된다. 그처럼 두 영역은 상호간에 영향을 주고받게 된다. 한국의 문화는 기독교적인 영향을 받게 되고, 기독교는 한국적인 문화의 영향을 받은 한국적인 기독교가 된다. 그러므로 한국에서 자리 잡은 기독교는 이미 토착화된 기독교일 수밖에 없다. 이 문제는 종교와 문화의 관계에서 더 심도 있게 논의 되어야 하는 사안이다. 종교와 문화의 관계에 대해서는 앞으로 별도의 장에서 깊이 있게 다루게 될 것이다.

더 나아가서 '하나님'과 함께 '하느님'이라고 표기하기도 한다. 하나님이라는 이름은 하느님이라는 명칭으로부터 기원하였으므로, 하느님이 더 본래적이고 오래된 말이다. 따라서 이 둘은 함께 사용될 수 있다. 지난 120여 년 동안 개신교회가 사용해 온 하나님이라는 명칭은 이제는 한국교회의 전통 안에서 공식적인 이름이 되었다. 따라서 하나님이라는 명칭이 가지는 친밀성과 효용성을 인정하지 않을 수 없다. 그리고 이 명칭은 유일신 사상을 나타내는 고유성 때문에 앞으로도 계속해서 사용할 것이다. 한국 교회 전통을 이끌어 온 신앙의 선배들은 이 하나님을 부르면서, 하나님과 친교하고, 고난당하고, 찬양하면서 살아왔다. 이 고귀한 하나님의 이름을 우리는 결코 가볍게 생각할 수 없다. 따라서 하나님이 하느님보다 많은 성도들에 의해서 더 사랑받는 말이 되었다고 할 수 있다. "하나이시며 하늘에 계신 분" 이분이 인간을 창조하시고 사랑하시며 구원하시는 영원하신 우리의 아버지이시다. 우리는 이분과의 만남과 관계를 통해서 열리는 새로운 세계를 향해서 나아가고자 한다.

2 성서에 나타난 하나님의 이름

구약성서에서 하나님의 이름은 처음에 족장들의 하나님이라고 하는 원시적인 형태로 나타났다. 즉 최초의 하나님의 이름은 "아브라함의 하나님"이었다. B.C. 18세기에 하나님은 아브라함을 불러 자신이 지시하는 땅으로 가라고 하였다. 하나님은 아브라함에게 자손과 땅을 주겠다고 약속하였다. 그러나 아브라함에게 나타난 하나님은 이름이 없었다. 그분은 그저 아브라함에게 나타나 그와 동행하는 하나님이었다. 아브라함과 그의 식솔들이 함께 섬기던 가족 신 또는 부족 신이었다. 아브라함이 죽은 후에 이 하나님은 아브라함의 하나님과 이삭의 하나님이 되었고, 이삭이 죽은 후에 이 하나님은 아브라함의 하나님, 이삭의 하나님 그리고 야곱의 하나님이 되었다. 이렇게 고유한 이름이 없이 족장들의 이름에 붙여서 불리었던 최초의 하나님의 이름은 가장 원시적인 형태의 하나님의 이름이었다.

족장들이 가나안 땅에 입주한 이후, 하나님은 가나안의 최고신 엘(El)로 불리게 되었다. 가나안에는 B.C. 24세기부터 발달한 농업문명이 형성되었으며, B.C. 20세기에는 인구 40만에 달하는 거대한 도시국가가 형성되었다. 이런 상황에서 족장들은 가나안에 입주하게 되었으며, 그들이 지금까지 자신들을 인도하신 하나님을 가나안의 신 칭호인 엘이라고 부르게 된 것은 자연스런 토착화의 과정이었다. 엘은 바알(Baal)의 어머니요, 바알은 엘의 아들이다. 구약성서에는 가장 유명한 엘 샤다이(전능의 하나님), 엘 올람(영원한 하나님), 엘 로이(감찰하시는 하나님), 엘 엘리온(지고하신 하나님)등 약 30여개의 엘 하나님 이름이 있다.

B.C. 1250년 경 모세의 출애굽사건이 일어났다. 모세는 호렙산에서 하나님을 만나고 하나님으로부터 출애굽의 사명을 받은 후, 하나님의 이름을 물었다. 그때 하나님은 모세에게 "나는 스스로 있는 자이다"(출 3:14) 라고 대답하였다. 하나님의 이름을 묻는 모세의 질문에 대해 하나님은 자신의 이름을 가르쳐 주신 것이 아니라 모세 앞에 서 있는 자신에 대해서 진술하였다. 히브리어 원문인 "에흐예 아쉐르 에흐예"는 "나는 나다"라고 번역될 수 있는 말이다. 영어로는 I am that I am이라고 번역되었다. (에흐예는 be동사 원형이요, 아쉐르는 관계대명사이다. 그러므로 하나님의 이름은 I will be that I will be "나는 나로 되어갈 것이다" 또는 I was that I was "나는 나였다"로 번역할 수도 있다). 이 에흐예가 변형된 것이 야훼이고, 이 이름은 하나님으로부터 모세에게 직접 계시된 하나님 자신의 이름이다. 출애굽기 6장 3절 이하에는 이렇게 기록되어 있다. "내가 아브라함과 이삭과 야곱에게 전능의 하나님으로 나타났으나 나의 이름을 여호와로는 그들에게 알리지 아니하였고… 그러므로 이스라엘 자손에게 말하기를 나는 여호와라." 야훼는 모세에게 최초로 계시된 하나님의 이름이다. 그리하여 모세를 통해서 야훼는 이스라엘의 하나님이 되고, 이스라엘은 야훼의 백성이 되었다.

이렇듯 구약시대에 하나님의 이름은 족장들의 하나님, 엘 하나님, 야훼로 변천되어 갔다. 즉 하나님의 이름의 변천을 통해서 하나님은 점점 더 뚜렷하게 이스라엘에게 계시되어 갔다. 그와 동시에 이것은 하나님 인식의 변천과정이다.

신약시대에는 하나님의 아들 예수 그리스도가 계시되었다. 하나님의 아들이 사람이 되어, 이 세상에 오신 것이다. 그러나 사람들은 처음부터 예수를 그리스도로 믿은 것은 아니었다. 예수에 대한 이해는 점진적으로 변천해 갔다. 그러면 예수 그리스도에 대한 신약성서 저자들의 이해는 어떻게 변천하였는가? 초대교회는 처음에 예수가 죽은 자로부터 부활함으로써 그리스도(메시아)가 되었다고 생각했다. 베드로는 오순절 설교에서 "너희가 십자가에 못 박은 이 예수를 하나님이 주와 그리스도가 되게 하였느니라"고 선포했다(행 2:36). 이러한 초대교회의 예수 이해는 사도바울 때까지 계속되었다. 그리하여 바울은 예수의 지상생애에 대해서는 말하지 않았다. 그는 오직 그리스도이신 부활의 주님에 대해서만 관심을 가지고 있었다.

그러다가 A.D. 70년경에 쓰인 마가복음의 저자는 예수가 세례를 받음으로 메시아가 되었다고 하는 새로운 견해를 제시하였다. 세례를 받고 물 위로 올라오는 예수에게 하늘의 아버지께서 "너는 나의 아들이다"라고 말씀하였는데, 이것은 성부의 메시아 선포이며 성자의 메시아 자각의 사건이라고 할 수 있다. 마가는 세례이후 예수의 공생애를 메시아로서의 삶으로 보았으며, 마가복음의 2/3는 기적이야기들로 채워져 있다. 그는 이 기적들이야말로 예수가 그리스도임을 증거하는 것으로 보았다.

그 후 A.D. 80년경에 쓰인 마태복음과 누가복음에서는 예수가 태어날 때부터 메시아였다고 보았다. 그 증거가 동정녀탄생이다. 예수는 결혼관계를 통해서가 아니라 성령에 의해 잉태 되었으며, 이것이 예수의 신성의 증거로 제시되었다. 예수를 잉태한 마리아가 엘리사벳을 찾아갔을 때, 성령 충만해 있던 엘리사벳은 마리아를 가리켜 "내 주의 어머니가 내게 나아오니 이 어찌 된 일인가"라고 말했다(눅 2:41-43).

A.D. 90년경 쓰인 요한복음은 예수가 태초에 하나님과 함께 계신 말씀이 성육신 하신 분이시며, 이 성육신 된 말씀인 예수는 하나님 자신이라고 증거하였다. 이렇듯 예수는 바로 선재(pre-existence)하시는 메시아였다. 이렇게 볼 때 신약성서 안에서 그리스도에 대한 이해는 각각의 시대에 맞게 점진적으로 변천했음을 알 수 있다. 이것은 성서의 저자가 단순한 자료수집가나 속기사가 아니라, 독창적인 신학자요 역사가라는 사실을 지시한다. 성서는 하나님의 말씀을 받아 쓴 속기록이 아니라, 성령의 감동을 받은 저자들이 동시에 신학자이며 성서자체가 신학책임을 의미한다. 따라서 우리는 신학이 과거의 것을 앵무새처럼 반복하는 것이 아니라, 끊임없이 새롭게 발전되어 가야할 생명체임을 알아야 한다. 미래에는 지금과 다른 사람들이 지금과 다른 세상에서 그 시대에 맞는 새로운 언어로 새롭게 신학함으로써 하나님을 더 잘 이해할 것이다. 왜냐하면 성령은 우리 안에서 우리의 이해를 새롭게 하시는 새 창조자(New Creator)이기 때문이다.

교회시대에 하나님의 계시는 성령을 중심으로 일어났으며, 이제 하나님의 이름은 성부, 성자, 그리고 성령 삼위일체 하나님으로 발전하였다. A.D. 30년경 오순절에 성령이 강림하였으며, 예루살렘교회가 탄생하였다. 마가의 다락방에 있던 120명으로 출발한 교회는 3천명, 5천명, 수만 명, 수를 헤아릴 수 없는 대 규모의 성도를 가진 기독교로 성장하였으며, 313년에 수많은 박해를 극복한 다음 A.D. 313년에는 기독교가 공인되었고, A.D. 391년에는 로마의 국교가 되었다. 오늘날 전 세계의 기독교인은 약 20억 명에 이른다. 성령은 교회의 창조자요, 교회는 성령의 피조물이다. 교회의 사람들은 성령을 통해서 그리스도인이 되었으며, 하나님의 백성이 되었다. 지나간 2천 년간 교회의 역사는 성령의 역사이다. 이렇게 교회시대에 교회를 통해서 성령이 역사함으로써 우리는 하나님의 이름이 성부와 성자와 성령임을 인식하게 되었고, 이 세 인격을 가진 한 분 하나님을 교회는 삼위일체(Trinity)라고 표현하게 되었다. 그러니까 하나님의 이름은 시대를 따라서 다양하게 변천해 왔는데, 크게 구약시대는 성부시대요, 신약시대는 성자시대요, 교회시대는 성령시대라고 할 수 있다. 아브라함의 하나님, 이삭의 하나님, 그리고 야곱의 하나님은 전능하신 하나님(엘 샤다이)이요 야훼 하나님이며, 하나님이 그의 아들을 이 세상에 보내신 분이 예수 그리스도이며 예수께서 성부로부터 받아서 교회에 보내신 분이 성령이다. 그리고 성부와 성자와 성령을 합쳐서 삼위일체 하나님으로 표현하였다. 하나님의 이름은 구약시대로부터 서서히 변천하여 마침내 삼위일체 하나님으로 발전되어 왔다.

| 2 | 하나님에 대한 근본적인 이해

1 삼위일체 하나님

기독교 신학에서 가장 독특한 부분이 삼위일체론이라고 할 수 있다. 왜냐하면 다른 종교에서는 이와 유사한 형태를 찾아볼 수 없고, 삼위일체론은 기독교에만 있는 고유한 사상이기 때문이다. 그런데 우리는 순수이성으로는 삼위일체론을 이해할 수 없다. 삼위일체론은 오직 성서를 하나님의 진리의 말씀으로 믿는 신앙이 있어야만 이해가 되는 특수한 진리이다. 삼위일체론

> 아브라함의 하나님, 이삭의 하나님, 그리고 야곱의 하나님은 전능하신 하나님(엘 샤다이)이요 야훼 하나님이며, 하나님이 그의 아들을 이 세상에 보내신 분이 예수 그리스도이며 예수께서 성부로부터 받아서 교회에 보내신 분이 성령이다.

은 성서의 진리를 바르게 이해하기 위해서 교회가 만들어낸 신학적인 이론이다. 신앙이 있으면 이해가 되고 신앙이 없으면 이해가 되지 않는 신앙의 이론이다.

삼위일체란 "성부, 성자, 그리고 성령이 본질은 하나이고 인격은 셋이다"라고 정의할 수 있다. 본질이 하나라고 하는 것은 성부의 신성(divinity)과 성자의 신성, 그리고 성령의 신성이 동일하다는 것이다. 다시 말해서 성부가 하나님이듯이 다른 인격들도 성부와 동등한 하나님이라고 하는 뜻이다. 신학자 아리우스(Arius)는 성부가 하나님이고, 성자는 최초의 피조물이며, 성령은 그 다음의 피조물이라고 하였다. 그리하여 그는 성부의 본질과 성자의 본질은 동일하지 않고 유사하다(homoiusios)고 주장하였다. 이렇게 되면 성자는 존재하지 않았던 적이 있게 되며, 영원하지도 않은 존재가 된다. 결국 성자의 신성에 하자가 생긴다. 아리우스와 달리, 아다나시우스(Athanasius)는 성부와 성자의 본질은 동일하다(homoousios)고 주장하였다. A.D. 325년 니케아(Nicea)회의에서는 아다나시우스의 주장을 채택하고, 반면에 아리우스를 이단으로 정죄하였다.

성부와 성자와 성령의 본질이 동일하지 않다면, 삼위 사이에는 어느 쪽이 더 높고 어느 쪽이 더 낮게 되어 삼위 사이에 종속관계가 형성된다. 그렇게 되면 성자와 성령의 신성을 확보하지 못하게 된다.

더 나아가서 삼위의 본질이 동일하다는 것은 하나님의 존재는 하나라는 뜻이다. 이것은 기독교가 유대교의 일신론(Monotheism)을 계승한다는 뜻이다. 구약에서 한분 하나님 야훼를 믿었듯이, 기독교도 한분 하나님을 믿는다는 뜻이다. 기독교 신앙의 대상인 삼위일체 하나님은 유대교의 신앙의 대상인 야훼와 동일하다. 야훼가 삼위일체이다. 야훼가 한분이듯이, 삼위일체도 한분 하나님이다.

그러면서도 삼위일체 안에서 성부와 성자와 성령은 서로의 인격이 구별되어 있다. 삼위일체는 한분이다. 그의 존재는 하나이다. 그러나 세 인격들 사이는 서로 구별되어 서로 대화하고 사랑한다. 사벨리우스(Sabellius)는 하나님은 한분이며, 성부와 성자와 성자 성령은 우리에게 단지 서로 다른 모양(mode)으로 나타나 보이는 것일 뿐이라고 주장하였다. 성부와 성자와 성령은 그 모양만 다를 뿐 서로 인격적으로 구별되지 않는다는 뜻이다. 사벨리우스의 주장은 마치 A라는 사람이 집에서는 아버지, 교회에서는 장로님, 직장에서는 사장님인 것과 같다. 그러나 이 경우에 아버지 A가 장로님 A에게 장로님이라고 부를 수 없는 것처럼, 사벨리우스의 양태론(Modalism)은 삼위의 구별성과 인격성을 확보하지 못하기 때문에 이단이 된다. 성서에서 성부와 성자와 성령 사이에는 인격적인 구별성과 독자성이 명백하게 진술되어 있다. 아버지는 아들에게 너는 내 사랑하는 아들이라고 말씀하였고, 아들은 아버지에게 하늘에 계신 아버지여 라고 기도하였다. 삼위의 독자성과 구별성이 확보되지 않으면, 삼위 사이의 인격적인 대화와 기도와 사랑이 불가능하다. 그리고 성자와 성령 사이에도 인격적인 구별성이 있어야 성자는 성부로부터 나오는 성령을 받아 우리에게 보낼 수가 있으며, 성령은 성자를 잉태하게 하고 탄생, 세례, 십자가, 그리고 부활 등 예수 그리스도 사건을 가능하게 한다.

여기에서 삼위의 인격이 구별된다고 하는 것은 삼위 사이의 인격적 구별성을 의미할 뿐, 인간과 하나님 사이에서 하나님의 인격성(personality)이 셋이 된다는 뜻은 아니다. 하나님의 인격성은 하나이다. 왜냐하면 하나님의 존재가 하나이기 때문이다. 우리가 하나님께 기도할 때, 성부와 성자와 성령은 한 존재로서 우리의 기도의 대상이 되시고 우리의 기도의 응답자가 되신다. 따라서 성부만이 우리의 기도의 대상이 되는 것이 아니다. 성자와 성령도 우리의 기도의 대상이 되신다. 스데반이 돌에 맞아 죽어가면서 예수 그리스도에게 기도하였다. "주 예수여 내 영혼을 받으시옵소서 하고 무릎을 꿇고 크게 불러 이르되 주여 이 죄를 그들에게 돌리지 마옵소서"(행 7:59-60). 삼위의 인격이 셋이라고 할 때, 인격이라고 번역된 라틴어 persona는 본래 연극배우가 쓰는 가면을 뜻하였다. 이것이 영어로 Person으로 번역되었고, 우리말로 인격으로 번역되었을 뿐 우리가 일상적으로 사용하는 인격성과는 상관이 없는 삼위일체론에서만 사용되는 특수용어이다. 따라서 삼위일체론에서는 하나님의 인격성(personality)과 삼위의 인격(person)이 혼동되지 않도록 주의해야 한다. 하나님의 인격성은 하나요, 삼위의 인격은 셋이다.

이렇게 삼위일체는 본질적으로 한 분이면서도 인격적으로 서로 구별되어 독자적인 기능을 수행 할 수 있는 특수한 존재라고 하는 것이 성서가 증거하고 있는 하나님의 존재양식이다. 이것은 논리적으로 모순이다. 셋이 하나이고, 하나가 셋이 되기 때문이다. 그러므로 삼위일체론은 우리의 순수이성으로는 이해되지 않는 신앙의 논리이고, 믿음으로만 이해될 수 있는 특수한 사실이다. 삼위는 본질이 하나이고 인격이 셋이다. 삼위의 관계는 통일성(unity)과 구별성(particularity)이 동시에 만족되어야 한다. 삼위일체론이 확립되지 않으면, 예수 그리스도의 신성을 확보할 수 없으며 성령의 신성도 확보할 수 없을 것이다. 삼위일체론은 계속해서 도전받고 있는 교리이다. 유니테리언이나 안식교, 뉴 에이지, 여호와의 증인, 그리고 스베덴보리(E. Swedenborg) 등이 주장하는 반 삼위일체론들이 성경 말씀에 따른 삼위일체론에 지속적으로 도전하고 있다. 삼위일체론은 성서의 하나님을 가장 잘 설명할 수 있는 신학의 보배라고 할 수 있다. 앞으로도 기독교는 이 이론을 더욱 더 정교하게 발전시켜 가야 할 것이다.

2 창조주 하나님

기독교의 하나님은 어떤 분인가? 하나님은 이 세계와 인간을 창조하신 분이라는 것이 가장 중요한 성서적 하나님 이해이다. 부모님에 대한 가장 중요한 이해는 부모님은 나를 낳으신 분이라는 점이다. 그리하여 나를 이 세상에 있게 하신, 존재의 근원이라고 하는 것이 가장 중요하듯이, 하나님과 인간의 관계에서 하나님이 이 세계와 인간의 존재의 근원이라고 하는 것이야말로 가장 중요하고 근본적인 이해이다. 하나님은 인간의 창조자이다.

육신적으로 나는 부모님, 조부모님, 증조부모님, 그리고 고조부모님을 거슬러 올라가는 우리 조상들의 후손이다. 그렇게 거슬러 올라가면, 최초의 인간 아담에 다다른다. 그런데 이 아담은 하나님의 피조물이다. 하나님이 인간의 창조자가 된다는 것은 과학적인 설명이 아니다. 철학적인 이해도 아니다. 그것은 신앙적인 이해이다. 즉 창조주론은 성경을 진리로 믿는 믿음이 있는 사람만 이해할 수 있는 영적인 이해이다. 따라서 육신적으로는 나의 부모님이 나의 존재의 근거라고 하는 말이 맞지만, 신앙적인 의미에서 하나님은 나의 존재의 근원이며 나의 창조자이다. 나의 부모님이 나를 낳으신 것 같으나 사실은 나의 부모님을 통해서 하나님이 나를 낳으신 것이다. 나는 육신의 부모님의 자녀이면서 동시에 영적으로는 하나님의 자녀이다. 우리는 이러한 이중적인 관계를 깊이 생각해야 한다. 눈에 보이는 부모님을 통해서 우리가 존재하게 되었지만, 눈에 보이지 않는 배후의 영적인 세계에서 하나님이 우리의 존재를 이 땅에 보내시고 우리로 하여금 지금 현재의 모습으로 있게 하신 것이다. 하나님이 이 세상과 인간의 존재를 창조하지 않았으면, 우리는 존재할 수 없다.

하나님이 인간의 창조자라면, 피조물인 인간은 창조자 하나님에게 복종해야 한다. 하나님과 인간의 관계는 명령과 복종의 관계이다. 종교개혁자 칼빈(John Calvin)은 하나님 지식이 순수이성의 지식이 아니라, 하나님을 두려워하고 하나님을 사랑하며, 하나님께 복종하는 지식이라고 하였다. 하나님을 안다고 하면서 하나님께 복종하지 않는다면, 그것은 하나님을 아는 지식이라고 할 수 없다. 하나님이 인간의 창조주라는 것을 아는 인간은 창조자 하나님에게 복종한다. 하나님과 인간의 관계는 명령과 복종의 관계이다. 이와 같이 하나님 지식은 추상적이고 개념적인 지식이 아니라, 우리의 존재와 삶 안에 있는 실존적 지식이다. 더 나아가서 인간은 하나님께 절대 의존(absolute dependence)의 관계를 맺고 있다. 인간은 창조자의 품을 떠나 홀로 설 수 없다. 자신의 노력과 능력으로 스스로 살 수 있다고 생각했던 사람들이 역사 안에 많이 있었다. 그들은 인간이 만물의 영장이므로 자신의 능력으로 이 세상을 지배하고, 스스로 이 세상을 아름답게 꾸려갈 수 있다고 생각하여, 하나님을 떠나서 자신의 이상적 세계를 건설해 보려고 하였다. 그러나 이러한 시도는 허망한 것에 불과했다. 이에 적합한 예로는 1918년 러시아의 볼셰비키혁명으로 건설된 소련의 공산주의가 70년 만에 해체된 역사적 사실이다. 한때 전 세계의 1/3을 지배하며 미국과 쌍벽을 이루었던 초강대국 소련을 중심으로 한 공산주의 실험은 처참한 실패로 끝났고, 그 결과로 소련의 위성국가였던 15개 소련 연방들은 각자 독립되어, 이제는 민주국가로서 거듭나고 있다.

　하나님은 왜 인간을 창조하였나? 하나님이 인간을 창조하신 목적은 인간과 친교하기 위해서다. 사랑의 친교가 창조의 궁극목적이다. 하나님은 남편이 되시고 이스라엘은 아내가 되어 참된 사랑의 관계를 맺는 것이 창조의 목적이다. 그와 마찬가지로 그리스도는 신랑이 되고 교회는 신부가 되어 완전한 사랑으로 서로 사랑하는 영적인 결혼이 창조의 목적이다. 이 창조의 목적을 이루기 위하여 하나님과 인간은 화해를 해야 하며, 이 화해에 이르기 위하여 인간은 회개해야 한다. 본래 하나님이 인간을 창조하신 목적은 친교이며, 이 본래적인 친교는 에덴동산에서 이루진 것으로 볼 수 있다. 에덴동산을 떠난 이후 상실한 본래적인 관계가 회복되면, 우리는 사랑의 친교를 통해서 창조의 본래적인 목적을 성취할 수 있다. 창조주 하나님과의 거룩한 친교를 누리는 우리는 하나님의 품 안에서 영원한 안식을 경험할 것이다.

더 나아가서 하나님 없이 인간의 성취와 성공과 소유만으로 살 수 있다고 생각하는 것도 이러한 하나님의 창조질서를 거역하는 것이다. 피조물이 창조자를 저버리는 불신앙의 삶은 바로 하나님의 명령을 불순종하는 것이다. 현대인들은 하나님 없이 자신의 능력으로 스스로 살 수 있다고 쉽게 생각한다. 20세기에 들어와서 성숙한 시대에 성숙한 인간은 종교 없이 종교적으로 살 수 있을 것이라고 생각했던 사람들이 있었다. 하버드대학교의 하비 콕스(H. Cox)교수는 1965년 『세속도시』(The Secular City)라는 책을 써서 유명해졌다. 이 저서에서 그는 성숙한 시대에 성숙한 인간은 종교가 없어도 스스로 도덕적으로 잘 살 수 있다고 주장하였으며, 앞으로 종교는 사라지게 될 것이라고 예언하였다. 그러나 1995년 『영성음악여성』(The Fire from Heaven)이라는 저서에서 콕스는 20세기에 일어난 오순절운동을 통해서 100년이 되기 전에 기독교는 약 5억의 그리스도인을 얻게 되었으며, 오순절운동은 기독교 역사상 최초의 전 세계적인 신앙운동이고 역사상 가장 강력한 기독교운동이라고 평가하였다. 그는 30년 전에 종교가 사라지게 될 것이라고 했던 자신의 예언이 오류였음을 고백한 셈이다.

| 3 | 하나님의 속성

1 영이신 하나님

하나님은 육체가 아니라 영이다. "하나님은 영이시니 예배하는 자가 영과 진리로 예배할지니라"(요 4:23). 하나님은 물질이 아니라, 유한한 물질계를 초월하는 무한자이다. 그러므로 우리는 하나님을 육신적인 차원에서 이해할 수 없다. 영적인 차원에서만 하나님을 이해할 수 있다. 인간은 영(spirit)과 혼(soul)과 몸(body)으로 구성되어 있다. 하나님의 피조물 가운데 영을 가진 인간은 하나님과 관계하고 하나님을 자신 안에 담을 수 있다. 인간의 영, 혼, 그리고 몸은 하나님이 들어와서 살 수 있는 집이다. 우리의 몸은 성령이 거하시는 성전(temple)이다. 성령이 인간 안에 들어와서 거주하는 것을 내주(indwelling)라고 말한다. 성령은 우리 안에 내주하는 하나님이다. 예수 그리스도는 성령을 통해서 간접적으로 우리 안에 내주한다.

하나님은 무한자이다. 이 무한자를 유한한 물질 안에 가두는 것은 하나님을 모독하는 일이다. 그러므로 인간이 나무나 돌이나 쇠를 조각하여 우상을 만들어 놓고, 그것을 하나님이라고 예배하는 우상숭배는 근본적으로 하나님이 어떤 분인지를 알지 못하기 때문에 빚어진 인간의 어리석은 행동이다. 하나님이 인간을 만들었는데, 이 원리를 뒤집어서 거꾸로 인간이 하나님을 만드는 것이 우상숭배이다. 그리고 돌과 나무와 쇠는 하나님의 피조물인데 그 피조물을 빚어서 하나님이라고 하니, 오히려 이것은 하나님의 창조질서를 뒤집어엎는 것이다. 그 때문에 하나님은 우상숭배를 싫어할 수밖에 없는 것이다.

그 뿐만 아니라 인간이 이 세상의 아름다운 것들을 하나님보다 더 사랑하고, 그것을 우리의 존재의 중심에 두는 모든 행위들도 우상숭배가 된다. 하나님은 창조자로서 인간의 숭배를 받아야 할 지존자이므로, 이 창조 질서를 무너뜨리는 모든 행위는 십계명의 제1계명을 위반하는 것이다. 지금 당장 내 눈에 먹음직하고 보암직한 아름다운 것들을 나의 삶의 중심에서 몰아내지 않으면, 우리는 하나님 아닌 것을 하나님인 것처럼 우상숭배 하는 오류를 범하게 된다.

② 영원하신 하나님

하나님은 무한자이다. 그분의 한계를 제한할 수 없다는 뜻이다. 하나님의 무한성의 시간적 측면이 영원성(eternity)이다. 공간적인 무한성은 광대성(immensity)이라고 한다. 피조물인 인간의 인식은 시간과 공간의 형식을 통해 이루어진다. 칸트의 『순수이성비판』에 따르면 시간과 공간 안에 들어올 수 있는 것들만이 우리의 인식의 대상이 된다. 그러나 하나님은 시간과 공간의 제약을 받는 인간의 인식 대상이 될 수 없다. 하나님은 자신을 스스로 있는 자라고 하였다. 그러므로 그를 있게 하거나 없게 할 수 없고, 그는 시작도 끝도 없다. 만약 하나님에게 시작이 있다면, 그를 존재하게 만든 다른 실재가 있었을 것이다. 그러나 하나님은 모든 것의 창조자이기 때문에 그럴 수 없다. 그러므로 하나님은 인간의 제한된 시간과는 전혀 다른 차원의 존재라고 할 수밖에 없다. 시간이란 시작과 끝이 있는 유한한 것이다. 그러나 영원이란 시간에 의해 규정되지 않는 무한한 것이다. 영원이란 끝없는 시간이 아니다. 영원은 시간이 끝없이 계속되는 시간의 무한한 연장(extension)이 아니라, 시간과 전혀 다른 차원의 하나님의 시간성이다. 시간이라는 한계를 초월하는 것이 영원이다.

영원에서는 과거와 현재와 미래가 나누어지지 않는다. 어거스틴의 표현과 같이 영원한 현재(eternal now)가 있을 뿐이다. 앞으로 부활 후 영원한 하나님의 나라에 들어가면, 우리도 이 영원성을 경험하게 될 것이다. 우리가 흔히 듣게 되는 간증에 따르면 어떤 사람은 환상 중에 하나님이 지금까지 살아온 자신의 과거를 영화처럼 보여주시는데, 순식간에 자신의 일생을 다 보았다는 것이다. 우리는 일생을 사는데 수십 년이 걸리지만, 하나님은 그것을 우리에게 보여주시는데 순간적인 시간이 필요할 뿐이다. 인간의 시간은 과거와 현재와 미래에 의해서 나누어진다. 과거는 지나가서 없고, 미래는 아직 안와서 없고, 현재는 순간적으로 지나가고 만다. 이렇게 소멸해가는 현재는 우리가 기억하는 과거와 우리가 기대하는 미래를 연결해주는 다리 역할을 한다. 인간이 경험하는 시간은 지극히 짧은 시간이다. 그러나 하나님의 시간은 나누어지지 않는다. 오히려 하나님의 영원 안에 인간의 시간이 포함된다고 보아야 한다. 과학자들은 우주의 나이가 약 130억년이 되었다고 하는데 하나님의 영원 안에 130억년의 우주의 시간이 포함된다. 그리고 그 장구한 세계의 시간을 넘어서는 하나님의 초월성의 시간이 영원이다. 손오공이 부처님 손바닥 위에 있는 것처럼, 시간이 영원의 손바닥 위에 있다. 영원은 시간을 포함하면서 시간을 초월하는 하나님의 시간성이며, 창조 이전의 하나님의 존재영역이 영원이다. 하나님의 창조는 이 영원성의 자기제한이다. 영원하신 하나님이 이 세계를 창조한 순간을 원초적인 순간이라고 할 수 있다. 이 하나님의 자기제한 속에서 영원에서부터 시간에로의 전이가 있었다고 할 수 있다. 하나님이 세계를 시간 속에서 창조한 것이 아니라, 시간과 더불어 창조했다고 어거스틴은 말하였다. 따라서 시간은 피조물과 함께 창조된 것이다. 그러니까 시간은 하나님의 피조물이다. 하나님의 창조 이전에는 시간이 없었다. 칸트는 시간을 인식의 과정에서 첫 번째 단계인 감성의 형식이라고 하였다. 시간이라는 형식 안에 들어오는 사물들만이 인간의 인식의 대상이 될 수 있다는 뜻이다. 바르트는 시간을 피조물이라고 말할 수는 없고 하나님의 창조의 형식이라고 말했는데, 이것은 어거스틴과 칸트의 절묘한 조합이라고 할 수 있다.

> 우리는 일생을 사는데 수십 년이 걸리지만, 하나님은 그것을 우리에게 보여주시는데 순간적인 시간이 필요할 뿐이다. 인간의 시간은 과거와 현재와 미래에 의해서 나누어진다. 과거는 지나가서 없고, 미래는 아직 안 와서 없고, 현재는 순간적으로 지나가고 만다.

3 사랑의 하나님

사랑은 하나님의 계시의 가장 높고 가장 완전한 표현이다. "하나님은 사랑이시라"(요일 4:16). 그리고 사랑은 인간됨의 가장 높고 가장 완전한 표현이기도 하다. "만일 우리가 서로 사랑하면 하나님이 우리 안에 거하시고 그의 사랑이 우리 안에 온전히 이루어지느니라"(요일 4:12).

성경에서 사랑보다 더 강조된 하나님의 속성은 없을 것이다. 하나님은 멀리

떨어져서 우리를 향해서 손짓하면서 자신에게 오라고 말씀하시는 분이 아니다. 우리가 무능과 죄악으로 인해 하나님께 갈 수 없기 때문에, 하나님이 먼저 스스로 우리에게 찾아 오셔서, 나를 안아 주시고, 내 짐을 대신 져 주시고, 나를 업고 가시는 분이다. 이러한 하나님의 적극적인 희생의 행동을 사랑이라고 말한다. 이 세상에 아무리 사랑이 많은 사람에게 있다고 하더라도, 남을 위해서 대신 죽는 사람은 거의 찾아 볼 수 없다. 설사 있다고 하더라도 상대방이 죄인일 경우에 그 죄를 대신해서 죽어줄 사람은 없을 것이다. "의인을 위하여 죽는 자가 쉽지 않고 선인을 위하여 용감히 죽는 자가 혹 있거니와 우리가 아직 죄인 되었을 때에 그리스도께서 우리를 위하여 죽으심으로 하나님께서 우리에게 대한 자기의 사랑을 확증하셨느니라"(롬 5:7-8). 예수 그리스도가 십자가에 달려 죽으신 것은 하나님의 사랑의 극적인 표현이며, 이 사랑을 받은 사람은 하나님의 사랑을 더 이상 의심할 수 없고, 또 그 사랑을 거부할 수가 없다. 우리는 지금도 그 사랑을 생각하면 가슴이 미어지고 눈물이 흘러내린다.

성자의 사랑은 과거에 그 때 거기서(then and there) 즉 십자가에서 우리를 위해 이루어진 하나님의 사랑이다. 이 하나님의 사랑은 성령을 통해서 지금 여기에서(now and here) 나에게 부어지는(out-pouring) 사랑으로 역사한다. 구약시대에 성부의 사랑은 우리를 위한 사랑(God for us)이었으나, 야훼 하나님은 우리가 가까이 하기에는 두려운 분이었다. 신약시대 성자의 사랑은 우리와 함께하는(God with us) 임마누엘의 사랑으로 십자가 위에서 우리에게 한없이 베푸시는 사랑이다. 그리고 교회시대 성령의 사랑은 '우리 안에 내주하는 하나님'(God within us)의 사랑으로 우리 안에 들어온 사랑이다. 하나님의 사랑은 점점 더 가까워져서 마침내 내 안에 내주하는(indwelling), 나와 일체가 되는 사랑으로 변천하였다.

그런데 하나님의 사랑은 정적인 것이 아니다. 마치 컵에서 물이 흘러 넘쳐서 흘러내리는 것처럼, 하나님은 너무나 사랑이 많아서 인간에게까지 흘러넘치는 그런 의미의 사랑이 아니다. 하나님의 사랑은 본래 삼위일체 안에서 즉 하나님 자신 안에서 성부와 성자와 성령이 서로 사랑하였다. 이것은 원초적 사랑(original love)이라고 할 수 있다. 즉 사랑은 관계개념이요, 동적인 개념이다. 사랑은 서로 주고받는 인격적인 주객관계(I-Thou relationship)에서 이루어지는 것이다. 예수께서는 본래 삼위일체 안에서 이루어진 사랑의 관계를 이렇게 표현하였다. "아버지께서 아들을 사랑하사 자기가 행하는 것을 다 아들에게 보이시고 또 그보다 더 큰 일을 보이사 너희로 놀랍게 여기게 하시리라"(요 5:20). "아버지께서 나를 사랑하신 것 같이 나도 너희를 사랑하였으니 나의 사랑 안에 거하라"(요 15:9). 이 하나님 안에서 삼위일체 사이에 이루어진 본래적 사랑이 인간에게 나누어진 것이 하나님의 사랑의 구체적인 역사이다. 구약에서 이스라엘에게, 신약에서 교회에게 주어진 하나님의 사랑은 본래 하나님 자신 안에 있던 사랑의 연장이요 확장이다. "내가 아버지의 이름을 그들에게 알게 하였고 또 알게 하리니 이는 나를 사랑하신 사랑이 그들 안에 있고 나도 그들 안에 있게 하려 함이니이다"(요 17:26). 그리고 인간에 대한 하나님의 사랑은 인간들 사이에서 이루어져야 할 사랑의 원천이다. 그러므로 삼위일체 안에서의 하나님의 사랑은 하나님과 인간 사이의(야훼–이스라엘, 그리스도–교회) 사랑의 원천이며, 인간과 인간 사이의(남자–여자) 사랑의 원천의 원천이다.

희랍어로 사랑을 의미하는 에로스(eros)와 아가페(agape)가 있는데, 에로스는 대상이 지닌 가치를 사랑하는 것이다. 이것은 서로 주고받는 상호적인 사랑이며, 조건적인 사랑이다. 인간적인 사랑이다. 그러나 아가페는 대상 그 자체를 사랑하는 것, 즉 무조건적인 사랑이다. 하나님의 사랑은 아가페이다. 인간의 사랑 가운데는 부모의 사랑 특히 어머니의 사랑이 아가페에 가장 가까운 사랑이다. 어머니는 못나고 모자라는 자식을 더 사랑한다. 어머니의 사랑은 약한 자식에게 더 마음이 가는 애틋하고 아픈 사랑이다. 그러나 이 어머니의 사랑은 자기 자식에게만 한정되기 때문에, 유한한 사랑이다. 하나님의 사랑은 보편적이고 무조건적인 사랑이며, 온 우주를 다 품고도 남는 무한한 사랑이다. 이 사랑에 모든 피조물은 안겨야 한다. 인간의 죄가 아무리 크고 많다 하여도 하나님의 사랑은 그보다 더 크고 더 많고 더 넓고 더 강하다.

요한복음 13:34에서 예수는 "새 계명을 너희에게 주노니 서로 사랑하라 내가 너희를 사랑한 것같이 너희도 서로 사랑하라"고 하였다. 이 말씀은 인간에 대한 하나님의 사랑의 근원이 예수 그리스도로부터임을 확증하고 있다. 그러므로 그리스도인들에게는 이 하나님의 사랑을 더 많이 받아 나누어주어야 할 사명이 있다. 우리가 사랑해야 하는 것은 하나님이 사랑이기 때문이며, 그분이 우리를 사랑 안에서 창조하고 구원하였고, 사랑의 모범을 보여주었으며, 우리에게 사랑하라고 명령하였기 때문이다.

4 거룩하신 하나님

하나님은 거룩한 분이다. 이사야 6장 3절에서 이사야는 "서로 창화하여 가로되 거룩하다 거룩하다 거룩하다 만군의 여호와여 그 영광이 온 땅에 충만하도다"라고 고백하였다. 거룩하다는 말의 히브리어 '카도쉬'는 다르다, 구별되었다, 분리되었다 등의 의미를 가진 말에서 유래하였다. 하나님은 "내가 거룩하니 너희도 거룩할지어다"(레 11:45)라고 하였다. 베드로전서 1장 15-16절에서는 "오직 너희를 부르신 거룩한 이처럼 너희도 모든 행실에 거룩한 자가 되라 기록되었으되 내가 거룩하니 너희도 거룩할지어다 하셨느니라"고 하였는데, 이것은 베드로가 레위기의 말씀을 인용하여 성도들은 하나님처럼 거룩해야 한다는 것을 강조한 것이다.

거룩하다는 것은 무한히 다르고, 무한히 위대하다는 뜻이다. 종교인들은 세속적인 삶으로부터 구별된 삶을 살기 위해서 노력한다. 예컨대 신부와 수녀들의 독신생활은 세속인들의 일반적인 삶과 구별된다. 개신교회에서는 술, 담배, 도박, 마약 등을 금하는데, 이것은 탈세속성의 표징이다. 사실은 그리스도인들에게는 그보다 훨씬 더 높은 도덕성(higher morality)이 요구된다. 정직성, 성적 순결, 절제, 겸손, 사랑, 봉사의 삶 등 종교적인 요구의 수준은 하나님의 성결성이 그 목표이다. 다만 현실적으로 그러한 수준에 도달하기가 매우 어렵기 때문에, 최소한의 요구로서 몇 가지의 실천사항을 제시하는 것이다. 이것들은 거룩성의 이미지와 부합되는 것이다. 그러나 개신교회에서는 지나친 금욕생활을 요구하지는 않는다. 왜냐하면 기독교 윤리의 기준은 금욕주의가 아니라 절제이기 때문이다. 마태복음 11장 18-19절에서 예수께서는 "요한이 와서 먹지도 않고 마시지도 아니하매 그들이 말하기를 귀신이 들렸다고 하더니 인자는 와서 먹고 마시매 말하기를 보라 먹기를 탐하고 포도주를 즐기는 사람이요 세리와 죄인의 친구로다 하니"라고 하였다. 세례요한은 금욕주의자요, 예수는 탐욕주의자라는 주장에 대해서 예수는 자신이 금욕주의자도 아니요, 탐욕주의자도 아니며, 절제와 중용이 자신의 입장임을 암시하고 있다. 예수의 윤리적인 표준은 절제이지, 금욕주의가 아니라는 뜻이다.

거룩성은 죄악됨 또는 죄악으로 말미암아 오염된 상태의 반대말이다. 그러니까 거룩성에는 죄 없는 상태의 순결함과 깨끗함의 의미가 함축되어 있다. 거룩성을 성취하기 위해서는 예수 그리스도의 피로 죄 씻음을 받는 중생의 은혜가 있어야 하며, 그 중생의 은혜를 우리 안에 나누어 주고 우리로 하여금 그 은혜를 수용하게 하는 성령의 은혜가 반드시 있어야 한다. 성령세례에 의해 주어지는 성화의 은혜야말로 인간을 거룩하게 만드는 길이다. 그리고 성결의 은혜는 하나님의 말씀을 통해서 우리에게 주어진다. 요한복음 17:17에서는 "저희를 진리로 거룩하게 하옵소서 아버지의 말씀은 진리니이다"라고 하였다. 서울신학대학교의 교육이념 "진리와 성결"은 이 말씀 위에 기초하고 있는데, "진리와 성결"이라는 표어는 예수 그리스도의 진리와 성령의 거룩케 하심이라는 삼위일체론적 구조를 가지고 있다. 더 나아가서 진리의 인식과 성결한 삶의 실천이라는 '지행일치'(知行一致)를 교육이념으로 제시한 것이다.

오톤 와일리(O. Wiley)는 하나님의 거룩성은 세 가지 특징이 있다고 하였다. 첫째로, 하나님 안에 있는 거룩은 기원이 없고, 유래가 없는 도덕적 우수성의 완전함이라는 것이다. 즉 하나님의 거룩은 다른 어떤 것과도 비교될 수 없는 완전성과 우월성을 가지고 있다. 둘째로, 거룩은 하나님 자신의 행동의 원리이다. 하나님은 스스로 거룩할 뿐만 아니라, 거룩한 행위를 한다는 것이다. 셋째로, 거룩한 하나님은 피조물을 위한 표준이다. 하나님이 거룩하기 때문에, 피조물도 거룩해야 하는 이유가 여기에 있다. 피조물이 거룩해질 수 있는 길은 예수 그리스도의 속죄를 통해서만 가능하다.

　인생의 목적은 행복이 아니라, 성결이다. 결혼의 목적도 행복이 아니라, 성결이다. 『니코마코스 윤리학』에서 아리스토텔레스는 인생의 목적은 행복이라고 하였다. 세속적으로 인생의 목적은 행복이라고 할 수 있다. 행복이란 욕망이 성취될 때, 느끼는 즐거움이고 만족감이다. 그러나 기독교적 인생관에서 인생의 목적은 그 보다 더 높은 곳에 있다. 그리스도인의 삶은 하나님의 뜻을 따라 순종하며 사는 것이 목표이며, 그 길에서 오는 고통을 십자가로 간주하고, 참고 견디며, 극복하는 것이지, 고통을 피해서 욕망을 추구하는 삶이 아니다. 하나님이 성결하니 우리도 성결해야 하며, 하나님이 우리에게 요구하는 것이 성결이니 우리도 성결해야 한다. 결혼의 목적이 행복이라고 한다면, 행복하지 않은 결혼생활은 무가치하고 무의미 할 것이다. 이런 결혼관은 위험하며, 실제로 이런 결혼관을 가지고 사는 많은 사람들이 결혼의 파탄과 가정의 해체를 맞이하게 된다. 그러나 예수의 말씀과 같이 우선적으로 성결한 삶을 추구하고 서로 사랑하고 인내하고 용서하는 그런 결혼생활은 결과적으로 행복하게 될 것이다. 하나님의 나라와 의를 먼저 구하면, 세속적인 것은 뒤따라오게 되는 것이다(마 6:34). 이것이 성결의 방정식이다.

요약하자면, 기독교에서 이해하는 하나님은 인간과 멀리 떨어져 계시는 저 세상에 있는 하나님이 아니다. 그런 추상적이고 생명 없는 하나님이 아니다. 그는 지금 여기에 인간 안에 들어와 살아계시며, 인간과 친교하고 사랑하는 좋으신 하나님이다. 이런 하나님의 형상을 따라서 살아갈 때, 인간은 비로소 진정한(authentic) 삶을 살 수 있게 된다. 다음 장에서는 인간의 본질이 무엇인지 살펴볼 것이다.

＊＊＊

6장

인간은 누구인가?

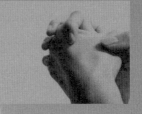

■ 성서에 나타난 인간의 본질

■ 죄란 무엇인가?

■ 하나님의 형상

6장

인간은 누구인가?

하나님은 창조자요 인간은 피조물이다. 인간은 하나님의 피조물 가운데 특별한 존재 곧 하나님의 형상으로 창조되었다. 인간은 하나님의 대리자로서 이 세계를 다스리고 보존해야 할 책임을 부여받았다. 더 나아가서 본래 인간은 성령이 충만한 상태로 지음 받았다. 그리하여 이런 인간은 하나님의 보시기에 심히 좋은 피조물이었다. 그러나 인간은 하나님이 금지하신 선악과를 따먹고 범죄함으로 타락하여 본래의 모습을 잃어버리게 되었다. 비본래적인 인간의 죄된 삶의 모습을 우리 주변에서 흔히 보게 된다. 전쟁, 질병, 범죄, 자살, 낙태, 동성애, 인신매매, 테러, 가난, 마약, 등등 다양한 모습으로 연출되고 있다. 인간은 하나님의 형상을 회복하고 하나님과의 올바른 관계를 회복해야 한다. 그리하여 본래 하나님이 창조하신 삶의 원형을 회복해야 한다. 그것이 인간이 도달해야 하는 생의 목표이다.

| 1 | 성서에 나타난 인간의 본질(하나님, 인간, 세계의 관계)

▮ 하나님과 인간의 관계(창세기 2장)

성서에 따르면 인간은 하나님의 피조물이요, 하나님은 인간의 창조자이다. 인간이 하나님을 만든 것이 아니라 하나님이 인간을 만들었다. 하나님은 인간보다 우월하고 인간을 지배하고 다스리는 분이다. 따라서 인간은 이 하나님께 절대의존(absolute dependence)의 관계를 맺고 있다. 그리고 인간의 생명의 기원은 하나님께 있으며 나아가서 인간은 하나님의 계명에 절대복종(absolute obedience)해야 한다. 하나님께서는 선악과 금지계명을 인간에게 주시고 금지된 열매를 따먹는 경우 죽음을 면치 못한다고 엄중하게 경고하였다 (만약 선악과 계명이 없었다면, 하나님은 다른 계명을 주었을 것이다. 그러므로 우리는 선악과가 아니라 하나님의 명령에 주의를 집중해야 한다). 이것은 받아들이기 어려운 진리이다. 인간이 자신의 자존심을 꺾고 상대방에게 복종하기 위해서는 상대방이 자신보다 월등한 힘을 가지고 있다는 것을 인식해야 하는데, 우리는 하나님이 우리 눈에 보이지 않으므로 이것을 깨닫기가 어렵다. 그래서 많은 사람들은 오랜 기간 동안 이 진리를 모른 채 살아가며 하나님께 복종해야 함을 깨닫기 전에 많은 시행착오를 범하고 실패를 경험한 다음에 비로소 이 진리를 깨닫게 된다. 이 진리를 깨달아 가는 과정이 바로 인간이 성숙해 가는 과정이라고 할 수 있다.

하나님이 인간을 각별하게 창조하였고 모든 만물을 다스리고 지배하는 권한을 부여하였음에도 불구하고, 하나님은 여전히 인간이 절대적으로 복종해야 할 섬김의 대상이다. 인간은 하나님과 대등하게 맞설 수 있는 존재가 아니다. 이것을 인식하지 못함으로써 인간에게는 엄청난 비극과 고통이 찾아오게 된다. 역사적으로 하나님을 대적하였다가 망한 사람들이 많다. 선악과를 따먹은 아담만이 아니다. 하나님께 도전하거나 불순종하거나 하나님의 계명을 거역한 사람들의 말로를 우리는 많은 사례를 통해서 깨달을 수 있다. 가인, 고라, 아간, 발람, 사울, 아합, 이세벨, 하만, 가룟 유다, 헤롯, 네로, 니체, 히틀러.

창세기 2장에 나타난 인간이해는 인간이 흙으로 지어진 허무하고 불완전하고 유한한 존재라는 것이다. 이것은 인간의 유한성과 연약성을 가르쳐주는 중요한 견해이다. 인간은 하나님과의 관계에서 독립성을 주장할 수 없다. 하나님과 대등하고 독자적인 존재로서의 주체성을 주장할 수 없다. 하나님을 떠나서 독립적으로 설 수 있다고 하는 자주성을 주장할 수 없다. 인간은 처음부터 하나님께 의존하며 하나님께 종속되어야 하며 하나님의 종으로서 하나님을 섬기는 존재로서 살게 되어 있다.

이렇게 볼 때, 인간의 삶의 중심은 바로 하나님께 있으며 하나님은 인간의 중심이다. 이것을 하나님 중심주의(God-centrism)라고 할 수 있다. 이것을 그림으로 그리면 다음과 같다.

하나님

하나님 중심주의

인간

2 인간과 세계의 관계(창세기 1장)

하나님께서는 이 세계를 창조할 때, 인간과 세계를 구별하여 창조하였다. 하나님은 말씀으로 명령하여 이 세계를 창조하였으나, 인간을 특별한 방법으로 지었다. 즉 창세기 1장에 따르면 하나님은 인간을 하나님의 형상으로 지었다. 그리하여 인간은 만물의 통치자로 세워졌으며 만물은 인간의 지배를 받게 되었다. 만물은 하나님이 인간에게 주신 선물이다. 인간은 이 세계의 중심이 되며, 이 세계를 숭배할 필요가 없다. 오히려 이 세계를 지배하고 다스려야 할 존재이다. 여기에 우상숭배 금지계명의 근거가 있다. 하나님이 지배하고 다스리라고 주신 이 세계에 속한 자연물을 하나님처럼 섬기고, 숭배하는 것은 하나님의 창조원리에 어긋나는 것이다.

인간과 세계의 관계에 대한 창세기 1장의 묘사에서는 인간의 존엄성과 고귀성, 자연에 대한 인간의 우월성과 자존심이 나타나 있다. 즉 인간과 세계의 관계는 인간중심주의이다. 이것을 그림으로 그리면 다음과 같다.

이상에서 하나님과 인간과 세계의 관계를 살펴보았다. 인간과 세계의 관계에서는 인간중심주의이고, 하나님과 인간의 관계에서는 하나님중심주의이다.

그러므로 이 세계의 중심은 인간이요, 인간의 삶의 중심은 하나님이다. 하나님, 인간, 그리고 세계의 관계를 그림으로 그리면 다음과 같다.

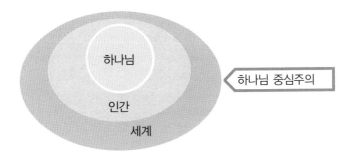

본래 하나님과 인간과 세계의 관계는 하나님 중심주의이다. 이것이 하나님이 창조하신 세계의 모습이다. 그러나 이 본래적 관계는 인간의 타락으로 파괴되었다. 파괴된 관계 안에 있는 인간의 모습이 죄인된 인간이다.

3 죄인된 인간: 하나님, 인간, 세계의 관계의 파괴

지금까지 하나님과 인간과 세계의 본래적인 관계를 살펴보았다. 인간은 창조된 세계의 중심이신 하나님께 의지하고 순종해야 할 존재로 창조되었다. 그런데 인간은 뱀의 모양으로 나타난 사탄의 유혹을 받아 금지된 과일을 먹고 하나님과 같이 되려고 하였다(창 3:5 "너희가 하나님과 같이 되리라"). 이것은 본래 하나님이 모든 것의 중심인데 이 자리에서부터 하나님을 추방하고 인간이 그 자리를 차지하고 모든 것의 중심이 되겠다는 것이다.

사탄의 말대로 아담과 하와가 선악과를 따서 먹음으로써 모든 관계에서 하나님중심주의는 파괴되었다. 인간이 하나님처럼 된다는 것은 단지 인간이 하나님의 자리로 높아진다는 것이 아니다. 인간이 하나님처럼 된다고 하는 것은 인간이 만물의 왕이 된다는 뜻이다. 그것을 위해 인간은 하나님을 만물의 중심의 자리에서 추방해야 한다. 한 나라에 두 왕이 있을 수 없다. 인간이 하나님처럼 된다는 것에는 인간이 하나님 옆에 나란히 서겠다고 하는 것이 아니라, 하나님을 그 자리에서 끌어 내려야만 한다고 하는 사실이 숨겨져 있다. 이것은 대역죄이며 내란죄이다. 사탄이 인간을 유혹할 때, 인간이 미처 깨닫지 못한 것이 바로 이 숨어있는 음모이다.

앞에서 살펴본 바와 같이, 하나님이 창조하신 세계는 하나님-인간-세계가 서로 연결되어 조화로운 관계를 이루고 있었다. 인간과 세계의 관계는 인간중심주의이고, 인간과 하나님의 관계는 하나님중심주의였다. 그리고 남자와 여자의 관계는 서로 부끄러워하지 않고 둘이 연합하여 한 몸을 이루는 아름다운 그림과 같은 원초적 합일의 상태였다. 이것이 타락하기 이전의 에덴동산의 모습이었다.

타락이후 이 본래적인 관계들은 파괴되었다. 인간이 하나님처럼 되고자 하는 것은 인간중심주의로 변질된 관계이며, 이것은 인간의 교만을 의미한다. 그리고 "선악을 안다"고 하는 것은 인간에게 유익하고 해로운 것을 인간 스스로 결정하겠다고 하는 자주성의 선언이며, 하나님 없이 하나님을 떠나 스스로 서고자 하는 독립성의 선언이다. 다시 말해서 인간이 스스로 선악을 결정하겠다고 하는 것은 자신에게 좋은 것은 선이고, 자신에게 나쁜 것은 악이라고 하는 자기중심적인 이기주의를 의미한다. 이러한 이기주의와 교만이 최초의 죄인데, 이기주의는 넓은 의미에서는 교만에 속한다. 그 이유는 하나님중심으로 선악을 결정하지 아니하고 자기중심적으로 결정하는 것 자체가 이미 그 속에 교만이 들어왔기 때문이다. 그 결과 하나님과 인간과 세계의 본래적인 관계는 파괴되고 말았다. 그러면 타락이후 하나님, 인간, 세계의 관계는 어떻게 변질되었는가?

첫째로, 하나님과 인간의 관계는 어떻게 되었는가? 선악과를 따먹은 후 인간은 하나님을 피하여 나무 뒤에 숨었다. 이것은 하나님 없이 하나님을 떠나 죄 된 현실 속에서 살려고 하는 인간의 모습이다. 요나는 하나님의 명령에 불순종하여 니느웨로 가지 않고 다시스로 가는 배를 탔다. 그는 양심의 괴로움 때문에 배 밑바닥으로 내려가서 어두움 가운데 숨었으며 자신이 처한 현실에 눈감고 잠을 자고 있었다. 이것이 하나님을 피해서 도망치는 인간의 죄 된 모습이다. 탕자는 아버지를 떠나서 먼 나라에 가서 허랑방탕하여 재산을 탕진하였다. 나중에는 먹을 것이 없어서 돼지를 치면서 돼지가 먹는 쥐엄 열매로 배를 채우고자 하되, 주는 자가 없었다. 이것이 하나님 없는 삶의 비참한 모습이다.

둘째로, 인간과 인간의 관계는 어떻게 되었는가? 벌거벗은 인간들은 서로 부끄러워하게 되었다. 그래서 무화과 나뭇잎으로 옷을 만들어 입었다. 의상심리학에서는 옷을 잘 입어야 한다고 말한다. 옷을 잘 입으면 심리적으로 안정되고 행동이 자연스럽고 태도가 자신감이 있게 된다. 사회적으로 성공하는 사람들은 옷을 잘 입는다고 하는데, 아마 이런 의상심리학의 연구는 어느 정도 일리가 있을 것이다. 그러나 옷을 잘 입는다고 하는 것은 무조건 비싼 옷이나 화려한 옷을 입는 것을 의미하지는 않을 것이다. 자신의 신분과 처지에 맞게 입는 것이 중요하지 분수에 지나치게 입는 것은 아무리 화려하게 입어도 결코 잘 입는 것이라고 할 수 없다. 그것은 십자가를 지고 그리스도의 뒤를 따르는 사도적인 삶과 거리가 있다. 분명 옷을 잘 입는다고 하는 것은 그 옷의 값에 의해서 좌우되는 것이 아니다. 옷은 입은 사람의 신분과 그 사람이 서 있는 자리에 조화되는가에 의해 판단되어야 한다. 인간이 옷을 입는다는 것은 신학적으로 인간이 죄인이라는 의미이다. 화려하고 사치한 옷을 입을수록 그만큼 가려야 할 죄가 크다는 의미이다. 경건한 사람은 이미 그리스도로 옷 입었기 때문에 화려한 옷보다는 단정하게 입는 것이 필요하다.

그뿐만 아니라 죄인인 인간들은 서로 자신의 책임을 전가하였다. 아담은 여자에게 여자는 뱀에게 죄의 책임을 전가하였으며, 아담은 여자뿐만 아니라 여자를 주신 하나님을 원망함으로써 그 죄를 배가하였다. 그러므로 하와보다 아담의 죄가 더 크다. 아담 스스로 하나님과 같이 되려고 선악과를 따먹기로 결단하였으면 죄의 책임도 스스로 져야 할 것이다. 자신의 책임을 남에게 전가할 수 없다.

죄지은 후 아담은 여자에게 하와라고 이름을 지어 줌으로써 남녀관계는 불평등관계가 되었다. 성서에서는 이름을 지음 받은 자가 이름 지어주는 자에게 복종하는 주종관계가 형성된다. 아담이 짐승들에게 이름을 지어주었고, 하나님이 아브람에게 아브라함이라는 이름을, 야곱에게 이스라엘이라는 이름을 지어 주었다.

셋째로, 인간과 자연의 관계는 어떻게 되었는가? 이제 인간은 고통스럽게 살아가야할 존재로 되었다. 여자는 해산의 고통을 더하게 되었고, 아담은 노동의 고통을 더하게 되었다. 노동은 본래 신성한 것이었다. 창세기 2장 15절에 대한 폰 라드(Von Rad)의 해석에 따르면 노동은 낙원에서도 인간에게 부과되었다. 아담은 에덴동산의 청지기로서 에덴동산을 관리하는 일을 하였다. 아담이 짐승들에게 이름을 지어줌으로써 모든 짐승들은 아담의 지배를 받아 질서 있게 살게 되었다. 이와 같이 노등은 본래 하나님이 주신 인간의 특권이요 소명(召命)으로서 고귀하고 신성한 가치를 지닌 것이며, 나아가서 인간은 노동을 통하여 자신의 삶을 창조해 나가고 그럼으로써 그의 삶을 기쁘게 살아갈 수 있게 된다.

> 인간이 옷을 입는다는 것은 신학적으로 인간이 죄인이라는 의미이다. 화려하고 사치한 옷을 입을수록 그만큼 가려야 할 죄가 크다는 의미이다. 경건한 사람은 이미 그리스도로 옷 입었기 때문에 화려한 옷보다는 단정하게 입는 것이 필요하다.

　　노동하지 않는 것이 편하고 좋은 것 같지만, 해야 할 일이 없는 것처럼 불행하고 고통스러운 것도 없다. 성서에서도 "누구든지 일하기 싫어하거든 먹지도 말라"(살후 3:10)고 하였고, "내 아버지께서 이제까지 일하시니 나도 일한다"(요 5:17)고 하였다. 이렇게 성서는 노동에 대해서 적극적인 태도를 가르치고 있다. 그런데 아담의 범죄 이후, 노동이 고통스럽기만 한 것으로 변질 되었다. 폰 라드는 타락이후 변질된 노동을 "노동이 생을 그다지도 고달프게 만들고, 노동이 실패, 헛수고, 그리고 완전히 좌절될 위험 속에 있으며, 노동의 실제 소득이 기울인 노력에 비하여 너무도 보잘 것 없다는 사실"이라고 하였다. 그러므로 기독교는 노동의 가치에 대해서 적극적이고 건전한 이해를 밝혀야 할 과제를 안고 있다.

인간은 본래 자연을 다스리고 지배해야 할 존재로 창조되었다. 그러나 타락 이후 인간은 자연을 착취하고 파괴하는 일에 앞장 서 왔다. 오늘날 지구가 처한 생태학적 위기는 이제 인류의 멸종이라고 하는 심각한 과제 앞에 직면하게 만들었다. 이 문제는 아무도 비켜 갈 수 없는 인류 공동의 숙명적 과제가 되었다. 이 문제 앞에서 우리는 어떻게 해야 할 것인가? 이것은 단지 추상적인 사고의 문제가 아니라 구체적인 행동으로 해결해야 할 문제이다. 교회가 대면하고 대결해야 할 과제이다. 그리고 이것은 타락한 인류의 공동적인 죄의 산물임이 분명해 보인다.

| 2 | 죄란 무엇인가?

1 죄의 정의

성서에 따르면 모든 인간은 죄인이다(롬 3:10). 그런데 성서적인 의미에서 죄는 하나님과의 관계에서 발생하며 하나님과의 관계에서 생각될 수 있는 개념이다. 죄는 하나님께 대한 죄요, 고로 종교적인 죄다. 그러면 죄란 무엇인가? 죄는 인간이 하나님께 대하여 악한 행위를 함으로써 발생한다. 악한 행위를 하면 죄의 법률적인 책임인 죄책과 도덕적인 부패성 즉 죄를 짓고자하는 경향성이 생기게 된다. 다시 말해서 악(evil)이 인간 안에 들어와서 악한 행위를 하게 되면, 그것이 죄다.

죄는 하나님께 대한 것인데, 여기에는 사람에게 대한 죄와 물질에 대한 죄도 포함된다. 예컨대 형제를 미워하는 것과 물질에 대한 과도한 욕심도 죄다. 형제를 미워하는 것과 욕심도 하나님의 뜻을 거역하는 것이기 때문에 결국 하나님께 대한 죄가 된다. 그리고 악은 인간 밖에도 있을 수 있지만, 죄는 인간 안에 있다.

2 죄의 기원

죄는 어디서 나왔는가? 악의 기원은 신학의 미스터리이지만, 죄의 기원은 명백하다. 악이 인간 안에 들어 온 것이 죄이기 때문에, 악을 인간 안에 들어오도록 허용한 것이 죄의 기원이다. 즉 인간이 자유의지를 잘못 사용한 것이 죄의 기원이다. 루터에 의하면 인간은 하나님께 복종할 자유만 있다. 하나님께 복종하지 않는 것은 자유가 아니라 자유의 남용이며 방종이다.

인간은 죄의 책임을 뱀에게 전가할 수 없다. 하와는 뱀에게 아담은 하와에게 책임을 전가하고자 했으나, 하나님은 그것을 용인하지 않았다. 죄의 책임은 죄인 자신에게 있다. 아담은 죄의 유혹이 왔을 때 그것을 물리쳤어야만했다. 왜냐하면 아담에게는 자유의지가 주어져 있었기 때문이다. 하나님은 감당할 수 있는 시험만 허락하시기 때문이다. 라인홀드 니이버(R. Niebuhr)에 의하면 스스로 악을 물리칠 힘이 있음에도 불구하고 악을 이기지 못한 것은 자신에 대한 과소평가의 죄(sin of omission)이다.

어떤 사람은 이렇게 질문한다. 하나님이 전지전능하시고 사랑의 하나님이라면, 인간이 타락할 것을 미리 알았을 것이다. 그런데 하나님은 왜 선악과를 만들어서 인간을 시험했는가? 선악과를 만들지 않았으면 타락을 하지 않았을 것이고, 인간의 고통도 없었을 것이 아닌가? 그렇다면 타락의 책임은 하나님에게 있는 것이 아닌가?

그렇다. 하나님은 인간이 타락할 가능성이 있다는 것을 알았다. 그러나 하나님은 인간이 타락하기를 원하지 않으신다. 그러면 하나님은 왜 타락 할 줄 알면서도 선악과를 만들었는가? 이것이 하나님의 창조의 신비이다. 하나님은 인간에게 자유의지를 주셨기 때문에 아담은 선악과를 따먹을 수도 있고 따먹지 않을 수도 있다. 만약에 하나님이 인간에게 자유의지를 주지 않으시고 무조건 하나님의 명령에 복종하는 존재로 창조하였다면, 선악과를 따먹을 수 없는 존재로 만들었다면, 그런 존재는 기계나 로봇과 같은 저열한 존재일 것이다. 하나님의 명령에 불순종할 수 있는 가능성이 있음에도 불구하고 인간에게 자유의지를 부여하심으로서 하나님은 인간을 고귀한 존재로 지으신 것이다. 그렇다면 우리는 하나님의 창조방식을 감사할 수 있을 뿐이다. 우리는 죄의 책임을 하나님께 전가할 수 없다. 이렇게 말해도 여전히 하나님을 원망하고 싶은 사람이 있다면, 그 사람은 서울대공원 원숭이 우리 안으로 들어가서 그렇게 말해야 한다. 그러나 그런 사람은 아무도 없다. 왜냐하면 자유가 좋기 때문이다. 자유가 좋고 그래서 그 자유를 마음껏 누리기를 원하면서 왜 그 자유를 주셨느냐고 원망한다면, 그것은 자가당착이 될 것이다. 그러므로 우리는 하나님이 인간에게 자유의지를 부여해 주신 것을 감사해야 한다. 존 웨슬리(J.

Wesley)에 의하면 타락한 이후에도 '선행적 은총'(prevenient grace)에 의해서 인간에게 자유의지가 부여되어 있으며 그 자유를 가지고 하나님의 은총을 받아들일 수 있게 되었다. 타락 이후에도 여전히 인간은 하나님의 특별한 관심과 사랑의 대상이 되는 고귀한 존재이다.

③ 죄의 본질

죄의 본질은 교만이다. 인간이 하나님과 같이 되고자 하는 것이 최초 인간의 죄임을 이미 상술하였다. 그것은 극형에 해당되는 대죄이다. 그리고 선악을 알게 된다고 하는 것은 나에게 좋으면 선이고 나에게 나쁘면 악이라고 하는 이기주의요, 자기중심주의라고 하였다. 인간의 이기주의와 교만은 죄의 본질이요 근본 뿌리이다. 다른 모든 죄들은 여기에서부터 파생된 것이다. 즉 하나님과의 관계의 파괴에서 인간관계의 파괴가 나오며 여기에서 자연과의 관계의 파괴가 나온다. 그러므로 우리는 끊임없이 자기중심주의를 극복하고, 하나님 중심주의로 돌아가야 한다. 그렇지 않으면 우리는 계속해서 죄의 결과인 죽음의 세력에 시달릴 수밖에 없다.

모든 신학자들은 교만을 죄의 본질로 보았다. 어거스틴은 교만이 죄의 본질이라고 하였고, 파스칼은 자기중심주의라고 하였다. 루터는 교만과 자기사랑이 죄의 본질이라고 보았으며, 존 웨슬리는 교만을 영적인 교만, 지적인 교만, 도덕적인 교만으로 구분하였다. 라인홀드 니이버도 교만을 죄의 본질이라고 하였는데, 교만을 4가지로 진술했다. 권력의 교만, 지적인 교만, 도덕적인 교만 및 영적인 교만이 그것이다. 웨슬리가 말한 세 가지에 권력의 교만을 더한 것이다.

4 죄의 결과

죄의 결과는 죽음이다. 그러면 죽음이란 무엇인가? 죽음은 생명의 반대말이다. 생명은 하나님이 창조하신 것이다. 생명은 하나님 자신 안에 있다. 하나님 자신이 생명이다. 예수 그리스도가 생명이다(요 14:6). 창조자 하나님은 생명의 근원이요 생명 자체이다. 그러므로 어떤 존재도 하나님 안에 있으면 생명이 있고, 하나님을 떠나면 생명이 없으며 죽을 수밖에 없다. 이것이 성서가 말하는 죽음이다. 육신의 생명이 있어도 하나님을 떠난 삶은 살았다 하는 이름은 있으나 실상은 죽은 것이다. 그리고 하나님 안에 있는 자는 육신의 생명이 사라져도 실상은 산자이다. 이것은 영적이고 신앙적인 이해이다. 아담이 범죄 한 이후에도 죽지 않고, 계속해서 생존한 것은 이러한 성서적인 죽음관에 따라서 이해해야 할 것이다. 하나님이 아담의 범죄에도 불구하고 그를 용서해서 살려주신 것이 아니다. 930년 이후에 찾아온 그의 육신의 죽음이 바로 하나님의 심판에 의한 죽음이라고 해석하는 것도 문제가 있다. 성서에서는 이런 해석을 지지하는 단서가 있지 않다. 육신의 생명은 유한한 것이기 때문에, 언젠가는 죽게 되어 있다. 아담이 범죄를 하지 않았더라도 육신의 생명은 언젠가는 죽어야 했다. 왜냐하면 지상의 모든 생명체는 다 죽기 때문이다. 그러므로 죄로 말미암은 죽음은 단지 육신의 죽음이 아니라, 보다 더 넓은 의미에서의 죽음으로 보아야 한다. 하나님의 생명으로부터 단절된 것 자체가 죽음이다. 하나님을 떠난 비본래적인 삶의 현실 즉 삶의 무의미성과 파괴성 자체가 죽음이라고 보아야 한다. 그리고 거기에는 온갖 죄 된 삶의 왜곡된 모습들이 자리하게 될 것이다.

실존철학에서도 이와 유사한 이해를 하고 있다. 실존주의 시인 라이너 마리아 릴케에 의하면 죽음에는 큰 죽음과 작은 죽음이 있다. 작은 죽음은 우리 생의 마지막에 경험하게 되는 육신적인 죽음이다. 큰 죽음은 지금 현재 우리의 실존 안에 들어와 있는 죽음에 대한 실존적인 의식과 체험이 큰 죽음이다. 죽음은 단지 우리의 목숨이 끝나게 되는 미래에 찾아오는 한 순간의 경험이 아니라, 지금 우리 삶을 지배하고 우리 삶을 규정하는 삶의 현실이다. 즉 죽음은 삶 속에 있는 것이다. 그러므로 죽음은 생물학적으로나 의학적으로만 규정할 수 없는 대단히 폭넓고 깊은 개념이다.

엘리자베스 퀴블러 로스는 자신의 저서 『사후생』[2]에서 우리에게는 결코 죽음이 없다고 한다. 그는 전 세계에서 약 25,000건의 임사체험 즉 죽었다가 다시 살아나는 사건을 경험한 사람들의 사례들을 연구하고 스스로 600여명의 임사체험자들을 직접 조사하여 공통적인 요소를 추출하였는데, 죽음이란 단지 육체의 생명이 끝나는 것일 뿐 나의 존재자체는 결코 죽지 않으며, 사후의 세계로 간다고 하였다. "우리가 과학적인 언어로 이해하려고 한다면 죽음이라 부를 수 있는 것이 실제로는 존재하지 않는다는 것을 확실하게 알고 있었다.

2) Elisabeth Kubler-Ross, On Life After Death; 『사후생』, 김준식 역, 대화출판사, 2003.

죽음은 나비가 고치를 벗어 던지는 것처럼 단지 육체를 벗어나는 것에 불과하다. 죽음은 당신이 계속해서 지각하고 이해하고 웃고 성숙할 수 있는 더 높은 의식 상태로의 변화일 뿐이다. 유일하게 잃어버린 것이 있다면 육체이다. 육체는 더 이상 필요하지 않기 때문이다. 마치 봄이 와서 겨울 코트를 벗어버리는 것과 같다… 사실상 이것이 죽음에 대한 모든 것이다."

성서에서도 하나님, 즉 아브라함의 하나님, 이삭의 하나님, 야곱의 하나님은 죽은자의 하나님이 아니라, 산자의 하나님이라고 하였다. 아브라함은 죽은 것이 아니라, 하나님의 품안에 살아 있다. 누가복음 16장 19절 이하에 따르면 부자와 나사로가 죽은 후에 나사로는 아브라함의 품안에 있고, 부자는 나사로의 손가락에 물 한 방울을 찍어 자신의 혀를 서늘하게 해 달라고 아브라함에게 간청하였다. 십자가에 달린 예수가 오른쪽 강도에게 네가 오늘 나와 함께 낙원에 있을 것이라고 하였다. 하나님의 성령 안에 있는 자에게는 죽음이 없고 단지 존재의 영역이 바뀔 뿐이다. "하나님 안에는 모든 사람이 살았느니라"(눅 20:38). 그 대신 하나님 밖에 있는 자는 육신의 목숨이 있다 해도 실상은 죽은 자이다. 살았다는 말은 있으나 실상은 죽은 것이다. 그러므로 생명과 죽음은 하나님 안에 있느냐 또는 밖에 있느냐에 의해서 결정되는 것이지, 육신의 생명에 의해서 결정되는 것이 아니다.

5 죄의 유전

아담의 죄는 곧 모든 인류의 죄이다. 아담 안에서 모든 인류는 죄인이 되었으며, 따라서 모든 인류는 아담과 함께 죄에 대한 연대책임을 지게 되었다. 이 최초인간의 범죄가 모든 인류에게 전달되는 것을 죄의 유전(transmission)이라고 하며, 모든 인류가 아담으로부터 물려받은 죄를 원죄라고 한다. 모든 인간은 태어나면서부터 가지고 나온 원죄 때문에, 죽을 수밖에 없는 죄의 자녀가 되고 하나님의 구원으로부터 멀어진 '버려진 자식'(the lost)이 되었다.

그런데 인간의 전적인 타락과 원죄의 유전을 동의하는 존 웨슬리에 의하면 예수 그리스도의 대속의 은총에 의해서 인간에게 주어진 선행적 은총으로 말미암아 모든 인간의 원죄의 죄책은 이미 제거되었으며, 따라서 인간이 태어날 때는 원죄의 죄책은 없고 부패성 즉 죄를 지을 수 있는 가능성만을 가지고 태어난다. 다만 인간은 부패성으로 인해 스스로 죄를 짓게 되면, 그때 비로소 자기가 지은 실제적인 죄(자범죄, actual sin)의 죄책에 의해서 죄인이 된다. 그러므로 어린아이는 죄가 없으며 당연히 구원받을 대상이다. 웨슬리는 예수 그리스도의 대속의 은총이 모든 인류에게 보편적으로 주어진 이 은총을 선행적 은총이라고 하였다. 선행적 은총에 의해 원죄의 죄책이 제거되었으며, 더 나아가서 하나님의 구원의 은혜에 응답할 수 있는 인간의 자유의지가 부분적으로 회복되었다. 인간은 전적으로 하나님의 은총에 의해서만 구원받을 수 있고, 동시에 하나님의 부르심에 응답할 뿐만 아니라, 은혜의 부르심 즉 복음도 전해야 하는 책임이 있다. 그러니까 우리가 복음을 전하면, 복음을 듣는 사람들은 선행적 은총에 의해서 회복된 자유의지를 가지고 복음을 받아들이기 때문에 아무도 선행적 은총으로부터 소외된 사람은 없다.

웨슬리의 선행적 은총론은 어린아이의 구원가능성을 확보하고 있는 점에서 대단히 유용한 이론이다. 선행적 은총의 개념은 성서에서는 찾아볼 수 없다. 어거스틴이 최초로 그 개념을 주장했으며, 칼 바르트도 사용하고 있다. 그러나 어거스틴이나 칼 바르트는 웨슬리처럼 선행적 은총론을 강력하고 명료하게 주장하지 않았다. 웨슬리는 선행적 은총을 구원의 과정의 중요한 한 단계로서 명백하게 주장하여, 그의 신학의 핵심적인 이론으로 확립하였다. 성서에서도 예수께서 어린아이의 내게 오는 것을 금하지 말라고 하였으며 어린아이와 같지 않으면 천국에 들어갈 수 없다고 하였다. 신명기 1장 39절에 따르면 여호수아와 갈렙을 제외하고는 출애굽한 모든 히브리인들이 광야에서 죽고 가나안 땅에 들어갈 수 없었으나, 출애굽 당시 20세 이하의 어린아이들에게는 불신의 죄와 상관없이 가나안 땅에 입주하는 것이 허락되었다. 이렇게 볼 때, 하나님께서 어린아이들에 대해서는 보편적인 죄의 책임을 묻지 않고 그들의 순수성과 결백을 인정하고 격려하고 있음을 알 수 있다. 따라서 이런 성서구절들은 웨슬리의 선행적 은총이론을 위한 참고구절이 될 수 있다.

지금까지 타락한 인간의 죄악 된 본성이 무엇인지 고찰하였다. 다음 절에서는 성서의 인간이해에서 가장 중요한 개념인 "하나님의 형상"에 대해서 살펴보고자 한다. 이것은 성서에서 뿐만 아니라 지금까지 알려진 인간이해 가운데 가장 깊은 인간이해라고 할 수 있다. 그리하여 인간이 무엇인지 더 깊이 인식해 갈 것이다.

┃ 3 ┃ 하나님의 형상

🔟 본성론적 해석

A.D. 2세기의 교부신학자 이레네우스(Irenaeus)는 창세기 1장 26절에서 하나님의 형상(image)과 모양(likeness)을 서로 다른 것으로 보았다. 형상은 자연적인 것으로서 인간이 가진 영혼, 이성, 그리고 자유의지 등이요, 모양은 초자연적인 것으로서 하나님의 영을 의미한다고 보았다. 이레네우스에 의하면 인간의 타락으로 하나님의 모양은 상실하였으나, 하나님의 형상은 존속한다. 그러므로 그는 타락한 인간은 하나님의 영을 잃어버렸지만 이성을 가지고 있기 때문에, 이성을 계발하면 구원의 가능성이 있다고 하였다. 여기에서 철학자의 구원 가능성이 주장되었다. 그리하여 가톨릭교회는 소크라테스나 공자와 같은 철학자들이 구원받을 수 있다고 주장하게 되었다. 이 이론은 자연과 초자연을 분리한 이원론이며, 더 나아가서 그리스도 밖에 있는 구원의 길을 제시함으로써 예수 그리스도의 유일 절대성을 훼손하였고 인간의 전적인 타락의 교리와 배치된다.

종교개혁자 마틴 루터는 이레네우스의 이원론을 극복하여 하나님의 형상을 자연과 초자연으로 나누지 아니하고, 인간을 전체적으로(whole man) 보았다. 루터에 의하면 형상과 모양은 두개의 다른 낱말이지만, 하나의 뜻을 나타내는 보완적 단어들이다. 그는 창세기 주석에서 하나님의 형상에 대한 신학적 해석을 하였는데, 하나님의 형상은 하나님에 대한 인간의 올바른 관계이다. 아담은 하나님을 알았고, 경건한 삶을 살았고, 죽음에의 두려움도 없었고, 위험도 느끼지 않았고, 하나님이 기뻐하시는 일을 할 수 있었다. 그러나 이것은 타락 가운데 상실되었다. 루터는 죄인 된 인간이 구원의 능력을 상실하였으며, 그 결과 '오직 믿음으로만 의롭게 된다'(Justification by faith)고 주장하였다. 루터는 이레네우스의 이원론을 극복하고자 하나님의 형상을 단일론적으로 보았다. 그러나 이원론으로 빠질 위험성이 여전히 내포되어 있는 것을 간파한 그는 하나님의 형상을 공적 형상과 사적 형상으로 나누었다. 루터에 의하면 공적 형상은 땅에 대한 인간의 지배를 의미하며, 범죄 후에도 남아 있다. 그리고 이 잔재는 회복될 가능성이 있는 것이다. 사적 형상은 선함과 의로움으로서 범죄 후 상실되었다.

현대신학자 에밀 브룬너(Emil Brunner)는 하나님의 형상을 내용과 형식으로 나누었다. 브룬너는 인간이 인간의 타락으로 그 형상의 내용을 상실하였으나, 그 형식을 보유하고 있으며, 또 하나님의 형상의 형식으로서 주체성과 이성을 가지고 있는 것으로 보았다. 그래서 형식에 있어서는 인간은 타락 이후에도 여전히 하나님과 일치점을 가지고 있다. 인간은 주체적인 존재로서 윤리적 책임성을 가지며, 이성적인 존재로서 언어능력을 가지고 있다. 이러한 능력은 그 자체로서 구원에 이르게 할 수는 없지만, 하나님의 구원의 은혜에 접촉할 수 있는 인간의 접촉점(point of contact)이 된다. 인간은 양심을 가지고서 죄가 무엇인지 안다. 만약 이러한 접촉점이 없다면, 어느 누구도 회개하고 복음을 믿으라는 말을 이해할 수 없을 것이다. 그러므로 브룬너에 의하면 자연인도 죄가 무엇인지 알고 회개할 수 있는 만큼, 자연인은 어느 정도 이미 하나님을 알고 있다. 그러나 접촉점은 형식적이고, 내용적인 접촉점은 없다. 즉 그는 인간의 타락을 주장하였다.

에밀 브룬너의 해석은 하나님의 계시를 받아들일 수 있는 인간의 능력을 확보하기 위한 것이다.[3] 윤리적 책임성과 언어능력이

> 브룬너는 인간이 인간의 타락으로 그 형상의 내용을 상실하였으나, 그 형식을 보유하고 있으며, 또 하나님의 형상의 형식으로서 주체성과 이성을 가지고 있는 것으로 보았다. 그래서 형식에 있어서는 인간은 타락 이후에도 여전히 하나님과 일치점을 가지고 있다.

없다면, 인간은 하나님의 말씀을 들을 수도 없으며, 들어도, 깨닫고, 회개할 수 없다. 그런데 여기에서 경계해야 할 부분이 있다. 하나님께서는 인간의 능력을 사용함으로써 하나님을 알게 하는 것이 사실이지만 책임성과 언어능력 자체가 하나님을 알게 할 수는 없는 것이다. 왜냐하면 자연인이 아는 죄는 인간에 대한 죄이고, 자연인의 회개는 인간에 대한 회개이지, 결코 하나님에 대한 것이 아니기 때문이다. 인간이 어떻게 알지 못하는 하나님에 대하여 죄책감을 가지고 회개할 수 있는가? 만약에 그 회개가 하나님에 의해서 인정된 회개라면, 그 회개는 이미 하나님의 성령에 의해 감동된 회개이다. 하나님의 성령에 의해 감동된 양심만이 하나님께 대한 죄를 회개할 수가 있다. 이런 점에서 하나님에 대한 회개와 믿음은 이미 성령의 감동과 은혜가 없이는 불가능하다. 하나님이 인간의 이성을 사용한다고 하더라도, 인간의 이성으로 하나님을 알 수 없다. 오

---

3) 존 웨슬리는 복음을 받아들일 수 있는 자유의지가 인간에게 있다고 함으로써 브룬너와 비슷한 주장을 한다. 그러나 웨슬리의 경우 이 자유의지는 선행적 은총에 의해서 회복된 것이므로 브룬너와 입장이 다르다.

히려 하나님의 성령으로 감동을 받은 이성 즉 계시의 빛에 의해서 조명된 이성만이 하나님을 인식할 수 있다. 따라서 브룬너의 해석의 한계는 하나님과 인간의 질적 차이에 대한 구별이 미흡한데서 기인한다. 그리고 브룬너의 해석은 성서적 근거를 제대로 제시하지 못하고 있다. 브룬너의 주장은 인간의 전적인 타락을 강조하는 개신교회의 전통과 그 입장을 달리하고 있다.

2 기능적 해석

지금까지 하나님의 형상에 대해서 제기된 해석들은 본성론적 해석 또는 존재론적 해석이라고 할 수 있다. 즉 이 해석은 인간의 본성을 하나님의 형상을 그 안에 지니고 있는 것으로 이해한다. 이와 달리 구약성서에 대한 고고학적 연구에 따르면 하나님의 형상은 인간의 내면적인 본성이라기보다는 하나님과 인간과 세계의 관계에서 이해되어야 하는 인간의 기능으로 해석된다. 이것은 기능적 해석 또는 관계론적 해석이다. 현대 구약학자들이 주로 이 입장을 대변하고 있다.

고대 근동(Ancient Near East)에서는 왕을 하나님의 형상이라고 하였다. 이집트에서는 바로(Pharaoh) 왕을 땅위에 살고 있는 하나님의 형상이라고 생각했으며, 이 땅을 평화롭게 다스리게 하기 위해서 그를 왕으로 세웠다고 하였다.4)

---

4) B.C. 14세기경에 만들어진 돌비에는 태양신 라(Ra)신이 당시의 바로왕 아멘호텝 3세(Amenhoteph III)에게 내린 신탁이 기록되어 있다. "너는 나의 형상이다. 이 땅을 평화롭게 다스리게 하기 위해서 내가 너를 왕으로 세웠다."

바빌로니아에서는 왕의 형상들을 세워 백성들로 하여금 절하게 하였는데, 이 것은 광대한 제국을 효과적으로 다스리기 위한 통치술의 일환이었다. 왕의 동 상을 전국 각지에 세워 절하게 하는 것은 교통과 통신이 발달하기 전에 중앙 의 왕권을 지방에까지 확립하기 위한 통치의 기술이었으며 지금도 미개한 나 라에서 사용하고 있는 방법이다. 이렇게 왕 한사람에게 독점된 하나님의 형상 의 관념이 성서에서는 전혀 다른 의미로 사용되고 있다고 하는 것이 대단히 이 채롭다. 고대근동의 이해와 성서의 이해의 차이를 도식화하면 다음과 같다.

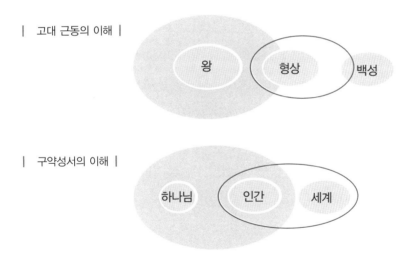

고대 근동 세계에서와 달리, 성서에서는 왕이 아니라 인간이 하나님의 형상 으로 만물 위에 세워졌다. 인간은 다른 피조물을 능가하는 위엄을 가진 존재 가 되었다. 그리하여 인간은 이 세계에서 하나님의 대리자로서 만물을 다스리 게 되었다. "그를 하나님보다 조금 못하게 하시고 영화와 존귀로 관을 씌우셨

나이다"(시 8:5). "하나님이 그들에게 복을 주시며 하나님이 그들에게 이르시되 생육하고 번성하여 땅에 충만하라. 땅을 정복하라. 바다의 물고기와 하늘의 새와 땅에 움직이는 모든 생물을 다스리라 하시니라"(창 1:28). 그러므로 고대 문명과 성서의 사상은 그 구조에 있어서는 유사하지만, 그 내용에 있어서는 아주 다르다. 고대 근동 문명과 성서의 사상을 비교하면, 고대 근동에서는 왕 한 사람만이 하나님의 형상이고, 모든 백성을 다스리는 유일한 지배자였으나, 성서에서는 하나님이 왕이다. 그리고 모든 인간이 하나님의 형상이기 때문에, 왕에게 독점되었던 신적인 영광과 지배권이 모든 사람들에게 평등하게 나누어짐으로써 성서에서 인간은 왕적 존재가(royal figure) 되었다. 그처럼 고대 근동에서는 왕 한 사람이 모든 사람들을 지배하였으나(Royal ideology) 성서에서는 하나님의 형상인 사람은 이 세계를 다스리는 왕으로서 세워졌다. 이것은 인간의 존엄성과 고귀성을 나타내는 사상이요, 만민의 평등을 나타내는 민주적인 사상이다. 여기에 인권의 고귀성을 주장할 근거가 놓여 있다.

더 나아가서, 인간은 만물의 왕으로서 이 세계를 질서 있게 다스리고 조화롭게 보존해야 할 책임이 있다. 하나님이 이 세계를 다스리고 정복하라고 명하신 것은 악한 왕이 착취하고 파괴하는 것 같은 소극적인 통치를 의미하는 것이 아니다. 오히려 그것은 선한 왕이 잘 보존하고 지키는 것과 같이 이 세계를 적극적으로 유지 보존해야 할 의무가 부과되어 있는 것으로 보아야 한다. 오늘날 자연 파괴와 생태학적 위기의 현실은 지금까지 인간의 이기적인 탐욕이 자연을 학대한 결과이며, 그것이 초래하는 재앙에 대한 책임은 전적으로 인간에게 있다. 이제 인류는 그 생존이 위협받는 자연적 재앙에 직면하였다. 다만 그 재앙이 천천히 다가오기 때문에 감지하기가 어려울 뿐이다. 그러나 지구온 난화로 인한 이상기후와 홍수, 가뭄, 태풍, 해일, 해수면 상승, 오존층 파괴 등 은 이제 자연 파괴의 문제가 우리 눈앞에 직접적으로 닥쳐왔다는 것을 가르쳐 주고 있다. 하나님—인간—세계의 관계에서 하나님의 대리자로서 이 세계의 책 임적 통치자로서 인간이 가져야 하는 온전한 기능이 바로 하나님의 형상으로 서 인간의 진정한 모습이다. 그리고 여기에서 성서가 주는 메시지에 귀를 기 울이는 것만이 인류가 자연 파괴와 생태학적 위기를 해결하고 생존해 갈 수 있 는 유일한 대안이 될 것이다.

3 성령론적 해석

지금까지 하나님의 형상을 본성론적 해석과 기능적 해석으로 나누어서 살 펴보았다. 그런데 인간의 전적 타락으로 말미암아 인간의 내면에 있는 본성이 나 능력을 하나님의 형상으로 볼 수 없다는 것이 종교개혁의 입장이다. 이와 유사한 입장에 있는 구약신학자들의 관계론적 해석은 고고학적 연구결과에 기 초하여 설득력이 있으며, 우리에게 하나의 중요한 교훈을 준다. 그런데 기능 적 해석은 분명한 한계를 가지고 있다. 이 해석은 이 세계에 대한 인간의 통치 권만 이야기 할 수 있을 뿐 하나님의 형상과 인간의 타락과의 관계에 대해서 해명해 주지 못하며, 또 어떻게 우리가 본래적인 인간의 형상을 회복할 수 있 으며 바람직한 하나님의 형상으로서 살게 되는가에 대해 아무런 암시도 주지 않는다. 그러므로 여기에서 더 적합한 해석이 필요하다. 필자의 생각으로는 성

령론적 해석이 하나님의 형상에 대한 가장 바람직한 이해를 제시할 것이다.

창세기 1장 26절에 따르면 다른 모든 만물은 하나님께서 말씀으로 지었는데, 인간을 만들 때에만 하나님의 형상으로 지었다. 그리고 창세기 2장 7절에 따르면 하나님이 흙으로 사람을 지으시고 생기를 그 코에 불어넣으시니 사람이 생령이 되었다. 창세기 1장과 2장을 대조하면 인간에게만 고유하게 부여된 특별한 것이 있으니, 곧 하나님의 형상과 생기이다. 따라서 하나님께서 인간에게 특별히 부여하신 것은 하나님의 영 곧 하나님의 생기라고 할 수 있다. 인간이 하나님의 형상으로서 올바르게 만물을 다스리고 본래적인 인간의 지위를 확보하는 것은 하나님의 성령으로 말미암는 것이다.

최초의 인간은 에덴동산에서 하나님의 청지기로서 만물을 올바르게 다스렸다. 창세기 2장 19절 이하에 따르면 하나님이 지으신 들짐승과 새들을 아담에게로 이끌어 가시니, 아담이 각 생물을 일컫는 바가 곧 그들의 이름이 되었다. 여기에 두 가지 의미가 있다. 첫째로, 아담이 짐승들과 새들에게 이름을 지어주었다고 하는 것은 인간과 짐승들이 주종관계, 지배와 복종의 관계를 맺고 있다. 구약에서 이름을 지어주는 자와 이름 지음 받는 자는 주종관계가 형성된다. 아브람이 아브라함으로, 사래가 사라로, 야곱이 이스라엘로 바뀌면서 하나님의 선택된 인간으로서 하나님께 절대적이고 의타적인 복종을 해야 하는 새로운 관계가 형성되었다. 아담은 짐승들에게 이름을 지어줌으로써, 아담은 하나님의 형상으로서 만물을 잘 다스리고 지배했음을 의미한다. 둘째로, 아담은 수많은 짐승들과 새들에게 각각 서로 다른 이름을 지어주었는데, 서로 혼동되지 아니하였다. 이것은 아담이 비상한 지혜와 기억력을 소유하였음을 암시한다. 아담은 하나님의 영으로 충만했기 때문에, 만물들에게 이름을 지어주어 질서적으로 존재하도록 할 수 있었다.

더 나아가서 최초의 인간은 죽지 않는 존재로 지음 받았다. 하나님께서 아담에게 금지된 열매를 먹으면 죽으리라고 경고한 것은 하나님의 영을 받은 아담이 죽지 않는 존재로 지음 받았음을 의미한다. 그러나 창 3:22에서 인간의 범죄 후 하나님은 사람이 생명나무의 실과를 먹고 영생할까 하여 화염검으로 생명나무의 길을 지키게 하였다. 이것은 범죄 후 인간이 하나님의 말씀대로 죽을 수밖에 없는 존재로 변화된 것을 말한다. 그러므로 생명나무의 길을 막을 수밖에 없었다.

지금까지 논의해 온 것을 요약하자면, 하나님의 형상은 인간에게만 주어진 하나님과 인간의 특별한 관계나 유사성(resemblance) 내지는 공통적인 요소라고 할 수 있다. 성서에 따르면 이것은 하나님의 영 곧 성령을 의미한다. 인간은 영적인 존재이므로, 인간의 영은 하나님을 사모한다. 인간이 하나님을 사모한다고 하는 것 자체가 인간이 영을 가지고 있다는 증거이다. 최초의 인간은 본래 에덴동산에서 죄 없는 순진무구한 상태에 있었으며, 죽음을 모르며, 지혜가 충만한 삶을 살았다.

지금까지의 논의를 기초로 하여 우리는 인간이 영(spirit)과 혼(soul)과 몸(body) 3요소로 구성되어 있다고 설명할 수 있다(살전 5:23). 인간의 영은 하나님과 공통적인 부분이다. 하나님도 영이고(요 4:24), 인간도 영이다. 이것은 하나님과 인간의 상응관계 (correspondence)와 공동성을 말한다. 하나님과 인간은 본래 서로 상관관계가 있다. 하나님은 인간의 창조자요, 인간은 하나님의 피조물이다. 그런데 하나님의 피조물 가운데서도 인간에게만 하나님과 특별한 관계를 맺을 수 있도록 허락되었는데, 그러한 하나님과의 관계성을 나타내는 관념이 하나님의 형상이요 이 관계의 내용이 하나님의 영이다. 인간의 영은 하나님의 영을 담을 수 있는 그릇이 된다고 상징적으로 표현할 수 있다. 즉 하나님의 형상과 하나님의 영은 하나님이 인간에게 부여하시는 하나님의 은사이다. 하나님의 은혜로 인간은 감히 하나님을 닮았다고 생각할 수 있는 특권이 부여된 것이다. 이것은 하나님의 은혜이며, 또한 하나님의 창조 형식이다.

그러나 하나님을 닮았다고 하는 것은 어디까지나 제한된 의미에서 이해되어야 한다. 인간이 하나님과 닮았다고 하는 것은 외형이나 본질에 있어서 닮았다는 것을 말하는 것이 아니다. 왜냐하면 하나님은 무한자이고 인간은 유한자이며, 따라서 하나님과 인간 사이에는 질적인 차이가 있기 때문이다. 그러면 무엇이 닮았다는 말인가? 칼 바르트는 이것을 관계 유비(analogia relationis)라고 말했다. 하나님과 인간이 질적으로 닮아서 인간이 신성을 가지고 있다는 의미가 아니라, 하나님과 인간의 관계가 닮았다고 하는 뜻이다. 하나님의 삼위일체 안에서의 내적 관계와 예수 그리스도 안에서 하나님과 인간의 사랑의 관계가 서로 닮았다고 하는 것이다.

아담은 본래 하나님의 영을 담을 수 있는 그릇이 되었고, 그의 영은 성령으로 가득 찼다. 그런데 아담이 범죄함으로써 그의 영은 빈 그릇이 되었고, 하나님은 아담으로부터 성령을 거두어갔다. 타락이후 창세기 6장 3절에 따르면 하나님께서는 "나의 영이 영원히 사람과 함께 하지 아니하리니 이는 그들이 육신이 됨이라"고 하였다. 생령이 변하여 육신이 된 것이다. 본래 하나님의 영으로 충만했던 인간이 범죄 이후에 육신으로 변질됨으로써 아담의 후손들은 태어나면서부터 성령박약아 또는 영혼기형아로 태어나게 되었다. 그래서 인간은 영적인 무지에 빠져서 하나님과 성령을 알지 못하고, 영혼이 있는지도 깨닫지 못하고 살아가게 되었다. 하나님의 영을 잃어버린 인간은 죄와 질병과 저주의 고통 가운데서 살아가게 되었다. 그런데 이 하나님의 영이 회복될 수 있는 길은 인간에게 제시되었다.

요한복음 3장 1절 이하에서 예수는 니고데모에게 물과 성령으로 거듭나는 사람은 누구든지 하나님의 나라에 들어갈 수 있다고 하였다. 그리고 예수 그리스도를 믿으면 영생을 얻는다고 가르쳤다(요 3:16). 사도 바울은 성령으로 말미암지 않으면 예수를 주시라 할 수 없다고 하였다(고전 12:3). 성령으로 말미암아 예수 그리스도를 믿으면, 영생을 얻으며, 하나님의 나라에 들어가게 되며, 하나님의 자녀가 되는 이것이 바로 하나님의 형상의 회복의 길이다. 타락으로 말미암아 상실한 하나님의 형상을 예수가 우리에게 한량없이 부어주시는 성령을 받으므로 회복할 수 있게 된 것이다. 죄인 된 아담이 자기의 손으로는 따먹을 수 없었던 생명나무의 실과를 예수 그리스도 안에서 성령을 통해서 얻게 된 것이다. 이것은 구원받은 자에게 주시는 특권이고, 바로 복음의 길이다.

하나님의 형상에 대한 성령론적 해석을 돕는 성경의 2가지 사건을 대조해 보자. 먼저 창세기 11장에 나오는 바벨탑 사건을 살펴보면 노아의 홍수 이후 살아남은 사람들은 시날평지에서 하늘에 닿는 높은 탑을 쌓기 시작하였다. 그 목적은 그들의 이름을 알리고 사방으로 흩어지는 것을 막는 것(창 11:4)이었다. 여기에 타락하여 하나님의 형상을 상실로 인해 심히 부패한 인간의 현실이 적나라하게 드러났다. 그들은 교만하여 스스로 자신의 이름을 내어 하나님의 영광을 차지하고자 했다. 하나님을 떠나 스스로 이름을 내겠다고 하는 것이 원죄의 본질인 교만이다. 그리고 그들은 하나님의 말씀에 불순종하였다. "생육하고 번성하여 땅에 충만하라, 땅을 정복하라"는 적극적인 삶의 자세를 가르쳐 주는 창세기 1장 28절과는 달리, 그들은 겨우 온 지면에 흩어짐만을 면하려고 하는 소극적이고 폐쇄적인 삶, 왜곡된 자기중심적인 삶의 자세를 보여준다. 이것이 타락한 인간의 모습이다.

하나님은 그들의 언어를 혼잡하게 하심으로써 그들을 온 지면에 흩으셨다(창 11:9). 오늘날도 인간은 문명의 바벨탑을 쌓고 있다. 수십 층의 아파트에는 수십 가구의 사람들이 한 엘리베이터를 타고 다니면서 살고 있어도 서로 얼굴도 모르고 살고 있으며, 30cm의 벽을 사이에 두고 살고 있어도 이름도 모르는 채 살아가고 있다. 오늘날 거의 모든 사람들은 핸드폰으로 많은 통화를 하면서 바쁘게 길을 걸어가고 편리하게 살아간다. 우리 현대인은 이렇게 통화를 많이 하는 만큼 마음을 열고 자신을 개방하고 진정한 대화를 하면서 살아가고 있는가? 통화는 많으나 대화는 사라져가고 있는 것은 아닌가? 인터넷 채팅을 하면서도 가족 간 세대 간의 대화단절은 더욱 더 심각해져가고 있지 않은가? 타락한 인간은 스스로 자신을 폐쇄시켰다. 그 결과 인간들은 그들 스스로 그들 사이에서 진정한 소통을 나눌 수 없게 되었다. 이것이 죄의 결과이다.

그런데 사도행전 2장에서 우리는 한 희망을 발견할 수 있다. 오순절 사건의 기록에 따르면 바람과 불의 형상으로 성령이 강림하여 저희가 성령의 충만함을 받았을 때, 다른 방언으로 말하기를 시작하였다. 그리고 그들이 방언 말하는 것을 15개 지역에서 왔던 사람들이 각각 자기들의 말로 알아들었기 때문에, 그들은 크게 놀랐다. 하나님께서 바벨탑 사건에서 혼잡하게 하였

오늘날 거의 모든 사람들은 핸드폰으로 많은 통화를 하면서 바쁘게 길을 걸어가고 편리하게 살아간다. 우리 현대인은 이렇게 통화를 많이 하는 만큼 마음을 열고 자신을 개방하고 진정한 대화를 하면서 살아가고 있는가? 통화는 많으나 대화는 사라져가고 있는 것은 아닌가?

던 언어가 오순절 성령 강림에 의해서 다시 회복되었고, 인간들 사이에서 참다운 소통이 다시 가능해졌다. 이 역사적 사건은 인간의 죄악으로 말미암아 파괴된 하나님과 인간의 관계 및 인간과 인간의 관계가 성령으로 회복된다고 하는 상징적인 사건이다. 오늘날 문명의 이기적 발달로 인해 더욱 더 단절되고 있는 대화를 회복할 길은 무엇인가? 심지어 대화의 단절로 가족 상호 간에 씻을 수 없는 상처를 줌으로써 가정이 해체되는 비극이 오늘 전 지구적인 현실로 되어가고 있다. 이 비극적인 문제를 해결할 길은 어디에 있는가? 누가 이 단절된 언어를 회복할 수 있는가? 오직 성령밖에 다른 길이 없다고 하는 것이 성서가 제시하는 해답이다.

인간 안에 있는 하나님의 형상이 죄악으로 말미암아 훼손되었다가 성령을 통해 정상화된 점은 창세기 11장과 사도행전 2장의 비교를 통해서 극적으로 드러났다. 물과 성령으로 거듭난 자는 하나님의 형상 곧 하나님의 영의 사람이 되었으므로 죽음을 이기고 영원한 하나님의 생명에 참여하게 된다. 성령의 사람이야말로 진정한 인간관계를 회복할 수 있게 되며, 하나님의 백성으로서

의 진정한 모습을 회복하여 하나님의 나라를 성취할 수 있게 될 것이다.

　요약하자면, 1절에서는 성서에 나타난 인간이해를 하나님-인간-세계의 관계 안에서 살펴보았다. 그리고 2절에서는 본래 창조된 인간이 어떻게 타락한 죄인이 되었는지 그리고 그 죄의 본질이 무엇인지 고찰하였으며 마지막 3절에서는 성서적 인간이해의 중심개념인 "하나님의 형상"에 대한 여러 가지 해석을 통해서 인간의 본질이 무엇인지를 생각해 보았다. 인간은 하나님의 피조물로서, 하나님과의 관계에서 자신의 진정한(real) 모습을 정확하게 이해하게 되고 참다운(authentic) 인간으로서 살아갈 수 있을 것이다. 인간이 죄로 말미암아 상실한 하나님의 형상을 회복하는 것이 구원이다. 다음 장에서는 구원이 무엇인지, 어떻게 구원에 이르게 될 수 있는지 등 기독교의 구원이해를 고찰하고자 한다.

＊＊＊

7 장

구원이란 무엇인가?

☐ 예수 그리스도는 누구인가?

☐ 구원의 단계

☐ 성화

7장

구원이란 무엇인가?

하나님은 인간을 그의 형상으로 창조하였다. 하나님과 세계의 중간 위치에 있는 인간은 하나님의 대리자로서 이 세계를 다스리는 청지기로 세워졌다. 그런데 죄를 지어 하나님과의 바른 관계를 깨뜨린 인간은 비본래적이고, 바람직하지 않은 삶을 살게 되었다. 여기에서 인간의 구원이 요청된다. 인간을 구원하기 위해 하나님은 자신의 아들 예수를 세상에 보내었으며, 죄를 우리는 이 예수를 통해서 하나님과 화해하고 친교하는 본래적인 관계를 회복할 수 있다. 이것이 구원이다. 우리는 그리스도를 통하여 성령의 능력으로 참다운 모습을 회복하는 구원에 이를 수 있다.

| 1 | 예수 그리스도는 누구인가 : 예수 그리스도 사건

앞 장에서 우리는 하나님이 누구인지를 살펴보았다. 여기서 우리는 삼위일체의 제 2위이신 예수 그리스도가 누구인지 살펴볼 필요가 있다. 왜냐하면 그분이 우리의 구원자이기 때문이다. 성서가 말하는 예수의 생애를 살펴보면, 그가 누구인지 그가 우리의 구원을 위해서 무엇을 했는지 알게 될 것이다.

■ 동정녀 탄생

B.C. 6년경(또는 4년경) 예수는 베들레헴에서 요셉의 약혼녀 마리아에게서 태어났다. 성서에 따르면 마리아는 처녀였고, 예수는 성령에 의해 잉태되었다. 동정녀 탄생은 과학적으로 설명될 수 없는 기적의 사건이다. 우리는 마리아와 요셉과 마태복음과 누가복음과 요한복음의 증거들을 통해서 동정녀 탄생의 이야기를 신앙으로 이해할 수 있을 뿐이다.

그의 탄생은 말씀의 성육신이요, 창조자 하나님의 말씀으로서 이 말씀은 태초에 무로부터 세계를 창조하신 창조자다. 그러므로 무로부터 유를 창조하신 분의 능력이 동정녀로 하여금 하나님의 아들을 잉태하게 한 것은 논리적인 정합성(consistency)이 있다. 구약에서 창조자 하나님이 무로부터 천지를 창조하신 것과 신약에서 구원자 하나님이 무로부터 탄생하신 것은 서로 조화로운 병렬(parallel)이다. 무로부터의 창조자가 왜 무로부터의 탄생을 일으킬 수 없겠는

가. 동정녀 탄생은 예수 그리스도의 신성(divinity)을 증거해 주는 사건이다.

2 세례

세례를 받음으로써 예수의 공생애가 시작된다. 세례는 메시아적 사역의 시작이다. 예수가 세례를 받고 물위로 올라올 때, 하늘이 갈라지고 성령이 비둘기같이 임재 하였으며, 하늘에서 "너는 내 사랑하는 아들이라"는 소리가 들렸다. 이것은 예수에 대한 메시아 선포인 동시에 자신이 하나님의 아들 야훼의 종이라고 하는 메시아 자각의 사건이다. 그 이후 그의 공생애 기간 동안 예수는 자신을 메시아로서 인식하고 메시아로서 사역했다. 따라서 세례사건은 예수의 메시아 인식이 명료화된 그리하여 메시아로서의 사역을 시작하게 된 계기였다.

세례를 받고 물위로 올라오는 예수에게 하늘에서 성부의 음성이 들리고 성령이 비둘기같이 내려오는 이 사건은 성부, 성자, 성령이 인류구원의 역사를 개시하시는 사건으로서 의미심장하다. 삼위 하나님이 특정한 공간에 동시에 임재하는 이 사건은 천지창조에 비견되는 보기 드문 일이다.

예수가 요단강에서 세례 받은 사건은 지나간 2,000년간 교회 안에서 일어나고 있는 모든 그리스도인들이 받는 물세례의 근거가 된다. 그리스도인은 그리스도를 따르는 자(follower)이다. 그리스도가 세례를 받았으므로 그리스도인도 세례 받는다. 초대교회부터 모든 그리스도인들은 세례를 받음으로써 기독교공동체의 회원이 되는 입회식을 치렀다. 내적인 신앙의 외적인 표현이 세례이다. 세례는 과거의 죄악된 존재는 죽었고, 그리스도 안에서 새로운 존재로 태어났음을 증거하는 거룩한 의식이다.

예수의 세례에는 물세례와 성령세례는 결합되어 있다. 예수는 물세례 받으면서 동시에 성령세례를 받았다. 예수에게 물세례와 성령세례는 분리되지 않았다. 예수는 성령세례를 주는 분이다. 아버지로부터 나오는 성령을 받아 우리에게 부어주시는 분이다. 예수는 성령세례의 주체이다. 그리고 예수는 성령세례 받는 분이다. 물세례 받을 때, 예수는 성령세례 받았으며 성령 충만한 상태에서 광야로 나가 사탄의 시험을 이겼다. 그러므로 물세례와 성령세례는 분리되면 안 된다. 초대교회에서 물세례와 성령세례는 강력하게 결속되어 있었다. 그러다가 기독교가 국교가 되자, 사회적 이익을 바라고 개종하는 사람들이 신앙이 없는 채로 세례를 받는 경우가 생겼다. 그리고 유아세례가 시행됨으로써 신앙 없는 유아들이 세례를 받았다. 이리하여 물세례와 성령세례가 분리되었다. 기독교 부흥운동은 분리된 물세례와 성령세례를 결합해 가는 과정이라고 할 수 있다. 특히 20세기의 오순절운동은 성령세례가 회복된 대부흥을 가져왔다.

3 시험받으심

예수는 세례 받은 후 성령이 충만한 상태에서 광야로 가서 40일간 금식하였으며, 금식이 끝난 후 사탄의 시험을 받았다. 첫째, 아담은 사탄의 시험을 이기지 못하고 실패하였다. 그러나 둘째, 아담 예수도 시험을 당했으나, 시험에 들지 아니하고, 시험을 이기고 승리하여 첫째 아담의 실패를 극복하였다. 그는 시험을 이긴 다음부터 복음을 전함으로써 모든 인간을 위한 구원사역을 시작하였다. 예수가 사탄의 시험을 이기지 못했다면, 그는 인류구원의 대업을 시작하지도 못했을 것이다. 그러니까 한 번의 시험을 통과하느냐 마느냐 하는 것은 단지 그 시험을 통과하느냐 못하느냐의 문제가 아니라, 그 이후 인류가 사느냐 죽느냐의 절체절명의 위기이다. 우리 개인의 삶에 있어서도 시험을 이기느냐 지느냐 하는 것은 단지 그 한 번의 사건으로 끝나는 문제가 아니라, 그 이후의 삶을 결정하고, 더 나아가 그 이후 세대와 자손들에게 엄청난 결과를 미친다. 따라서 우리가 하나님 앞에 바로 서느냐 못서느냐 하는 것은 엄중한 문제이다. 우리 그리스도인들은 시험에 들지 않도록 깨어 있어야 한다.

예수는 구약성서 신명기의 말씀을 인용함으로써 시험을 이겼다. "사람이 떡으로만 살 것이 아니요 하나님의 입으로부터 나오는 모든 말씀으로 살 것이라"(신 8:3). "기록되었으되 주 너의 하나님을 시험하지 말라 하였느니라"(신 6:16). "주 너의 하나님께 경배하고 다만 그를 섬기라 하였느니라"(신 6:13). 에베소서 6장 11절 이하에 따르면 하나님의 전신갑주가 나오는데 다른 무기들은 다 방어용 무기이지만, 오직 성령의 검 곧 하나님의 말씀만이 공격용 무기가 되어 마귀를 대적하여 이길 수 있게 된다. 예수는 이 말씀을 무기로 하여 사탄을 대적하였으며, 사탄의 시험을 이길 수 있었다.

사탄의 시험은 세 가지였다. 첫째로, "네가 만일 하나님의 아들이어든 명하여 이 돌들이 떡덩이가 되게 하라." 즉 물질 문제이다. 둘째로, 예수를 성전 꼭대기에 세우고 뛰어내리라고 하였다. 만약에 그렇게 높은 곳에서 뛰어내려도

다치지 않는다면, 예수는 그가 가진 초인적인 권능을 과시함으로써 사람들의 선망, 영예, 인기, 그리고 명성을 얻게 될 것이다. 이것은 인간관계의 문제이다. 셋째로, "만일 내게 엎드려 경배하면 이 모든 것을 주리라." 이것은 하나님만 섬겨야 된다고 하는 하나님 신앙에 대한 도전이다. 하나님, 인간, 그리고 물질(天地人) 문제로 시행한 마귀의 시험은 인간이 당할 수 있는 모든 시험을 함축한 것이다. 예수는 이 모든 시험을 이기고 승리함으로써 사탄에게 치명적인 타격을 가하고, 복음을 선포하기 시작하였다.

4 십자가

십자가는 신약의 중심점이다. 십자가는 복음의 정점(頂點)이며, 예수의 사역의 완성이다. 그는 십자가 위에서 "다 이루었다"(요 19:30)고 함으로써 그의 구원사역을 완성하였다. 하나님의 나라는 예수의 성육신으로 성취되었다. 하나님의 나라는 하나님이 지배하시는 곳이다. 예수가 이 세상에 오심으로써 하나님의 나라는 시작되었다. 그리고 하나님의 나라는 십자가 위에서 완성되었다. 그것은 예수의 사역의 완성이다. 그러나 십자가 위에서 완성된 하나님의 나라는 객관적이고 보편적인 원리(objective-universal principle)로서의 완성이지, 아직 개개인의 중심에 내면적으로 주체적으로 실현된 것(realization)은 아니었다. 하나님의 나라는 개개인의 실존 가운데서 믿어지고, 수용되고, 구체적인 삶으로 구현되어야 한다. 이것은 성령을 통해서 지난 2천 년간 교회 안에서 실현되어 왔고, 또 미래사건으로 이루어질 것이다. 그리고 이 하나님의 나라는 종말에 예수의 재림으로 비로소 완전하게 완성(consummation)될 것이다. 아직 미완성인 하나님의 나라는 재림하신 주님 안에서 문자적으로 완성되어 이 땅 위에 우뚝 서게 될 것이다. 따라서 하나님의 나라의 구현의 과정은 다음과 같이 3단계로 진전되어 간다고 할 수 있다.

성취 (accomplishment) = 성육신	→	완성 (completion) = 십자가	→	완전한 완성 (consummation) = 재림

십자가 사건의 의미가 무엇인가? 예수 그리스도의 십자가 사건은 참으로 이해하기 어려운 문제이다. 하나님의 아들이 십자가에 달려 죄수의 모습으로 죽는다고 하는 것은 역사의 스캔들이라고 하지 않을 수 없다. 이 세상을 창조하신 창조자가 인간이 되어 힘없는 죄수의 몸으로 비참하게 처형당해서 죽어간다고 하는 것은 설명하기 어려운 난제이다. 지금까지 등장한 다양한 십자가 사건에 대한 해석들 가운데서 중요한 몇 가지의 해석을 살펴보자.

첫째로, 대속의 죽음이다. 이것은 전통적인 십자가 해석으로 성서적이고 복음적인 해석이다. 베드로에 의하면 예수는 친히 나무에 달려 그 몸으로 우리 죄를 담당하였다(벧전 2:24). 구약시대에 이스라엘백성들은 매년 속죄양을 죽여 하나님께 제사를 드림으로써 죄를 용서받았다. 그런데 예수가 친히 속죄양으로서 십자가에 죽으심으로 온 인류가 드려야 할 모든 속죄 제사를 '모두를 위해 단번에'(once for all) 다 이루신 것이다. 그러므로 이제 예수 그리스도의 대속의 죽음을 믿는 사람은 더 이상 속죄 제사를 드릴 필요가 없고, 더 이상 죄의 자녀가 아니며, 의롭다함을 얻게 된 것이다.

고린도후서 5장 14-15절에서는 "한 사람이 모든 사람을 대신하여 죽었은즉 모든 사람이 죽은 것이라. 그가 모든 사람을 대신하여 죽으심은… 오직 그들을 대신하여 죽었다가 다시 살아나신 이를 위하여 살게 하려 함이라"고 하였다. 로마서 5장 8절에서는 "우리가 아직 죄인 되었을 때에 그리스도께서 우리를 위하여 죽으심으로 하나님께서 우리에 대한 자기의 사랑을 확증하셨느니라"고 하였으며, 갈라디아서 3장 13절에서는 "그리스도께서 우리를 위하여 저주를 받은바 되사 율법의 저주에서 우리를 속량하셨으니 기록된바 나무에 달린 자마다 저주 아래에 있는 자라 하였음이라"고 하였다.

예수는 본래 죄가 없는 분이다. 고린도후서 5장 21절에서는 "하나님이 죄를 알지도 못하신 이를 우리를 대신하여 죄로 삼으신 것은 우리로 하여금 그 안에서 하나님의 의가 되게 하려 하심이라"고 하였으며, 히브리서 4장 15절에서는 "우리에게 있는 대제사장은 우리의 연약함을 동정하지 못하실 이가 아니요 모든 일에 우리와 똑같이 시험을 받으신 이로되 죄는 없으시니라"고 하였다. 그러니까 죄 없는 예수는 죽을 이유가 없다. 왜냐하면 죽음은 죄의 값이기 때문이다(창 2:17). 그런데 예수는 죽었다. 왜? 그것은 예수 자신의 죄가 아니라 다른 사람의 죄를 대신하는 죽음이었다. 예수의 죽음은 인류의 죄를 대신하는 대속의(vicarious) 죽음이었다.

그러면 대속의 교리는 여전히 우리에게도 설명 가능한 것인가? 현대인에게 대속의 교리를 해명할 수 있는 인식의 모티브가 없을까? 대속의 교리를 해명해 줄 수 있는 유비(analogy)가 아직도 우리의 삶 속에 널리 유포되어 있다. 우리는 주변에서 어렵지 않게 이런 유형의 사태를 경험하게 된다. 예컨대 강재구소령은 수류탄 투척훈련을 하던 중 어떤 미숙한 훈련병이 실수하여 수류탄을 사병들 가운데 떨어뜨렸을 때, 자신의 몸을 던져 산화(散化)함으로

> 그러니까 죄 없는 예수는 죽을 이유가 없다. 왜냐하면 죽음은 죄의 값이기 때문이다(창 2:17). 그런데 예수는 죽었다. 왜? 그것은 예수 자신의 죄가 아니라 다른 사람의 죄를 대신해서 죽은 죽음이었다. 예수의 죽음은 인류의 죄를 대신하는 대속의 죽음이었다.

써 주변에 있던 많은 사병들의 생명을 구하였다. '아이가 기차 길에서 놀고 있는데, 멀리서 기차가 달려오는 것을 보고 어머니가 달려가서 아기를 던져서 구해내고, 자기는 미처 피하지 못하고 기차에 치여 목숨을 잃었다'는 기사를 지금도 신문에서는 가끔 읽을 수 있다. 이런 이야기들을 통해서 우리는 지금도 남의 생명을 구하기 위해서 내가 대신 희생하고 목숨을 버린다는 것을 어렵지 않게 이해할 수 있다. 성서에서도 모세와 사도바울이 동족의 구원을 위해서 자신이 하나님께 버림받아도 좋다는 각오로 기도한 것을 증거하고 있다 (출 32:32, 롬 9:3). 사랑에 근거한 희생의 모티브들은 아직도 인류의 삶 속에 현존하기 때문에, 대속의 교리는 여전히 유효한 십자가해석이라고 할 수 있다.

둘째로, 십자가 사건은 화해의 사건이다. 예수의 몸은 인간의 죄로 말미암아 단절되었던 하나님과 인간의 관계를 회복시키기 위한 화목제물로 드려졌다(요일 2:2, 4:10, 롬 3:25). 그리하여 "전에 악한 행실로 멀리 떠나 마음으로 원수가 되었던 너희를 이제는 그의 육체의 죽음으로 말미암아 화목케 하사 너희를 거룩하고 흠 없고 책망할 것이 없는 자로 그 앞에 세우고자 하셨으니"(골

1:21-22)라는 말씀처럼, 믿음으로 예수를 영접하는 자는 하나님과 화해하게 된 것이다.

그런데 인류역사상 모든 제사들은 인간이 신을 달래기(propitiation) 위한 의식이었다. 전쟁, 가뭄, 질병, 홍수, 지진 등 감당하기 어려운 재난을 당했을 때, 인간은 전쟁의 승리, 재난의 극복, 풍년과 다산과 안녕을 기원하기 위해서 제단에 제물을 바치고, 그들이 섬기던 신에게 간구하였다. 즉 인간은 자신이 섬기는 신에게 제물을 드렸다. 중남미의 인디언들이 세웠던 피라미드는 바로 이런 목적을 위해서 세운 종교적인 제단(altar)이었다. 기록에 따르면 그들은 살아있는 처녀의 심장을 도려내어 제물로 드렸다고 한다. 이렇게 모든 제사들은 인간이 자신을 희생하여 제물로 바치는 것인데, 십자가는 이것을 뒤집은 것이었다. 십자가 위에서 드려진 제물은 인간이 아니라, 하나님이 스스로 자신의 몸을 찢어 바친 것이었다. 그러므로 십자가 위에서 지금까지의 인류의 제사는 그 방향이 역전되었다. 아래에서 위로(from below to above)가 아니라, 위에서 아래로(from above to below) 내려온 제사였다. 십자가는 하나님이 자신을 바치는 제사였다. 하나님이 인간을 위해서 스스로 자신을 희생한 제사가 십자가였으며, 따라서 그 사건 이후로 하나님은 더 이상 인간의 희생을 요구하지 않으며, 인간은 하나님께 제물을 바칠 필요가 없어졌다.

셋째로, 십자가 사건은 절대적인 복종의 사건이다. 아담은 하나님의 말씀에 불순종하여 선악과를 따먹고 죄를 범하였다. 그러나 예수는 "아버지여… 이 잔을 내게서 옮기시옵소서. 그러나 나의 원대로 마옵시고 아버지의 원대로 하옵소서(막 14:36)"라고 기도함으로써 하나님의 뜻에 전폭적으로 순종하였다.

아담이 지은 죄의 본질이 하나님과 같이 되고자 하였던 교만이라면, 예수는 "근본 하나님의 본체시나… 오히려 자기를 비어 종의 형체를 가져 사람들과 같이 되었고… 자기를 낮추사 죽기까지 복종하셨으니 곧 십자가에 죽으심이라"(빌 2:6-8)는 말씀과 같이 겸손과 복종의 모범을 보이셨다. 이렇게 함으로써 아담에 의해 파괴된 하나님과의 관계가 회복되었다.

십자가에 대한 이런 도덕적인 해석은 자유주의신학자들이 선호하는 이론이다. 대속의 교리를 부정한 리츨(A. Ritschl)은 십자가의 의미를 모든 인간이 본받아야 할 도덕적 인격의 원형으로 해석하였다. 예수의 인격은 복종에 있어서 완전하며, 십자가에서 그의 생명을 바치면서까지 하나님께 복종함으로써 도덕적인 복종의 모델을 우리에게 보여주었다.

넷째로, 십자가는 하나님께서 고통 받으신 사건이다. 하나님 아들의 죽음은 하나님께서 인간의 고통을 외면치 아니하고, 그 고통에 참여하여 인간과 함께 고통 받는다는 의미이다. 희랍의 신은 고통 받을 수 없는 존재 즉 피안의 세계에 있는 존재이다. 이런 신은 고통가운데 신음하는 인간의 현실과 동떨어진 존재이다. 그러나 성서의 하나님은 인간의 삶과 역사 안에 찾아오시어 인간과 함께 하시고, 인간의 고통에 동참하시는 살아계신 분이다. 이런 하나님의 사랑의 극적인 표현이 바로 십자가이다.

20세기에 인류는 2차 세계대전에서 유대인 대학살(Holocaust)이라는 전대미문의 대참사를 겪게 되었다. 그리고 이 참사를 통해서 새로운 진리를 깨닫게 되었다. 엘리 비젤(Elie Wiesel)의 소설 『밤』(Night)의 유명한 장면 아우슈비츠의 처형장면을 묘사하는 구절에 이러한 충격적인 일화가 나온다. 세 사람이 교수형을 당하는 것을 군중들이 보고 있을 때, 어떤 사람이 "하나님은 어디에 계신가?" 하고 질문한다. 이것을 보고 있던 또 다른 유대인이 "하나님은 저기 계신다, 죽어가는 저 사람과 함께 계신다"라고 대답한다. 『십자가에 달리신 하나님』에서 몰트만은 하나님이 인류의 고난을 외면치 아니하시고, 그 고통에 참여하시며, 함께 고통당하신다고 하는 사상을 예수의 십자가 안에서 해석해 내었다.[5]

십자가신학에서 루터는 그리스도의 고난과 죽음 속에서 신적 인격도 고난을 받으며 죽는다고 주장한다. "참으로 말한다: 이 사람이 세상을 창조하였으며, 이 하나님께서 고난을 당하였고, 죽임을 당하였으며 무덤 속에 묻히었다."[6]

몰트만은 루터의 십자가신학에서 한걸음 더 나아가 십자가를 삼위일체론적으로 해석하였다. 삼위일체론의 장소는 사고의 사고(Thinking of Thinking)가 아니라 예수의 십자가이다. 삼위일체론의 내용적 원리는 그리스도의 십자가이다. 십자가의 인식적 원리는 삼위일체론이다. 십자가의 신학이 삼위일체론이며, 삼위일체론은 십자가의 신학이 되어야 한다. 그러면 이 하나님과 그리스도 사이에 어떤 일이 십자가 위에서 일어났던가?

그리스도는 철저히 의도적으로 아버지에 의해 죽음의 운명에 던져졌다. 하나님은 그를 사멸의 세력에로 추방하였다. 이 세력은 인간을 의미할 수도 있고 죽음을 의미할 수도 있다. 아버지께서 그의 아들을 십자가에서 내어 줌으

---

5) 알리스터 맥그래스, 『역사속의 신학』, 336; 몰트만, 『십자가에 달리신 하나님』(한국신학연구소, 1979), VI. "십자가에 달린 하나님."
6) 몰트만, 『십자가에 달리신 하나님』, 245.

로써 내어 주시는 아버지가 되신다. 아들은 이 죽음에로 버림을 당함으로써 죽은 자들과 산 자들의 주가 되신다. 아들을 버림으로써 아버지께서는 그 자신을 버린다. 아버지께서는 아들을 내어 주심으로써 자기 자신을 내어주신다.

5 부활

신약의 복음을 요약한다면, 예수께서 우리 죄를 위해 죽으시고 장사되었다가 사흘 만에 다시 살아났다(고전 15:3-4). 신약의 복음은 부활에 의해 가능하다. 부활이 없으면 공허하고 빈 무덤밖에 남지 않는다. 십자가 사건이 우리의 신앙의 내용이 될 수 있는 것은 그것이 단순한 죽음으로 끝나지 아니 하고, 부활의 사건으로 초월되었기 때문이다. 그리하여 십자가 사건은 절망에서 희망에로, 죽음에서 생명에로 이르는 신앙의 능력의 근거가 될 수 있다. 그러므로 십자가와 부활은 두개의 별개의 사건이 아니라, 하나의 통일된 사건이다. 부활 없는 십자가는 무의미하고 절망적인 사건이요, 십자가 없이는 부활도 있을 수 없다. 나아가서 부활의 의미는 예수가 하나님의 아들이라는 증거요, 계시이며(롬 1:4, 행 3:13, 15), 인간의 부활에 대한 예증이다(고전 15:20, 23).

이어서 몇몇 부활의 신학적 의미를 살펴보고자 한다.

첫째로, 부활은 역사적 사실이다. 이 문제에 대해서는 신학적으로 대단히 많은 논란이 있어 왔다. 특히 자유주의 신학자들은 부활이 역사적 객관적 사실이 아니라, 신앙 안에서 일어난 주관적 사건이라고 주장하였다. 바르트는 그리스도의 역사, 그의 탄생, 수난, 그리고 죽음과 부활을 시간 안에서의 하나님의 화해하는 행동이라고 하였다. 특별히 부활은 예수 그리스도의 역사 안에서 궁극적인 하나님의 행동이다. 그것은 그 위에 모든 성서적인 증언들이 의지하고 있는 '아르키메데스의 점'이다.

이제 우리는 부활의 효과의 정도 문제로 넘어가고자 한다. 부활은 화해의 역사적–객관적 성취이다. 바르트에게 있어서 예수 그리스도 안에서 성취된 화해는 단지 가능성이 아니라 실제성이다. 인류는 모든 시대의 인간들의 상황의 변경의 근거인 그리스도의 죽음과 부활에 의해서 사실상 변화되었다. "그분의 부활 안에서 그들에게 도래한 칭의의 덕분에 그들은 더 이상 과거의 그들로 머물러 있는 것이 아니요, 이미 그들은 그렇게 되어야 하는 자들이 되었다. 그들은 더 이상 하나님의 적이 아니라 그분의 친구들이요 그분의 자녀들이다… 그들은 더 이상 죄인들이 아니라 의인들이다."

더 나아가 화해의 효과는 부활의 능력으로 전 세계를 관통하며 영향을 주고 있다. 부활은 시간적–공간적 세계 안에서 우주적 영향력을 가진다. "우리는 그것이 우주적 결정임을 회상하는데 그것은 그것이 이미 전 우주와 모든 인간을 관통하고, 미치며, 영향을 주었고 사로잡았다는 뜻이다…" 예수의 계속적인 현존과 활동의 필요조건이 부활에 의해 확보되었다. 바르트는 하나님의 행동이 과거로부터 현재에로의 다리를 마련한다는 것을 명백하게 인식하고 있다. "부활 안에 기초하고 있는 예수 그리스도의 영원한 행동 그 자체가 '한 때로부터'(once) '언제나에로'(always) 그리고 그의 시간 안에 있는 그 자신으로부터 우리의 시간 안에 있는 우리에게로의 참되고 직접적인 다리이다." 그분의 역사 안에서 일어난 변화는 인류 모두를 위해서 일어났다. 고로 그때 거기

서 일어난 예수의 역사는 지금 여기에서도 일어난다. 과거가 현재가 되고, 우
리 밖이(extra nos) 우리 안으로(in nobis) 되며, 객관적 사건이 주관적 사건이 된
다. "그의 역사는 죽은 역사로 되지 않았다. 그분 안에서의 역사는 그와 같이
영원한 역사가 되어야 한다. 모든 시대의 인간들과 함께 하는 하나님의 역사
는 그때 그랬던 것처럼 지금 여기에서 일어나고 있다… 그는 그때 거기서처럼
지금 여기서도 마찬가지이다."

결론적으로, 먼저, 예수의 부활은 바르트에게 하나님과 인간의 화해의 역사
적 근거이다. 부활로 말미암아 예수의 신성이 증명되었으며, 부활의 능력 안
에서 인간의 죄는 제거되고, 하나님과 인간의 불화는 끝나게 되었다. 그러나
예수의 부활 안에서 성취된 화해는 하나의 원리와 근거로서 역사적으로 객관
적으로 내 밖에서 일어난 사건이다. 그러면 어떻게 이 화해의 보편적 실제성
이 특정한 개인 안에서 일어나는가? 어떻게 이 객관적, 역사적, 보편적 사건
이 주관적, 실존적, 구체적 사건이 될 수 있는가? 그것은 우리 안에서의 성령
의 사역에 의해서이다. 성령의 사역 안에서, 그 보편적인 원리가 내적이고 현
재적인 사건이 된다.

둘째로, 부활은 예수의 신성을 계시한 사건이다. 바르트는 부활을 첫 번째
파루시아요, 재림을 두 번째 파루시아라고 함으로써 부활이 예수의 신성을 확
실하게 계시한 최초의 사건이라고 주장하였다.[7] 예수의 부활 이후 최초로 세
워진 예루살렘교회는 오순절에 성령세례를 증거하면서 "너희가 십자가에 못

---

7) 전성용, 『칼 바르트의 성령론적 세례론』, 150.

박은 이 예수를 하나님이 주와 그리스도가 되게 하셨느니라(행 2:36)"고 선포하였다. 예수를 따르는 동안, 사도들은 수많은 기적들을 목격하면서도 진리에 대해 깨닫지 못했다. 그러나 예수의 부활은 그들을 진리에 대한 새로운 인식에 도달하게 했다. 도마는 부활하신 예수를 만난 후 "나의 주님이시요 나의 하나님이시니이다(요 20:28)"라고 고백하였다.

부활하신 예수를 만나는 것은 그를 믿는다는 뜻이다. 부활하신 분을 보고 그가 십자가에 달렸던 예수임을 알았다고 하는 것은 그가 하나님임을 계시하신 인식론적 사건이면서 동시에 이제부터 그를 주님으로 믿고 따른다고 하는 신앙적인 행동의 사건이다. 계시와 신앙적 행동은 불가분의 관계를 맺고 있다. 엠마오로 가던 두 제자는 길에서 예수를 만나, 함께 걸어가면서 예수가 성경을 풀어주는 것을 들었으나, 그가 예수인줄 알아보지 못하였다. 그러다가 목적지에 도착하여, 예수가 떡을 떼어주는 것을 받는 순간, 그들은 눈이 열려 예수인줄 알아보았으나, 예수는 사라지고 말았다(눅 24:13ff.). 그런데 그들은 그 밤에 거기서 자지 아니하고 즉시 예루살렘으로 돌아가, 열한 제자들에게 예수의 부활을 증거하였다. 오순절 이후 제자들은 예수의 부활을 증거하는 공동체로서 새롭게 탄생하여 교회를 만들었다. 그와 같이 부활하신 예수를 만나게 된 그리스도인의 신앙은 인식으로 끝나는 것이 아니라, 행동으로 승화되어야 한다.

지금까지 예수 그리스도 사건의 의의를 살펴보았다. 예수 그리스도는 하나님과 인간의 파괴된 관계를 회복하기 위하여 스스로 속죄의 제물이 되어 십자가에 달려 돌아갔으며, 예수 그리스도의 대속의 은총으로 말미암아 인간의 죄

문제가 해결되었다. 우리가 이 진리를 믿음으로 받아들이기만 하면, 우리는 파
괴된 하나님과의 관계를 회복할 수 있다. 이것이 구원이요, 이 구원의 첫 단계
가 칭의 또는 중생이다. 그리고 중생한 신자가 성령의 능력으로 성숙한 신앙
인의 삶을 사는 것이 성화이다. 이제 칭의와 성화에 대해서 살펴보고자 한다.

| 2 | 구원의 단계

예수께서는 니고데모에게 거듭나지 아니하면, 하나님의 나라를 볼 수 없다
고 하였다(요 3:3). 구원에 이르는 길은 거듭남 즉 중생이다. 그런데 중생은 주
관적인 내면의 변화를 나타내고, 칭의는 하나님과의 객관적인 법적 관계의 변
화를 나타낸다. 그리고 이것을 가족관계에 비추어서 양자됨이라고 말한다. 하
나님과 인간 사이에 벌어지는 구원이라고 하는 하나의 사건을 어떤 방법으로
설명하느냐에 따라서 다양한 표현이 가능하다.

1 칭의(稱義, Justification)

칭의는 의인(義認), 득의(得義), 그리고 선의(宣義)라고도 하는데, 예수 그리스
도의 대속의 공로를 받아들인 신자에게 이루어지는 하나님의 법적 선언적 행
위이다. 이는 그로 하여금 죄에서 용서함을 받고, 죄책에서 놓임을 받아 하나
님에 대하여 의롭다고 선언하는 것이다. 로마서 3:21-28에 따르면 칭의의 성

서적 근거는 예수 그리스도의 피로 인한 믿음으로 말미암는 것이다. 이것은 값 없이 주시는 하나님의 은혜이다. 로마서 1:17에서는 오직 의인은 믿음으로 산 다고 하였다. 종교개혁자들은 이러한 성서적 근거 위에서 오직 믿음으로(sola fidei)라는 표어를 제창하였고, 믿음으로 말미암는 칭의(以信稱義, justifcation by faith)를 강조하였다. 그리하여 가톨릭교회에서 믿음과 함께 선행(Charitas)을 강 조한 나머지 면죄부를 판매하면서 돈을 주고 면죄부를 사면 죄 사함을 받는다 고 하는 것에 대해 종교개혁자들은 강력하게 항거하였다.

칭의의 은혜를 받기 위한 조건은 회개하고 믿는 것이다(막 1:15). 무엇을 회 개하는 것인가? 죄를 회개하는 것이다. 죄의 어원적 의미는 과녁을 벗어나는 것이다. 하나님께서 원하시는 삶을 살지 못하고 잘못된 방향으로 가는 것이 죄 이다. 회개란 잘못된 방향으로 가는 길로부터 돌아서는 것이다. 자신이 죄인 임을 깨닫고, 고백하고, 돌아서는 것 즉 자신의 죄를 인식하고, 시인하고, 돌 아서는 것이다. 이것은 인식과 인정과 윤리적 결단의 행동이다. 이러한 다단 계의 행위전체가 회개이다. 이 회개는 단순히 도덕적 양심으로만 가능한 것이 아니라, 성령의 감동으로 이루어진다.

그러면 믿음이란 무엇인가? 첫째로, 믿음은 하나님에 대한 믿음이다. 하나 님은 영이시라 우리 눈에 보이지 않는다. 믿음은 보이지 않는 것을 믿는 것이 다(히 11:1). 그러므로 믿음은 보이지 않는 하나님을 신뢰하고, 의존하고, 복종 하는 것이라고 할 수 있다.

둘째로, 믿음은 예수 그리스도의 대속의 은혜를 믿는 것이다. 인간의 죄는 죽음에 이르게 하는 것이지만, 예수 그리스도께서 십자가에 달려 죽으심으로 인간의 죄값은 지불되었다. 그 덕택에 인간은 죄와 죽음으로부터 해방되었다. "내가 곧 길이요 진리요 생명이니 나로 말미암지 않고는 아버지께로 올 자가 없느니라"(요 14:6)고 하는 예수의 말씀은 예수 그리스도의 유일절대성을 나타낸다. 따라서 인간은 예수 그리스도를 믿음으로써만 구원에 이를 수 있다.

> 하나님께서 원하시는 삶을 살지 못하고 잘못된 방향으로 가는 것이 죄이다. 회개란 잘못된 방향으로 가는 길로부터 돌아서는 것이다. 자신이 죄인임을 깨닫고, 고백하고, 돌아서는 것 즉 자신의 죄를 인식하고, 시인하고, 돌아서는 것이다. 이것은 인식과 인정과 윤리적 결단의 행동이다.

셋째로, 믿음은 성령의 산물이다. 근대사상의 영향을 받은 인간은 이성으로 경험한 것만을 알 수 있다고 생각하게 되었다. 그런데 하나님은 인간의 이성으로 경험할 수 없는 존재이다. 그러나 하나님께서 우리에게 믿음을 주시면, 우리는 하나님을 믿어서 알게 된다. 이것은 신앙적인 체험이요, 성령의 역사(役事)에 의해서 가능한 일이다. 성령으로 말미암지 아니하고는 예수를 주시라 할 수 없으며(고전 12:3), 성령의 9가지 은사 가운데 믿음의 은사가 포함된다(고전 12:9). 믿음은 성령의 감동으로 하나님께서 우리에게 주시는 은혜의 선물이다. 따라서 죄를 회개하고 하나님께 나오는 자는 누구든지 하나님으로부터 믿음을 선물로 받으며, 멸망치 않고 구원에 이를 수가 있다. 그러니까 성령의 감동이 없으면, 회개도 불가능하다. 그와 같이 성령의 은총이 아니면, 어느 누구도 예수 그리스도를 믿을 수 없다. 우리는 선행적 은총으로 회복된 자유의지로써 말씀 앞에서 겸손하게 하나님의 부르심을 받아들이고 그 앞에 나아가야만, 구원의 은혜 안으로 들어가게 된다.

2 중생(重生, Regeneration)

중생은 신생(新生, New Birth)이라고도 하는데, 이것은 칭의와 동시에 일어나는 하나의 사건이며 한 사건의 다른 측면이다. 칭의가 논리적인 순서에서만 중생에 앞설 뿐이다. 하나님께서 믿는 자를 의롭게 하시며, 동시에 믿는 자 안에서 역사하시는 일이 중생이다. 칭의가 객관적이고 상대적인 변화를 의미한다면, 중생은 실제적인 내적 변화를 의미한다. 칭의가 죄책(guilt)을 제거하는 것이라면, 중생은 죄의 세력을 제거시키는 것이다. 이 중생을 성화의 단계에서 본다면, 성화의 시작(Initial Sanctification)이라고 할 수 있다.

칭의가 법률적인 설명이라면, 중생은 생물학적인 출생에 비유한 설명이라고 하겠다. "중생은 회개하고 믿는 신자의 도덕적인 성품을 영적으로 깨우치고, 영적 생명을 주어, 그가 믿고 사랑하고 순종하게 하는 하나님의 은혜로운 역사이다"(W.T. Purkiser). 그리고 중생은 죄와 허물로 죽은 인간에게 생명을 주는 것이다. 나아가서 중생은 하나님께서 인간을 생명으로 이끄시는 것이요, 인간의 영 안에서의 변화이다. 그때 죄의 사망에서 의의 생명으로 옮겨지는데, 이것은 능력 많으신 성령에 의해 영혼 안에서 이루어진다. 이 때 중생한 자는 그리스도 안에서 새로워지며, 하나님의 형상이 회복된다(존 웨슬리).

첫째로, 중생의 본질은 도덕적인 변화를 의미한다. 이전의 죄악 된 상태에서 죄 없는 새로운 존재에로의 변화이다. 죄의식과 죄책감 나아가서 죄에 대한 욕망을 제어할 수 있는 상태를 의미한다. 중생한 사람도 죄에 대한 욕구가 있고, 죄를 지을 수도 있지만, 현저히 죄를 싫어하고, 죄를 이길 수 있는 성령에 속한 사람이 된다.

둘째로, 중생은 어린아이의 출생과 비교되는데, 출생이란 성장을 전제한 것이며, 동시에 그 자체가 완전한 인간의 탄생을 의미한다. 어린아이가 비록 약하고 불완전하고 미숙한 존재이지만, 동시에 완전히 독립된 하나의 인격적 실체이다. 나아가서 그는 점진적으로 성장해야 할 미완성의 존재이다. 이와 같이 중생한 인간이 비록 불완전하지만, 그는 하나님 앞에서 완전히 구원받은 한 개체로서 실존한다. 동시에 그는 점진적으로 성숙하여 성화의 단계를 지향하는 가능성의 존재이다.

③ 양자됨(Adoption)

"너희는 다시 무서워하는 종의 영을 받지 아니하였고 양자의 영을 받았으므로 아바 아버지라 부르짖느니라"(롬 8:16). 우리는 예수 그리스도를 믿으면, 그리스도 안에서 하나님을 아버지라고 부를 수 있게 되며, 하나님의 자녀의 사귐 안으로 받아들여져서 그리스도와 함께 하는 상속자가 된다. 그리하여 잃어버렸던 아들의 특권을 회복하였으며(눅 15:11-32), 마치 탕자가 돌아왔을 때 아들로 받아들여져서 아들의 영화로운 자리에 들어가는 것과 같이, 우리가 예수 그리스도 안에서 하나님의 아들의 특권을 다시 부여받게 된다는 하나님의 선언적 행위이다.

첫째로, 양자됨의 특징은 하나님과 격리된 상태에서의 구출 즉 양자의 특권 회복이다. 둘째로, 과거의 두려움에서의 해방이다. 셋째로, 하나님 나라의 권리와 특권의 향유이다(롬 8:18-23). 즉 예수 재림의 영광의 후사로서의 소망이 있게 된 것이다. 이것이 아들된 자로서의 표적이라고 할 수 있다.

요약하자면, 중생은 초기의 성화인데, 성화의 단계에서 볼 때는 그것의 출발점이다. 성화의 단계에 이르기까지 점진적 성장과 순간적인 은혜가 있어야 하기 때문에, 중생은 결코 신앙의 완성된 상태가 아니라 초기의 불완전한 상태, 미숙한 상태임이 분명하다. 그러나 중생하지 못한 사람은 결코 구원을 받을 수가 없기 때문에, 중생은 기독교 신앙과 교리에 있어서 대단히 중요한 단계가 아닐 수 없다.

| 3 | 성화(sanctification, 聖化)

감리교의 창시자인 존 웨슬리는 독창적인 성화론을 제창하였다. 성결교회에서는 존 웨슬리의 성화론을 지지하고 있다. 여기서는 웨슬리의 성화론을 중심으로 성화에 대해서 살펴보려고 한다.

❶ 칭의와 성화

존 웨슬리는 어거스틴이나 종교개혁자들과 비견해도 좋을 만큼 하나님의 은총을 강조한 은혜의 신학자이다. 그는 성화론을 통하여 하나님의 구속의 은총이 현재 여기에서 깊이 역사한다는 것을 어느 종교개혁자보다도 명백하게 통찰하였고 중요시하였다. 구원은 죄인이 의롭다함을 받는데 그치지 아니하고, 실제로 변화를 받는 것이라고 웨슬리는 주장한다. 전자를 칭의, 후자를 성화라고 구분한다. 칭의는 하나님과의 관계를 객관적 또는 법적으로 보아 우리가 죄책에서 용서를 받는 상대적인 변화를 말하며, 성화는 주관적으로 보아 우리 속에 있는 죄의 성질에서 자유를 얻는 실제적인 변화를 말한다. 전자가 하나님과의 수직적인 관계를 언급한다면, 후자는 하나님의 사역을 시간성에서 본 것이다. 칭의와 성화는 웨슬리에게 하나님의 똑같은 은총에 대한 다각적인 이해라고 할 수 있다. 나아가서 칭의는 성화의 과정의 시작이요, 성화는 칭의 받은 사람이 더욱 성장하여 이루게 될 목표라고 할 수 있다. 그러므로 칭의가 없이 성화가 있을 수 없으며, 성화가 없이 칭의는 미완성이라고 할 수 있다.

② 성화론의 특징

웨슬리의 성화론은 다음 세 가지의 견해가 종합되어 독특한 특징을 이루고 있다.

첫째로, 웨슬리의 성화론은 당시 모라비안의 극단적인 것을 지양하는 점진적 성장의 개념이다. 몰터(Molther)를 중심으로 한 모라비안은 당시 사람이 거듭나는 순간에 완전히 성화되어 더 이상 성장의 여지가 없다고 주장하였다.

둘째로, 웨슬리의 성화론은 점진적인 성장의 개념과 순간적인 요소가 종합되어 있다. 이것은 당시의 칼빈주의자들의 성화론과 구별된다. 칼빈은 사후의 성화를 주장함으로써 점진적인 성화의 과정을 말했지만, 웨슬리는 생전의 성화를 말함으로써 점진적인 요소와 순간적인 요소를 통합하였다.

셋째로, 웨슬리의 성화는 점진적인 과정에 더하여 하나님의 직접적인 사역으로써 순간에 보다 고차적으로 끌어올려지는 단계가 있다고 하였다.

요약한다면, 웨슬리는 회개와 믿음으로 신생과 함께 성화가 시작하며(initial sanctification), 신자로서의 회개와 믿음으로 온전한 성화(entire sanctification) 곧 성결에 이르며, 마침내 영화하는 순간적 단계에 이른다고 보았다. 웨슬리가 성화의 과정에 순간적인 단계가 있다고 주장하는 것은 성화가 인간의 수양으로서 가능한 것이 아니라, 체험을 통하여 하나님의 은혜와 믿음으로 말미암는 것임을 확신했기 때문이다. 나아가서 성화는 하나님의 역사로서 인간이 죽은 후 연옥에서 이루어질 것이 아니라, 이 땅 위에 있는 동안 성취될 수 있는 것이다. 웨슬리에 의하면 성화는 하나님께서 하시는 일이다. 그러나 그는 인간의 책임을 결코 도외시 하지 않았다. 이런 입장은 하나님은 사람과 더불어 역사하신다는 복음적 협동설과 일치한다.[8]

3 성화의 단계

앞서 고찰했듯이, 성화의 과정은 점진적인 개념에 순간적인 요소가 결합되어 있다. 이 성화의 개념은 두 가지 뜻을 내포하고 있다. 하나는 소극적인 면이고, 다른 하나는 적극적인 면이다. 전자에서 성화는 죄의 세력에서 자유롭

---

8) J. Wesley, Works IV, 511f.

게 되며, 죄의 성질로부터 씻김을 받는 것이다. 후자에서는 하나님의 사랑이 우리에게 부어지는 것이며, 이 생명이 은총 안에서 성장하는 것이다. 여기서 성화는 두 가지 단계로 나누어진다.

첫째 단계는 초기의 성화이다. 웨슬리의 견해에 따르면 사람이 거듭날 때 성화가 시작되는데, 이것이 초기 성화이다. 이것은 거듭남으로 인하여 성화의 단계에 들어갔으나, 온전한 성화에 이르기 전까지의 신자의 상태를 말한다. "그는 겸손하나 온전히 겸손하지 못하며 그의 겸손은 자만과 섞여 있다. 그는 온유하나 때때로 분노가 그의 온유를 부수어버린다. 그의 의지는 하나님의 뜻에 전적으로 융해되지 못했다."9)

둘째 단계는 온전한 성화이다. 웨슬리에게는 두 개의 순간적인 체험이 있다. 하나는 중생과 동시에 일어나는 초기의 성화요, 다른 하나는 그 후에 오게 되는 또 하나의 순간적인 체험 곧 온전한 성화이다. 전자를 불신자가 회개하고 믿음으로 얻는 순간적인 체험이라고 한다면, 후자는 신자가 자기 안에 남아 있는 죄를 깨닫고 믿음으로 받는 신앙 체험이다. 웨슬리는 이 체험을 "제 2의 축복," "두 번째 변화," "온전한 구원", 그리고 "그리스도인의 완전"이라고 하였다. 그리고 이것의 본질은 "온전한 사랑", "순수한 사랑", 그리고 "동기의 순수성"이라고 할 수 있다. 이 순간적인 체험을 통해서 신자는 마음속에 남아 있는 죄성으로부터 씻김을 받으며, 사랑과 봉사에 더 큰 힘을 얻어 승리하는 생활을 할 수 있다. 그러나 한 번의 온전한 성화의 체험이 그리스도인의 생활

---

9) Wesley, Works VI, 489.

의 최종목표는 아니다. 성화의 은혜를 받은 사람도 성도로서 승리할 때까지 계속 전진해야 한다.

웨슬리의 성화는 신자의 마음속에 남아 있는 죄성의 씻음을 말하는데, 웨슬리안들은 이것을 원죄의 부패성의 제거라고 해석한다. 그러니까 칭의는 자범죄(실제적 죄)의 죄책을 제거하는 것이고, 성화는 원죄의 부패성을 제거하는 것이기 때문에 성화의 단계에 이른 사람들은 죄를 짓지 않게 된다. 물론 성화에 이르렀다고 해서 인간의 연약성과 무지와 유혹으로부터 자유하게 된 것은 아니다. 인간의 연약성 때문에 무의식적이고 무의지적인 허물이나 죄를 지을 가능성이 남아있고 유혹을 받아서 죄에 이를 가능성은 남아 있다.

필자가 경험한 바에 따르면 성령세례를 받고 나 자신이 천사가 된 것 같은 '순수한 사랑'과 '동기의 순수성'이라고 하는 성화의 체험을 한 다음에도, 나에게는 연약성 때문에 때때로 실수도 하고 죄를 지을 수 있는 가능성은 여전히 남아 있다. 환경의 유혹과 마음속으로부터 올라오는 욕심을 완전히 벗어날 수는 없다. 이것을 날마다 기도하는 가운데 예수 그리스도의 피로 씻고 용서함 받고 새로운 존재로 변화된 삶을 살아가는 것이지 아무리 성화의 경험을 하였다고 할지라도, 그것이 문자적인 의미에서 완전한 인간이 되는 것은 아니다. 그러므로 성화는 원죄의 문제를 완전히 해결했기 때문에, 이제는 더 이상 죄의 문제가 없다고 하는 문자적인 의미의 완전이라기보다는 오히려 부단히 계속해서 우리 삶 속에서 일어나야 하는 신앙의 목표와 이상으로서 강조되어야 할 것이다.

그러나 성화의 경험에 대한 기억이 우리를 끊임없이 채찍질하여 우리로 하여금 성화의 삶을 지향하도록 하는 근거가 되기 때문에, 성화의 경험은 대단히 의의가 있는 사건이다. 한번 성화의 체험을 하고, 천국의 맛을 미리 맛본 (pre-taste) 사람은 그 맛을 잊을 수가 없고 그 아름다움을 포기할 수 없다. 왜냐하면 성령님이 내 안에 거주하시기 때문이다. 그래서 그 사람 안에서 성화의 상태를 지속하기 위한 긴장된 투쟁이 계속된다. 이런 성화의 경험을 한 것과 하지 않은 것은 분명한 차이가 있다. 성화를 체험한 사람은 현저하게 이전보다 달라진 삶을 실제로 경험하기 때문에, 이것은 단지 말장난에 불과한 것이 아니라 현실적이면서도 진정한 변화라고 할 수 있다. 그래서 우리는 그런 거룩한 삶을 계속해서 살도록 성령의 은혜를 지속적으로 간구해야 한다.

4 성화론의 의의와 특징

많은 신학자들은 구원론을 말할 때, 대개 칭의의 교리에 그치고 만다. 여기서 우리는 악한 인간을 변화시킬 하나님의 해결책은 없는가 하고 묻게 되며, 하나님의 은총은 겨우 의롭게 하는 데까지만 행동하는 값싼 것인가라고 반문하게 된다. 이 문제에 대한 해답으로서 웨슬리의 성화론은 큰 의의가 있다. 웨슬리는 죄의 깊이를 그들 못지않게 보는 동시에 그보다 더욱 깊게 구속의 은총을 투시함으로써 신자에게 소명을 안겨 주고 있는 것이며, 이것은 바로 값비싼 은혜를 천명한 것이다.[10] 은총의 사역을 미래에 남겨놓고 체념하고 있는

10) 조종남, 『요한 웨슬레의 신학』 (대한기독교서회, 1980), 143.

듯 한 종교개혁자들에 비하여, 웨슬리는 보다 실존적인 관점에서 현재 여기에서 하나님의 구속의 역사를 봄으로써 은총의 낙관론을 천명했다는데 큰 의의가 있다. 이 성화론은 오늘의 교회생활에 활력을 주는 원동력으로서 그 교리의 강조가 요청된다.

웨슬리는 종교개혁자들의 입장에서 은총에 의한 믿음을 통한 칭의를 주장하였다. 이 믿음은 단순한 지적 동의가 아니라, 성령에 의한 체험이다. 그리고 칭의는 선행적 은총과 성화에 연결되어 전체 구원론을 형성한다. 그러므로 성화는 우리의 내면에서 일어나는 체험적인 사건이다. 웨슬리의 성화론은 주관적 성화론이라고 할 수 있다. 웨슬리신학에서 강조되는 구원론은 그가 강단신학자가 아니라, 전도자와 순회설교가로서 부딪쳤던 그의 삶의 자리에서 이해되어야 한다. 이렇듯 웨슬리의 성화론은 역동적인 선교 현장과의 연관에서 제대로 이해되고 평가될 수 있다. 이것이 그의 성화론의 특성과 독창성이라고 할 수 있다.

웨슬리신학에 따르면 인간은 하나님의 은혜의 울타리 안에 갇힌 피동적 존재가 아니라, 은총으로 말미암아 회복된 자유의지로 응답해야 하는 책임적 존재이다. 그러므로 여기에 인간의 결단과 행동을 촉구할 신학적 근거가 있다. 이것은 성결의 현재성을 강조하는 웨슬리 성화론의 특징이다.

지금까지 기독교의 구원관을 살펴보았다. 구원자 예수 그리스도가 어떤 분인지 살펴보고, 구체적으로 구원의 과정과 단계에 대해서 고찰하였다. 기독교에서 일반적으로 말하는 구원은 칭의, 중생, 양자됨이라고 말하는데, 이것은 똑같은 내용을 다른 각도에서 표현한 말이다. 즉 이것들은 예수 그리스도를 구주로 믿고 얻게 되는 내적 변화를 가리키는 말들이다. 그러므로 칭의와 중생은 서로 다른 것이 아니고, 하나님의 구원을 더 잘 이해하기 위해서 만들어 낸 설명 방법의 차이가 있는 것에 불과하다.

구원받은 그리스도인이 칭의와 중생에 머무르지 아니하고, 신앙적으로 성장하고 성숙해 가는 것을 성화라고 한다. 어린아이가 성장해야 하는 것처럼 신앙도 성장해야 한다. 우리는 예수 믿고, 구원받고, 하나님의 나라의 백성이 되는 것으로 만족하지 아니하고, 예수님처럼 거룩한 삶을 살아가는 성숙한 하나님의 자녀가 되어야 한다. 역사상 귀감이 되는 많은 신앙의 선배들이 있으며, 그분들의 삶이 우리가 본받아야 하는 성결한 삶의 모범이 된다. 예를 들자면, 성 프랜시스, 존 웨슬리, 주기철, 손양원, 이성봉, 그리고 한경직 등이다. 우리가 거룩한 백성으로 살아갈 때, 우리의 삶의 향기가 이 세계를 변화 시킬 것이고, 그리하여 이 세계는 점 점 더 하나님의 나라를 닮아 가게 될 것이다.

* * *

8장

교회생활

■ 왜 교회인가?

■ 교회에서는 무엇을 하는가?

■ 교회에서 일하는 사람들은 누구인가?

■ 교회는 어떤 조직을 갖고 있는가?

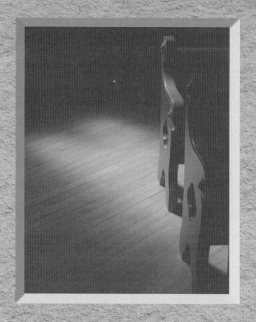

8 장

교회생활

| 1 | 왜 교회인가?

장면 1. 1900년대 초의 한적한 시골에 키가 크고, 코가 긴 선교사가 나타났다. 그 당시 시골에서 서양 사람을 본다는 것은 거의 드문 일이었다. 순식간에 선교사 주위로 사람들이 몰려들었다. 마치 동물원의 원숭이를 보듯 사람들은 선교사를 쳐다본다. 그때 선교사는 어눌한 한국어로 몰려든 사람들에게 전도를 시작했다. "여러분, 예수 믿으십시오. 예수 믿어야 구원 받을 수 있습니다. 오늘 저녁 동구 밖에 있는 교회로 오십시오. 제가 천국의 비밀을 알려드리겠습니다." 그 말을 들은 사람들이 수군거리기 시작했다. "어디로 오랴? 교회? 교회가 뭐여?" "아 거 있잖여? 동구 밖에 있는 연애당." 남녀의 구별이 분

명하던 그 당시 이런 관습에서 자유로웠던 교회는 사람들에게 남녀교제가 자유로운 연애당으로 비치었다.

장면 2. 한 외국인이 밤 비행기를 타고 대한민국을 방문하게 되었다. 비행기에서 내려다본 서울은 그야말로 끝도 없이 펼쳐지는 불야성 그 자체였다. 그런데 비행기가 착륙을 위해 서서히 하강할 때, 이 외국인은 이상한 사실 하나를 발견했다. 유난히도 붉은 십자가 네온사인이 그렇게도 많은 것이다. '이상하다. 서울은 무덤에도 붉은 네온사인을 장식하나? 그리고 저렇게 많은 무덤들이 시내 한복판에 있다니… 한국은 산 사람과 죽은 사람이 한 도시에 어울려 사나보지?' 외국인의 의문은 날이 밝은 다음에야 풀릴 수 있었다. 그가 본 것은 묘지가 아니라 바로 교회의 붉은 색 십자가였던 것이다.

확실히 교회는 이상한 곳이다. 오랜 세월 한국인에게 친근한 종교로 남아있던 불교의 사찰들은 대부분 산속에 있다. 그래서 사람들이 불공을 드리러 가고 싶으면, 작심하고 먼 길을 떠나야 했다. 종교시설이란 불교의 사찰처럼 당연히 사람들과 떨어진 한적한 곳에 위치하는 것이 당연한 생각이었다. 또 불교나 유교는 주기적인 모임이란 게 없었다. 그저 사람들의 필요에 의해 개별적으로 종교행위를 해 왔다. 그런데 교회는 산속이 아닌 사람들이 모여 사는 마을 한복판에 자리 잡고 있다. 매주 일요일마다 '주일'이라는 별칭을 써가며 예배로 모이는가 하면, 매일 새벽마다 예배가 있고 수요일에도 금요일에도 예배가 있다. 또 이런 저런 일들로 교회는 항상 사람들이 북적거린다. 말하자면 일찍이 우리 민족에게는 볼 수 없었던 종교의 생활화와 종교의 집단화가 교회에서 일어나는 것이다.

이상한 것은 이것만이 아니다. 교회에 가면, 누구나가 다 '형제님' '자매님' 하면서 서로를 높여 부른다. 사회에서 회사를 경영하는 사장님도 그 회사에서 근무하는 평사원도 교회에서는 직장에서 쓰는 호칭 대신 '형제자매'로 통일된다. 소위 호칭의 상하개념이 없어지는 것이다.

그뿐이랴? 한 달 내내 열심히 일해 번 수입가운데 10%를 십일조라는 명목으로 헌금한다. 교회에 무슨 일이 있으면, 직장에 휴가를 신청하면서까지 교회 일에 참여한다. 자기 시간과 자기 돈을 들여가면서 말이다. 일한 만큼 대가가 따르는 것이 자본주의 사회의 생리인데, 교회는 이런 기본원리와 전혀 상관없는 길을 간다.

거기다가 교회에 입교하려면, 소위 세례라는 엄격한 절차를 거쳐야 한다. 세례를 받으려면 6개월에서 1년에 걸친 준비기간이 필요하고 교회와 기독교 신앙에 대한 기본적인 사실들을 교육받을 뿐 아니라, 금연이나 금주 등 개인의 생활습관을 시정할 것을 요청받기도 한다. 이런 면들만 보아도 확실히 교회는 이상한 곳이다. 우리가 사는 상식과도 어긋나고, '자유'라는 종교 일반에 대한 대중의 기대와도 어긋난다.

교회가 이상한 곳이라는 사실은 맞는 말이다. 또 교회는 이상한 곳이어야 한다. 왜냐하면 교회는 인간이 아닌 하나님이 세우셨기 때문이다. 인간의 역사는 힘을 바탕으로 한 투쟁의 역사, 분열과 갈등의 역사였다. 성경에서는 그 기원을 바벨탑 사건(창 11장)으로 본다. 사람들이 시날 평지라는 곳에 모여 바벨탑이라는 거대한 탑을 쌓는다. 그들이 탑을 쌓는 이유는 '우리 이름을 내고 흩어짐을 면하자'는 데 있었다. '이름'이란 나 자신이 짓는 것이 아니라, 부모님이나 어른 등 나보다 위의 권위로부터 주어지는 것이다. '하늘'이란 고대인의 관념에서 '하나님'의 별칭이었다. 탑을 쌓는다는 말은 문명의 진보를 말한다. 즉 사람들이 문명이 발달하면서 가지고 있는 지혜로 도모한 것은 스스로 이름을 내고 신의 영역까지 넘보려는 '교만'이었다. 하나님은 그들의 언어를 혼잡케 하심으로 이러한 인간의 교만을 꺾으셨다. 하나이던 언어가 혼잡해지면, 서로간의 의사소통이 불가능하게 되는데, 이는 곧 의견의 불일치와 갈등으로 이어지게 된다. 바로 이 언어의 분열 이후 인간의 역사는 철저히 갈등과 전쟁의 역사가 되었다. 사람들은 평화를 이루겠다며 그 방법으로 힘의 원리를 택했지만, 이런 방법으로 이 땅에 평화가 이룩된 적이 있는가? 힘에 의한 일시적 평화는 또 다른 힘에 의한 보복을 부르기 마련 아닌가?

교회란 바로 이러한 인간 분열과 갈등의 역사를 종식시키려는 하나님의 의지이다. 흔히 우리는 교회의 출범 장소를 예루살렘에 살던 마가라는 사람의 다락방으로 본다. 예수께서 십자가에 달려 돌아가신 후, 예수를 따르던 제자들 120여명이 마가의 다락방에 모여 기도하고 있었다(행 2장). 그때 성령이 그들에게 임하여 '방언'의 은사를 받았다. 당시 예루살렘에는 유월절을 기념하기 위하여 세계 각국에서 유대인들이 몰려들었는데, 그들은 방언의 은사를 받은 사람들이 말하는 한 번도 배운 적이 없는 외국어를 완벽하게 알아들었던 것이다. 이것은 바벨탑에서 분열되었던 언어가 재통일됨을 의미한다. 바로 이 사건을 기점으로 예수의 제자들은 예수가 부활하신 '안식일' 다음날을 '주님의 날'(Lords' Day)로 정해서 정기적으로 모이기 시작했다. 이것이 바로 교회의 시작이다. 언어의 통일이라는 은사가 처음으로 교회에 주어진 선물이라는 것은 교회를 향한 하나님의 기대를 반영하는 것이다. 즉 이것은 분열과 갈등으로 점철된 인간의 역사를 끝내고, 예수 그리스도를 통해 하나님이 보여주신 사랑과 화해의 역사를 펼쳐가라는 것이다. 초대교회는 이러한 하나님의 기대에 맞게 아주 중요한 일을 시작하였다. 그들은 매일처럼 '모여서' 기도하고, 찬송하며, 사랑의 애찬'을 나누었다. 그들이 교회당을 건축하면서, 교회가 시작된 것이 아니다. 이것은 교회가 일차적으로 건물이 아닌 '모임' 임을 의미하는 것이며, '예배' 야 말로 교회의 일차적인 존재이유임을 드러내는 것이다. 동시에 모인 사람들은 사랑의 교제를 통해 서로서로 하나가 되고, 믿지 않는 사람들에게 칭찬받는 공동체를 이루었다. 이것은 교회가 폐쇄된 집단이 아니라, 이웃, 사회 그리고 세계를 향해 열려 있는 공동체임을 말해준다. 무엇보다 우리가 주목할 것은 교회가 처음 시작되면서 보여준 유무상통의 정신이다. 사람들은 자기 재산을 팔아서 교회에 가져왔고, 자기의 필요를 따라 가져다 썼다. 소위 사유재산을 포기하고 '소유의 공유화' 를 실현했던 것이다. 이것은 교회란 '세상의 가치가 죽는 곳' 임을 천명하는 상징적 사건이다. 하나님이 세상을 변화시키기 위해 택하신 교회는 세상가치의 공동묘지이다. 따라서 교회에서는 신분의 상하, 빈부귀천, 그리고 유무식이라는 인간적 구분이 전부 철폐되고 오직 하나님 앞에서의 동등한 '형제자매' 만 존재할 뿐이다. 이것이 교회이다. 따라서 소유욕, 명예욕, 과시욕 등 인간적 욕망의 눈으로 볼 때, 교회는 도저히 이해할 수 없는 이상한 곳이다. 그 이상한 특성이 살아있을 때, 교회는 진정한 교회이며, 하나님의 의지가 실현될 가능성이 있다.

| 2 | 교회에서는 무엇을 하는가?

한편으로 상식적으로 볼 때, 교회는 매우 독특한 곳이요, 상식으로 이해하기 힘든 이상한 곳이다. 다른 한편으로 성서의 눈으로 볼 때, 교회는 하나님이 택하시고 세우신 하나님의 작품이다. 따라서 인간이 아닌 하나님의 뜻에 맞는 일들을 하기 마련이다. 이런 일들은 다시금 세상 사람들에게는 이상한 일처럼 비쳐질 수 있다. 그러나 교회가 하는 모든 일들은 세상을 바로 세우려는 하나님의 의지를 구현하는 일이다. 그러면 교회에서는 구체적으로 어떤 일들을 하는가?

■ 가장 아름다운 축복 : 예배

교회의 일차적인 존재 이유는 하나님을 예배하기 위함이다. 흔히 우리는 예배라고 하면 그 옛날 할머니들이 새벽 일찍 일어나 목욕재계하고, 정한수를 떠놓고, 소원을 비는 것을 연상한다. 아니면 인간적인 필요에 의해 어떤 의식에 맞추어 종교의식을 거행하는 것을 예배라 생각하기 쉽다. 하지만 기독교의 예배는 전혀 다르다. 예배란 인간이 시작하는 것이 아니라, 하나님이 시작하시는 하나님의 일이다. 종교개혁자들이 잘 정립한 것처럼, 예배는 두 가지 성격으로 이루어져 있다. 하나는 인간을 향한 하나님의 봉사이고, 다른 하나는 하나님을 향한 인간의 봉사가 그것이다. 즉 무한자인 하나님께서 유한자인 인간을 돕기 위해 인간들을 예배의 모임으로 부르시고, 하나님의 뜻을 펼쳐 보임으로 설교와 성만찬을 통해 인간에게 봉사하신다. 보이는 말씀인 성만찬과 보이지 않는 말씀인 설교를 통해 하나님은 인간에게 당신의 뜻을 나타내심으로 인간에게 봉사하신다. 이러한 하나님의 봉사에 대해 인간은 찬송과 기도를 통해 응답함으로 하나님에게 봉사한다. 이렇게 본다면 예배의 주도권은(initiative) 인간이 아닌 하나님에게 있다. 따라서 예배란 하나님과 인간과의 거룩한 만남이다.

또 기독교의 예배는 예수 그리스도와 그의 구속사역에 기초하고 있다. 이는 곧 예배 안에서 예수 그리스도 사건이 반복(recapitulation), '요약' 되고 '되풀이' 됨을 의미하는 것으로 구원의 근거를 이루는 창조, 타락, 성육신, 죽음, 부활, 종말 등 역사적인 사건들이 증거됨으로 실존적으로 우리와 연관되는 사건이다. 예배에서 중요한 것은 성령의 역할이다. 예수 그리스도의 구속사건이라는 역사적 간격을 오늘 우리의 사건으로 만드는 것은 바로 인격적 존재이신 성령이다. 성령은 예배에서 하나님과 회중의 커뮤니케이션을 가능케 하시는 분이요, 인간의 변화와 성숙을 이끄시는 분이다. 따라서 예배에 참여하는 사람들은 '신령과 진정' 이라는 예배의 자세와 진지함을 통해 예배 속에서 역사하시는 성령의 임재를 체험할 때, 감동과 감격 그리고 삶의 변화를 이끌어 낼 수 있다.

예배는 시대를 따라 많은 변화를 보여 왔다. 초대 교회의 예배는 말씀과 성찬을 2대 요소로 하는 지극히 단순한 형태였다면, 중세 가톨릭의 '미사'는 매우 다양하고 복잡한 의식이 그 특징이었다. 종교개혁 이래 오늘의 개신교 예배는 초대교회의 예배를 표방한 말씀과 성찬을 중심축으로 교파에 따라 다양한 양상을 보이고 있다. 하지만 대체로 전통적인 예배를 지향하는 교회는 다음과 같은 순서에 따라 예배를 진행한다.

➕ 도입 (입례-예배로 부름 – 기원(개회기도) – 찬송 – 대표기도)

➕ 말씀 (선포와 응답 / 성경봉독 – 설교 – 결단 – 신앙고백 – 광고와 기도)

➕ 성찬 (감사와 나눔 /성찬으로의 초청 – 평화의 나눔 – 봉헌 – 성찬기도 – 주기도 – 분병 – 배찬 – 성찬 후 기도)

➕ 파송 (찬송 – 축도 및 파송)

반면 최근 많은 교회들이 도입하고 있는 '열린 예배'는 전통적인 방식들을 생략한 '탈 형식'의 예배를 그 특징으로 한다. 구도자 예배(seeker's worship), 혹은 공연예배(performance worship) 등으로 불리는 이 열린예배(open worship)는 미국에서 침체된 교회의 전도전략으로 도입되었고, 현대인에게 예배를 통해 복음을 전하자는 원래 취지에 따른 것이었다. 따라서 일반인들이 기독교에 대해서 가지는 거부감이나 생경함을 배제하고, 그들에게 다가가기 위해 모든 종교적인 전문 용어, 가운이나 성가대 찬송가 같은 전통적 요소들을 과감히 생략하며, 그들의 음악과 용어 그리고 관심사에 초점을 맞춘 방식으로 예배를 기획한다. 따라서 전통 찬송가 보다는 현대 일반 음악의 기조를 따른 복음성가,

사회적 관심을 반영한 설교 등이 주된 흐름을 이룬다. 전통적 예배가 자칫 정연한 예배 순서를 따라가는 예배의 의식화라는 함정에 빠질 위험이 있고, 반면에 탈 형식을 지향하는 현대적 예배는 자칫 하나님 대신 예배 참여자 그리고 그들의 감정과 감성에 매몰될 수 있는 위험이 있다.

> 반인들이 기독교에 대해서 가지는 거부감이나 생경함을 배제하고, 그들에게 다가가기 위해 모든 종교적인 전문 용어, 가운이나 성가대 찬송가 같은 전통적 요소들을 과감히 생략하며, 그들의 음악과 용어 그리고 관심사에 초점을 맞춘 방식으로 예배를 기획한다.

 기독교의 예배를 이해할 때, 그 핵심이 특히 '하나님의 말씀'이라는 사실을 간과하지 말아야 한다. 오늘날 '설교'로 각인된 하나님의 말씀은 사실 하나님의 말씀이 가지는 삼중적 양식의 한 부분이다. 우리가 말하는 하나님 말씀이란 계시된 하나님 말씀인 예수 그리스도, 기록된 하나님 말씀인 성경, 그리고 선포된 하나님 말씀인 설교를 그 내용으로 한다. 설교란 하나님께 부름 받아 모인 성도들을 향한 '하나님의 공적인 말 걸어옴'이다. 따라서 설교는 성경에 근거하여 궁극적으로 예수 그리스도를 드러내야 하며, 성도들로 신앙과 인격 그리고 삶에 조화를 이루도록 안내하고 조력하는 기능을 수행해야 한다.

 하지만 하나님 말씀이 단지 설교만을 의미하는 것은 아니다. 설교와 더불어 하나님의 말씀을 이루는 또 하나의 요소는 성찬이다. 성찬은 예수께서 십자가를 지시기 전날 밤 제자들과 함께 가진 최후의 만찬에서 유래한 것으로 그리스도의 고난을 기념하고, 그분의 명령을 따라 거룩한 삶을 결심하는 그리스도와의 신비한 영적 연합 사건이다. 하나님의 말씀은 설교와 성찬이라는 이 두 가지 요소가 온전한 조화를 이룰 때 그 의미를 획득할 수 있다.

2 평생 해야 하는 성도의 의무: 전도

전철에서 졸며 가는데 누군가 와서 어깨를 툭 친다. '당신 예수 믿어 안 믿어? 예수 믿으면 천당 가고, 안 믿으면, 지옥가!' 아닌 밤중에 홍두깨처럼 당황스런 말에 눈을 떠보니 전혀 알지 못하는 사람이 십자가가 그려진 피켓을 들고, 별로 평화롭지 못한 표정으로 반강제적인 '선전'을 한다. 누구라도 한번 쯤 이런 풍경을 접하고 나면 기분이 상하기 마련이다. 다 그런 것은 아니지만 그들이 전한 예수에 대해서도 반감이 들기도 한다. 확실히 일상에서 접하는 이런 전도는 믿음을 가진 사람들마저도 당혹스러워 한다. 이런 당혹감이 교회 밖에만 있는 것은 아니다. 대부분의 교회에서는 전도를 강조한다. 아니 강조의 차원을 넘어 전도할 사람을 강제적으로 적어내게 한다. 그래서 총동원주일에는 일당에 해당하는 돈을 주고서라도 사람들을 데려오는 사례도 자주 눈에 띈다. 이렇게 사람을 괴롭게 하는 전도, 이렇게 지나친 부담을 주는 전도 좀 안할 수 없을까?

그런데 놀랍게도 안 할 수 없다! 전도는 예수 믿는 사람이라면 피할 수 없는 평생의 과제요, 예수 그리스도의 명령이기 때문이다. 기독교의 전도란 두 가지로 나누어 생각할 수 있다. 협의적 의미에서 전도란 피전도자들에게 기쁜 소식인 복음을 전하여 예수 그리스도를 인격적으로 영접케 하며 하나님의 자녀가 될 수 있도록 돕는 것을 말한다. 광의적 의미에서 전도란 복음을 듣고 구원받은 하나님의 자녀가 신앙 안에서 성장하여, 다른 사람들을 전도할 수 있을 때까지 양육하고 훈련하는 것이다.

이와 함께 교회는 선교를 강조하기도 한다. 선교란 전도보다 포괄적인 용어로 문화와 언어가 다른 대상에게 복음을 전하는 것이고, 더 나아가 사회봉사까지를 포함하는 것이다. 환언하면, 전도는 구령의 열정을 가지고 복음을 다른 사람에게 전하는 모든 행위라면, 선교는 전도와 함께 복음을 전하기 위해 행하는 의료, 교육, 농업, 그리고 구제 등 모든 봉사활동을 포함한다.

전도란 남의 인생에 심대한 영향을 줄 수 있는 중요한 사건이다. 다른 사람의 인생에 개입하는 것이 전도이기에 부담을 갖는 것은 너무도 당연하다. 더욱이 종교의 기본 원리란 자발성인데 전도란 이런 원리를 무시한 강제성의 성격을 띠기 때문에 전도를 하는 자나 받는자나 부담이 가기는 마찬가지이다. 하지만 예수 그리스도 안에서 진정 궁극적 진리를 발견한 사람은 그것을 다른 사람에게 소개하는 것은 너무나 당연한 일 아닌가? 다른 사람의 인생 속으로 들어가, 그에게 최고의 선물인 예수 그리스도를 소개해 그 사람을 영생의 길로 이끄는 것처럼 중요하고 가치 있는 일이 어디 있겠는가?

오늘 우리가 예수를 믿는 것은 누군가 나에게 복음을 전해주었기 때문이다. 따라서 모든 그리스도인은 복음의 빚진 자이다. 더욱이 전도는 제자와 신자에게 주어진 예수의 지상명령이다(마 28: 16-20). 따라서 전도는 성직자에게만 주어진 임무가 아니라, 그리스도인 전체에게 주어진 임무이다. 전도는 단지 교회를 채우기 위해 사람을 동원하는 것이 아니라, 하나님의 구원역사에 동참하는 것이요, 영혼을 살리는 위대한 사역이다.

지금까지 전도에 대해서는 많은 기법들이 개발되어 왔는데, 크게 직접전도와 간접전도로 나뉜다. 직접 전도란 인격 대 인격이 마주치는 전도방법으로 전도대상에게 직접 복음을 전하는 방식이라 할 수 있다. 또 다른 방식은 병원이나 학교 문화사업 등 다양한 봉사기관을 세워 이를 통해 사람들에게 복음과 접하도록 하는 방식이다. 시대의 다양성에 따라 전도의 방법도 다양해질 필요가 있다. 인터넷, 이메일, 호스피스 사역, 노숙자 돌봄, 새터민 지원, 다문화가정 지원, 직장사역, 교회의 수련회나 문화 모임 등을 통한 전도에서부터 문서전도 관계전도 등을 생각해 볼 수 있다. 또 전혀 모르는 사람에게 복음을 전하는 것도 중요하고, 친숙한 지인에게 복음을 전하는 것도 중요하다. 더 나아가 외국에 나가 복음 전하는 선교사역에 인생의 어느 한 부분을 할애하는 것도 그리스도인들이 생각할 수 있는 전도의 방법이다.

중요한 것은 방법이 어찌 되었든 예수 그리스도를 전하는 사람의 삶과 인격이 전도 받는 사람을 감동시킬 수 있어야 한다는 것이다. 나를 변화시키지 못하는 복음, 남에게 인정받지 못하는 삶이 누구에게 복음을 전하며, 누구의 삶에 영향을 줄 수 있을 것인가?

3 믿음 안에서의 성장: 교육

기독교가 한국에 처음 도입되었던 19세기 말에 한국의 일반 교육은 매우 지지부진한 상태였다. 여성에 대한 교육은 상상하기 힘들었고, 남자 어린이에 대한 교육 역시 전근대적인 한문 교육에 머물고 있었다. 바로 이런 열악한 상황에서 교회는 주일학교라는 기독교 교육 시스템을 도입하여 성도의 교육에 주력하였다. 주일학교는 처음 어린이를 주된 대상으로 하였지만, 성인들에 대한 성경 공부로 점차 확대되었다. 또 매주일 드려지는 예배는 단지 종교적인 집회의 의미를 넘어, 서구의 문명과 세계에 대한 정보를 제공해 주는 지식전달의 창구 기능을 수행했다.

어느 사회든 교육은 그 사회의 근간을 세우는 토대와도 같은 것이다. 이런 맥락에서 교회교육 역시 매우 중요하다. 교회교육은 인간을 성숙한 그리스도인으로 변화시키기 위해 양육하고 훈련하는 의도적이고 체계적인 교회 활동이다. 교회교육은 교회를 중심으로 하는 교육행위로 모든 교회의 교육이 그리스도의 몸인 교회를 세우는데 그 목적이 있다. 여기서 말하는 그리스도의 몸으로서의 교회는 조직적 체계적 법적 의미의 교회뿐 아니라, 성도 한 사람 한 사람이 곧 그리스도의 지체라는 의미에서 성도를 세워나가는 의미의 교회이다. 교회교육은 본성이 악한 인간을 온전한 그리스도인이 되도록 이끌어, 궁극적으로 예수 그리스도를 닮아가는 삶의 변화를 추구한다. 말하자면 교회의 교육은 성도들이 지적, 정적, 의지적, 그리고 인격적인 면에서 균형을 갖춘 '좋은 신앙'을 갖도록 이끌어 주는 것이다.

이런 목적을 이루기 위해서는 세 가지의 교육이 조화를 이루어야 한다. 첫째로, 교회교육은 지적인 면을 잘 갖추어야 한다. 기독교가 2천년 넘는 오랜 역사를 이어오는 동안 기독교의 근간이 되는 교리와 신학이 형성되어 왔다. 동시에 교회는 그 신앙의 모토가 되는 성경을 경전으로 가지고 있다. 따라서 교회교육은 기본적인 신앙과 신학, 교리와 경전에 대한 확실한 지식을 교육해야 한다. 이러한 교육은 성도 자신의 신앙을 함양할 뿐 아니라, 타인에 대해서는 자기의 신앙을 변증하는 순기능으로 작용하게 된다.

둘째로, 교회교육은 신앙교육이다. 즉 교회교육은 기독교가 섬기는 대상인 하나님에 대한 분명한 신앙의 고백과 죄인된 인간의 본질에 대한 인식을 가르치고, 죽음을 이기는 구원에 대한 열망과 확신을 갖게 해야 한다. 그리고 예수 그리스도를 통해 이 땅에 실현된 하나님의 나라를 확장시키며, 하나님의 사랑과 공의를 이 땅에 실현시키는 일에 동참하겠다는 신앙적 결단을 이끌어 주어야 한다.

셋째로, 교회교육은 성숙한 기독교적 인격을 함양해야 한다. 다종교, 다민족, 그리고 다인종이 어울려 사는 지구촌에서 세상의 빛과 소금의 역할을 할 수 있도록 원숙한 신앙 인격을 고양시키는 것이야 말로 교회교육이 간과할 수 없는 중요한 임무이다. 자신이 가진 종교적 신념에 투철하면서도, 다른 종교와 사상을 지닌 사람들을 이해하고 품으며, 평화를 만들어가는 것은 예수를 따르는 제자들의 의무이다.

교회는 효과적인 교회교육을 위해 '교회학교'라는 조직이 구성되어 있다. 교회학교는 영아부로부터 노년부에 이르기까지 전 교인을 그 대상으로 한다. 교육의 담당자는 교회별로 차이가 있는데, 대체로 기독교교육을 전공한 교육목사 혹은 교육 전도사의 지도 아래 평신도 전문가들로 이루어진 교사들이 실질적인 교육을 맡고 있다. 특히 교육기관으로 분류되는 유년주일학교, 중고등부, 그리고 청년회는 매주일 그들만의 예배와 교육시간을 별도로 갖고 있으며, 성인들의 경우 교회가 제공하는 각종 성경공부, 셀 교육, 그리고 제자훈련 등에 참여하고 있다. 이와는 별개로 처음 신앙을 갖기 시작한 새신자들을 위한 교육도 활발히 진행되고 있다. 최근에는 교회에 노령인구가 늘어나면서 교인과 지역민을 아우르는 경노대학 등을 운영하기도 하며, 사회에 봉사하는 차원에서 다양한 인성교육과 취미교육 프로그램 등을 운영하기도 한다.

한편 교회교육의 효과를 극대화하기 위해 여름과 겨울의 방학기간을 맞아 각 교회에서는 전통적으로 여름성경학교와 중고등, 청년부의 수련회를 개최해 왔다. 대략 3-5일 지속되는 이런 교육은 신앙교육과 공동체경험 그리고 인간관계 훈련을 모색할 수 있는 좋은 기회이다. 최근에는 교회의 구성원들 모두가 참여하는 '전교인 가족 수련회'도 교회마다 정착되고 있다.

4 하나됨의 실현 : 친교

사랑의 공동체로서의 교회의 정체성을 실현하는데 있어서 하나의 매우 중요한 요소는 사랑의 친교이다(κοινονια, koinonia)이다. 교회는 경제나 명예, 그리고 학식 등 어떤 사회적 가치로도 차별이나 분리를 허락하지 않는 평등 공동체이고, 사회적 가치인 '이익'을 배제하는 나눔 공동체이다. 예배에서 매번 고백되는 사도신경은 "성도의 거룩한 교제"(communio sanctorum)를 명시하고 있는데, 이것은 사랑의 친교라는 교회의 정체성을 극명하게 보여주는 것이다.

communio란 말은 공동의 과제나 직무를 뜻하는 라틴어 cum-munus 혹은 공동의 방어처 또는 보호처를 의미하는 cum-moenus에서 파생된 것으로 일반적으로 공동과제나 공동의 참여를 의미했다. 이 용어를 교회론적인 의미에서 처음 사용한 것은 사도 바울이다. 그는 그리스도와 하나 되고, 그리스도 안에서 믿는 이들 상호간의 하나 됨을 koinonia라는 용어로 표현했다. 이 헬라어가 불가타 번역에서 comm unio로 번역되면서, communio는 삼위일체 하나님께서 선사하시는 은총에 부르심 받은 이들이 공동으로 참여함을 통해 발생되는 생동적이고 역동적인 것을 표현하는 종교적 용어가 되었다. 이 친교는 세 가지 차원으로 이루어진다.

첫째는 신적 친교(communio Divina)로 삼위일체 하느님의 세 위격 사이에 존재하는 내재적 친교관계가 교회론의 원천적 근거가 된다는 의미를 지닌다. 이는 삼위일체 하나님의 내재적 관계에 인간들의 모임인 교회가 참여하기에 교회 안에서 신-인적 두 차원의 일치가 이루어진다는 의미이다. 그러므로 교회는 성부와 성자와 성령의 삼위일체적 친교공동체의 모상인 것이다.

둘째는 형제적 친교(communio fraterna)인데, 이는 하나님 백성의 본질적 동등성을 표현하는 것으로 무엇보다도 감사의 성찬(eucharistia)에서 드러나는 믿는 이들의 communio를 묘사하는 것이다. 이는 지역교회 사이 그리고 지역교회들과 세계교회 전체 사이의 친교 공동체성을 묘사한다.

셋째는 교계적 친교(communio hierarchia)로 사랑의 봉사직무 안에 상이성과 조직체적인 실재를 표현한다. 이는 형제적 일치감과 사랑을 바탕으로 자신이 맡은 사명을 실행함으로 이루어지는 교회의 일치를 말한다.

이렇게 볼 때 교회의 친교(communio)는 삼위일체 신-인적 친교공동체성을 표현하는 것으로 삼위일체 하나님의 친교(communio)를 바탕으로 하며, 바로 이 모상에 참여함으로서 진정한 가치를 얻는다. 따라서 성도의 교제 혹은 사랑의 친교란 단순히 사람들 간의 악의 없고, 사랑에 찬 모임을 넘어서는 우주를 창조하신 삼위일체 하나님의 상호 협력적 활동이며 업적으로 이해할 수 있는 것이다.

이러한 친교가 현실화되기 위해서는 세 가지의 실천이 필요하다. 첫째는 대화(Dialog)가 필요하다. 삼위일체 하나님께서 이루신 사랑의 관계는 끊임없이 서로 통교하는 관계를 통해 이루어진 것으로 성부 하나님과 그리스도이신 아들이 이루신 끊임없는 대화(기도)의 모습은 교회가 이루어 나아가야할 모범을 제시해준다. 따라서 교회는 기도를 통해 하나님과의 끊임없는 소통을 유지할 뿐 아니라, 그것을 바탕으로 모든 계층과 조직 안에서 끊임없는 대화를 통해 자아를 개방하도록 하여야 한다.

둘째는 협력(cooperation)을 필요로 한다. 협력이란 창조와 구원 그리고 성화를 함께 이루어가는 삼위일체의 상호협력활동에서 기인한다. 따라서 교회는 모든 교회의 선한 활동과 복음 사역에 삼위일체 하나님의 협력을 기본 모델로 삼아야 한다.

셋째는 연대성(solidarity)을 필요로 한다. 연대성이란 하나님께서 인간에 대한 당신의 사랑을 구체화시킨 것으로, 성자 하나님을 보내시고, 또 보혜사 성령 하나님을 보내신 것을 모토로 한다. 하나님이 시작하신 바로 이러한 연대성을 따라 교회는 모든 계층의 사람들과 복음의 연대성을 맺어야 한다.

이상에서 살펴본 바와 같이, 교회의 친교는 단순히 같은 취미나 기질로 모인 사람들이 서로 교제하는 것이 아닌, 성삼위 하나님의 친교로부터 출발하는 것이다. 하나님의 이런 친교를 바탕으로 살아가기 위해 성도들은 성찬에 공동으로 참여(leitougia)하는 가운데 영적인 힘을 얻어, 그 힘으로 세상에 복음을 선포(martyria)하고, 더 나아가 그리스도의 고난에 참여하여 봉사(diaconia)와 희생의 삶을 살아갈 수 있다.

5 예수를 닮아가는 삶: 봉사

교회의 세 가지 핵심기능은 하나님의 말씀을 전하는 복음선포(Kerygma), 교제와 사귐을 뜻하는 사랑의 친교(Koinonia) 그리고 이웃 섬김을 의미하는 봉사(Diakonia)를 들 수 있다. 이 세 가지 모두 교회의 교회됨을 이루는데 반드시 필요하다. 그중에서도 '봉사'는 하나님 사랑과 이웃 사랑을 모토로 하는 교회의 정체성 및 존재이유와 연관하여 매우 각별한 의미를 갖는다. '디아코니아'란 말은 신약성경에 34회 기록되어 있으며, 특히 116회에 걸쳐 등장하는 '사랑'의 구체적인 실천으로서 섬김과 봉사를 의미한다. 개신교회가 그토록 강조하는 '믿음' 역시 입술만의 고백이 아닌 구체적인 행동으로 이어지는 '사랑으로써 역사하는 믿음'을 의미한다(갈 5:6). 즉 사랑의 진실성은 디아코니아적 행동 속에서 증명되며(마 25: 31-46), 산 믿음과 죽은 믿음의 구분도 행동하는 사랑의 실천 여부에서 결정(약 2:17) 된다.

특히 예수 그리스도는 그 자신이 이 땅에 오신 이유가 '섬김'이었다(막 10: 45). 그는 가르침을 통해(눅 10: 25) 섬김을 강조하셨을 뿐 아니라, 그의 삶 자체가 섬김과 봉사 그 자체였다. 예수는 몰려든 각종 병자들과 굶주리고 멸시받은 창기와 과부 죄인 세리 등을 감싸 안으셨고, 그들을 섬기는 삶을 사셨다. 예수의 십자가 죽음 역시 우리를 다시 살리려는 대속의 섬김을 의미한다. 이런 점에서 봉사의 근원이 되는 최초의 봉사자는 예수 그리스도라고 할 수 있다.

봉사의 신학자 필립피(Paul Philippi)에 의하면 "봉사는 그리스도 사건에 근거되어 있기 때문에 그리스도 중심의 봉사자가 되어야 한다." 그러므로 사회봉사의 정의는 곧 복음의 핵심인 구원과 그리스도 중심의 섬김의 실천으로 이루어지는 사람과 사회를 향한 모든 행위를 말하는 것이다.

> '봉사'는 하나님 사랑과 이웃 사랑을 모토로 하는 교회의 정체성 및 존재이유와 연관하여 매우 각별한 의미를 갖는다. '디아코니아'란 말은 신약성경에 34회 기록되어 있으며, 특히 116회에 걸쳐 등장하는 '사랑'의 구체적인 실천으로서 섬김과 봉사를 의미한다.

교회가 세상의 빛과 소금이 된다는 것은 바로 이러한 예수의 모범을 따라 봉사와 섬김을 통해 복음을 삶으로 살아내는 것을 의미한다. 또 성경이 '교회'를 섬김의 주인이신 예수 그리스도의 몸으로 이해한다는 것은(고전 12:12) 교회의 본질적 사명이 주님이 걸어가신 '섬김의 길'을 걸어가는데 있음을 말해 주는 것이다.

특히 현대사회가 산업화, 도시화, 그리고 핵가족화 되고, 빈부격차가 심화되면서, 인간소외, 물질만능, 그리고 이기주의 등 비인간화가 점차 심화되고 있다. 물론 국가가 이런 문제들을 해결하려 노력하지만, 도움의 손길은 여전히 필요한 실정이다. 이런 상황에서 교회의 봉사행위는 교회자체의 정체성과 더불어 공적 복지제도의 불완전성을 보완하고 강화한다는 의의를 지닌다.

교회의 봉사는 하나님께서 인간을 위해 스스로 낮아지셔서 인간이 되시고, 고난과 죽임을 당하셨다는 하나님의 봉사에 기인한다. 하나님은 스스로 낮아지고 겸비하셔서 인간을 위한 봉사의 길을 가셨던 것이다. 그러기에 교회의 봉사는 철저한 낮아짐과 겸비한 마음에서 행해져야 한다. 교회의 봉사는 교회적 차원과 성도 개인적 차원으로 나누어 시행될 수 있다. 교회가 속한 지역사회의 현안에 교회가 참여하는 경우에 막대한 예산이 투여되기 때문에 전교회적인 관심과 재정적 지원이 뒷받침되어야 한다. 또 교회에는 매우 다양한 인적자원들이 넘쳐나기 때문에 이들을 활용한 조직적이고 체계적인 섬김도 가능하다.

| 3 | 교회에서 일하는 사람들은 누구인가?

교회는 하나님의 부름을 받은 사람들의 모임이다. 우리는 하나님의 부르심에 응해 교회로 모인 사람들을 하나님의 사람, 그리스도인 혹은 성도라고 부른다. 교회는 바로 이 사람들을 통해 하나님의 일을 수행한다. 하지만 교회가 감당하는 일이 다양하기 때문에 모든 사람이 동일한 일을 수행하지는 않는다. 가령 성경의 해석, 교리제정, 설교, 교육, 성찬의 집례 등은 그 일을 위한 하나님의 특별한 부르심과 그에 따른 실제적이고, 특별한 전문교육을 필요로 한다. 반면 전도나 봉사, 구제 등은 특별한 재능이나 교육 없이도 누구나 수행할 수 있다. 이런 이유로 교회에서 일하는 사람은 전문적으로 성사를 담당하는 성직자와 평신도의 두 부류로 나누어진다. 하지만 평신도와 성직자라는 단어는 본래 모두 하나님의 백성을 의미했다. 평신도(laity)라는 말은 하나님의 백성을 의미하는 라오스(laos)의 형용사 라이코스(laikos)에서 유래한 것인데, 특히 라오스란 단어는 이방인과 구별되는 거룩한 '하나님의 백성' 을 의미한 것이었다.

성직자에 해당하는 용어 클레로스(cleros)는 본래 제비뽑기의 '심지'나 제비뽑기와 관련된 '몫' 혹은 '유산'을 뜻했다. 이 두 단어는 성경 안에서 평신도와 성직자란 개념으로 존재하지 않으며, 또 성경에는 성직자와 평신도가 이원적 계급 구조로 나타나지도 않는다.

　그런데 1세기 말에 로마의 클레멘트(Clements)가 쓴 고린도 교회에 보낸 편지에는 평신도라는 단어가 성직자와 반대되는 개념으로 사용되고 있다. 이로 미루어 이시기부터 이 두 단어가 교회 안에서 대립적인 계급구조로 쓰이기 시작했다고 추정할 수 있는데, 특히 그리스–로마의 도시국가의 클레로스(장관)와 라오스(일반시민)라는 이원적 신분구조를 그대로 모방한 것이라 할 수 있다. 말하자면, 성경에서 강조하는 '평등한 하나님의 사람들' 개념이 계급적인 이원 구조로 변질된 것이다. 물론 이교도나 이단들의 공격으로부터 교회를 보호하고 교인들을 교육하고, 양육하며, 교회의 신학을 정립하는데, 전문적인 인력이 필요했다는 현실적인 이유도 성직자 그룹의 탄생에 중요한 요인이었음을 부인할 수는 없다. 그러나 사역의 다양성이 신분의 상하로 고착되는 것은 결코 성경의 가르침이나 초대교회의 전통은 아니다. 성서적 교회에는 결코 성직자와 평신도가 지금처럼 계급적 신분으로 등장하지 않았다. 신약성서는 평신도와 성직자를 구분하기에 앞서 분명히 교회에 속한 모든 사람들을 형제로 불렀고, 모든 신자들은 하나님 앞에서 동등한 존재로 간주되었다. 사실 구약시대에 통용되던 제사장의 계급구도는 신약시대에 와서 끝이 났다. 예수 그리스도에 의해 "모든 그리스도인"은 제사장과 같은 존재가 된다. 모든 그리스도인이 하나님의 제사장과 같은 존재이니 교회 안에 특별한 성직 계급이 더 이상 존재할 필요가 없는 것이다. 사도 바울은 계급화 되지 않은 초대교회의 모습을 그리스도의 "몸" 모델로 설명했다(엡 4:15-16; 5:23). 교회를 하나의 몸으로 비유할 때, 예수 그리스도는 교회의 머리요, 모든 하나님의 백성은 지체라는 것이다. 그러니 어느 특정 지체가 다른 지체보다 더 신분적으로, 본질적으로 고귀한 것은 아니다. 모두 하나의 몸을 연합하여 이루어나가는 것이다. 종교개혁자 마르틴 루터가 '만인제사장설'을 주창하며, 325년 니케아 종교회의와 중세 로마교회를 거치면서 고착화된 이러한 교회내의 신분의 이원구조를 개혁하려 했던 것은 하나님의 사람들의 정체성을 회복하고자 하는 몸부림이었다.

교회 내에 신분의 상하가 존재하는 것은 하나님의 뜻이 아니다. 그러나 하나님의 사람이라는 동등한 신분이라 하더라도, 그 안에 복음의 집행을 위한 질서는 필요하다. 모든 성도가 교회의 모든 봉사를 다 맡을 수는 없다. 루터가 말한 바와 같이 "공동체는 한 개인을 그 특별한 직분, 즉 말씀과 성례전에 봉사하는 일을 위하여 임명"할 필요가 있다. "부름을 받은 목사와 평교인 사이에는 직분상의 구별만 있을 뿐이며, 존재의 구별이 아니라, 사역의 구별이 있을 뿐"이다. 소위 설교나 성례전과 같은 복음의 공적 집행을 위해서는 그 일을 위해 부름 받고 훈련받은 사람이 필요한 것이 사실이다. 마르틴 루터는 하나님의 부르심을 의미하는 내적 소명(vocatio interna)과 신학수업과 안수를 내용으로 하는 외적 소명(vocatio externa)을 복음의 공적 집행을 하는 자들에게 필요한 조건으로 제시한다. 이러한 루터의 견해는 신학적으로 뿐만 아니라, 현실적으로도 타당성을 갖는다. 왜냐하면 구약의 제사장에서 보듯, 하나님은 성별된 자들을 뽑아 당신의 일을 맡기셨고, 예수님도 12명을 따로 불러 제자 삼으셨기 때문이다. 또 목회는 현실적으로 다방면에 걸쳐 치밀한 준비와 전문지식을 필요로 하는 매우 전문화된 영역으로 반드시 그 일로 훈련된 자에 의해 수행되어야 한다. 따라서 상하 계급 구도가 아닌 복음의 효율적 집행을 위한 '질서'로서의 구분은 피하기 힘든 현실이다. 전통적으로 성직자의 활동은 범위는 주로 교회 안임에 반해, 평신도는 교회 안과 밖 모두에 걸쳐 있다. 따라서 이 양자는 공히 그리스도인, 성도로 세상의 빛과 소금이 되기 위해 노력해야 하며, 하나님께 부름 받은 하나님의 사람들로 상호 존중하고, 협력하며, 맡겨진 사명에 충실하여야 한다.

가톨릭교회의 경우에 성직자와 평신도에 대한 직제(職制)의 구분이 분명하다. 천주교에서 말하는 성직자란 신부이상의 직책(신부, 주교, 사제, 대주교, 추기경, 교황)을 가지고 천주교에서 성직에 종사하는 자들을 말하고 평신도란 이러한 직책을 가지지 않은 일반 신도를 말한다. 성직자들은 대사권(代謝權-免罪權, 赦罪權), 사제권(司祭權-미사집례), 사목권(司牧權-목양), 교도권(教導權-구령)을 가지고 있다. 따라서 성령의 은사에 의한 평신도의 사역은 이 영역에서는 절대로 인정하지 않는다.

기독교회의 경우에 성직자는 신학교를 나온 후에 교회에서 전도사, 부목사, 협동목사, 담임목사로 봉직하며, 교역자라고 불린다. 이들은 하나님께서 성직으로 자신을 부르셨다는 소명을 바탕으로 신학교에 입학하여, 신학교육을 받은 후, 각 교단이 정하는 절차에 따라 전도사(강도사)의 사역 및 안수를 거쳐 목사가 된다.

목사라는 명칭은 구약성경에서는 히브리어로 '로이' 라고 하는 단어인데, 그 뜻은 '목자(牧者),' '양떼를 돌봄' 이라는 의미이다(렘 17: 6). 한편 신약성경에서 목사라는 말을 가리키는 헬라어 단어는 '포이멘'(ποιμην)으로 '목자' 라는 의미이다(엡 4:11). 또 '포이마나테' 라는 단어 역시 목사를 가리키는 단어인데, '양 무리를 치라' 는 뜻을 갖는다(벧전 5:2). 이밖에 '감독' 을 의미하는 '에피스코포스(επισκοποξ)' 라는 단어(행 20:28)나 '장로' 를 뜻하는 '프레스부테로스(πρεσβυτεροξ)' 라는 단어(벧전 5:1)도 비록 용어는 다르지만, 그 의미는 목사라는 명칭과 동일한 것이다. 이상과 같이 신약성경에서 사용된 단어들의 뜻을 종합적으로 정리해 보면, '포이멘' (목자)이라는 말은 주의 양 무리인 성도들을 신령한 양식인 하나님의 말씀으로 '가르쳐 기르는 자' 라는 뜻으로 설명이 가능해진다.

목사(牧師 ; Minister)라는 직임은 교회의 여러 직임(고전 12:28) 중 가장 대표적인 것으로 목사가 되는 마지막 예식인 안수를 통해 세례와 성만찬의 집례 및 축도의 권한이 부여된다. 안수 받은 목사가 한 교회의 담임목사가 되면, 교회의 목회사역 전반을 관장하는 목회권을 가지게 된다. 목사의 직임은 행정적(行政的)으로 교회의 대표권(代表權)을 가지고 있을 뿐만 아니라, 실제적으로 교인들을 가르치는 지도자로서의 책무를 가진다. 동시에 목사라는 직임은 제반 문제들에 관하여 책임을 져야만 한다는 당위성(當爲性)도 함께 갖는다. 목사의 직무를 다음과 같이 정리할 수 있다:

✛ 목사는 그리스도의 율례를 지키는 자로서 하나님의 도를 맡은 청지기다(눅 12:42;

고전 4:1-2).

+ 목사는 그리스도에게 봉사하는 종이며 사자(使者)이다(고후 5:20; 엡 6:20).

+ 목사는 그리스도의 말씀으로 성도를 깨우치는 교사이다(딛 1:9; 딤후 1:11).

+ 목사는 구원의 복된 소식을 전하는 설교자이자 전도자이다(딤후 4:5).

+ 목사는 성도의 모범이 되어 교회를 치리하는 장로(長老)이다(벧전 5:1-3; 요삼 1:1).

+ 목사는 예수 그리스도의 양인 성도를 양육하는 목자(牧者)이다(렘 3:15; 벧전 5:2-4).

성직자와 함께 평신도로서 교회에서 일하는 대표적인 직분으로는 장로와 집사직을 들 수 있다. 장로란 일반적으로 덕망이 있고 경험이 많은 지도자라는 뜻이다. 이 명칭을 나타내는 헬라어는 '프레스뷰테로스'인데, 영어로는 '프레스비터'(Presbyter) 혹은 '엘더'(Elder)라고 부른다. 장로라는 말이 구약에 약 100회 그리고 신약에 60회 기록되어 있는데, 성경에 나타난 장로라는 말의 뜻을 종합해 보면, '나이 많은 사람', '존경할 만한 사람', '인격적으로 존경받는 공직자', '다스리는자', '원로', '민중의 대표자', '백성들의 대변자', '가르치는 자', '예배를 돕는자', '구제 사업을 돕는 자' 등의 여러 가지 뜻이 있다.

구약시대의 히브리인 사회와 종교에 있어서 가족의 어른 즉 장로의 권위는 절대적이어서(창 18:12) 국민을 대표하여 히브리 공동 사회의 권위적인 존재가 되었다. 이스라엘 사회에서 장로는 지도적 권위를 가진 그룹으로(출 3:16, 4:29) 종교적 기능 이외에도 전투의 지휘자로 재판관으로, 충고와 권면자로, 행정의

증인 등으로 다양한 기능을 수행했으나, 그중에도 공동체의 대표자의 기능이 가장 중요하였다(레 4:13-21, 신 21: 1-9). 장로들은 선지자의 친구요(왕하 6:32), 왕의 고문이요(왕상 20:8, 21:11), 국무에 있어서 백성들을 돕는 자들이었다. 특히 회당은 이스라엘 사회에서 장로의 직책이 자라고 정착된 곳이다. 회당은 집회 또는 공동체 교구를 의미하는 '모이는 장소', '예배와 교훈의 집'이란 의미를 지니는데(행 6:9), 주로 종교교육과 율법교육이 이곳에서 이루어졌다. 장로들은 회당에서 유대인의 민사, 형사, 그리고 종교상의 문제를 판가름하는 법정 구실을 했고(눅 12:11, 마 10:17), 회당의 최고 관리자가 되어 율법 교육을 맡았고, 이단과 배교자를 회당으로 부터 추방할 권리가 있었다. 회당의 상임 관리자를 회당장이라고 불렀다(막 5:22, 눅 8:49). 유대 사회는 왕과 제사장과 선지자에게 기름 붓는 예식이 있었으나, 장로는 기름 붓는 직분이 아니었다.

기독교회의 장로는 바로 위에서 열거한 유대교의 제도를 도입한 것으로 장로는 회중가운데 선출하여 약간의 경험을 쌓은 후 안수하여 임명하였다. 장로의 임무는 교인을 감독하고, 다스리고, 보호하는 것으로, 가르치고, 설교하는 일은 장로의 본래적 임무는 아니었다. 초기 교회에서 감독과 장로를 동의어로 사용하였다(행 20:17-28). 하지만 시간이 지나면서 구분이 생겨나게 되어, 교회를 영적으로 먹이고 말씀을 설교하고, 가르치는 일을 전담한 자를 감독이라 하고, 교회를 그리스도의 몸으로서의 생명을 유지하도록 그들을 지키고, 지원하는 자를 장로라고 하였다. 그 이후 감독은 목회를 위해 부름 받은 직책으로, 장로는 목사를 보필하는 교회의 원로로 고착되었다.

따라서 장로는 상당한 식견과 통솔의 능력이 있는 자이어야 한다. 장로는 목사와 협력하여 교회의 행정과 권징을 하며, 교인의 신상 관계를 살펴야 할 직무가 있기 때문에, 상당한 식견과 통솔의 능력이 있어야 한다. 장로는 또한 교회의 신령한 형편과 새로운 상황에 대처할 수 있는 정신과 능력이 있어야 한다. 그 뿐만 아니라 그는 바른 신앙과 도적적인 면에서 흠이 없는 정결한 삶을 사는 자이어야 한다. 이런 자격을 갖춰 교인 3분지 2의 찬성과 교단에서 정하는 소정의 절차를 마친 후 장로로 장립되면, 장로는 교회의 행정과 권징을 관리하며, 목사를 도와 교회의 신앙관계를 살피며, 영적인 문제를 다스린다. 또 교인의 지도자요, 권위자로서 그에게 교인을 선도하는 권한이 주어진다. 따라서 장로는 신앙과 생활 모든 면에서 교인들의 모범이 되어야 한다.

장로와 더불어 평신도 직분의 또 다른 축을 이루는 것이 집사이다. 집사(deacon)라는 말은 헬라어 '디아코노스(Diaconos)'에서 왔다. 디아코노스라는 말이 헬라어 성경에는 30회 사용되었으나, 1611년 번역된 영어 성경에는 5회만 집사라고 번역되었다. 디아코노스란 말이 집사라고 번역되지 않았을 때에는 일꾼(minister) 또는 종(servant)으로 번역되었다. '디아코노스'란 '먼지를 통해서'라는 뜻이다. 이 말의 기원은 분명치 않으나 먼지를 일으킨다는 개념은 종이 자기 주인을 섬기거나 시중들기 위해 서두름을 암시하는 것 같다. 사도행전 6장에서 집사의 기원은 구제를 일삼는 사람으로 일곱 사람을 선택한 것에서 유래한다. 초대 교회 교인들 중에는 돌보아야 할 형제와 과부된 자매가 있었는데, 이들을 돌보기 위해 일곱 명을 선출한 것이 집사이다. 그들은 재무와 구제 업무를 맡아 사도들을 도와 일하는 보조자들이다. 이들은 높은 자격이 필요했고, 안수도 받은 일꾼이다(행 6:6). 이들이 자기 직무를 잘 처리하므

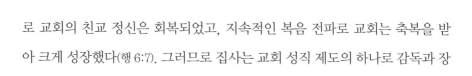

로 교회의 친교 정신은 회복되었고, 지속적인 복음 전파로 교회는 축복을 받아 크게 성장했다(행 6:7). 그러므로 집사는 교회 성직 제도의 하나로 감독과 장로 다음의 성직이다(빌 1:1, 딤전 3:8-12).

오늘날에도 변함이 없이 집사는 목사의 기도하는 일과 말씀 전하는 일에 전무하도록 목사의 보조자가 되어야 한다. 집사에는 두 종류가 있다. 하나는 안수로 임직되는 항존직으로 안수 집사 또는 장립 집사이다. 다른 하나는 임기 1년에 임시직인 서리집사이다. 집사 직무는 안수 집사나 서리 집사의 구분이 없으나, 선택하는 과정이 다르다. 안수집사는 사무총회 또는 공동의회에서 선택하여 당회의 시취를 거쳐 안수하므로 임직하지만, 서리 집사는 당회에서 선택하여 임명한다. 집사 자격도 안수 집사는 27세 이상의 남자 무흠 세례교인으로 5년을 경과한 자라야 한다고 규정하지만, 서리 집사에는 이러한 규정이 없다. 서리 집사는 임시직이므로 해마다 임명하여야 한다.

사도행전 6장과 디모데전서 3장에 집사의 자격이 기록되어 있다. 믿을만하고 성령과 지혜가 충만한 사람(행 6:3 새 번역)이라고 했는데, 이것은 집사가 재정을 맡을 사람이므로 특별히 신실해야 한다는 것이다. 디모데전서에 따르면 근엄하고 한 입으로 두 말을 하지 않고, 과음하지 않고, 부정한 일을 탐하지 않는 사람, 깨끗한 양심에 믿음의 비밀을 간직한 사람(딤전 3:8-9), 한 아내의 남편으로 자녀와 자기 가정을 잘 다스리는 사람이어야 한다(딤전 3:12).

사도행전에 따르면 집사의 직무는 사도들이 기도하는 일과 말씀 섬기는 일에만 힘쓰도록 교회의 다른 일을 봉사하여 사도들을 돕는 일이었다. 구체적으로 말하면, 집사의 직무는 매일 구제하는 일과 먹이는 일(행 6:2 새번역)이었다.

하지만 스데반이나 빌립의 경우를 보면, 전도자로서의 직무도 집사에게 요구되었다고 할 수 있다. 전체적으로 보면, 집사는 사도들의 기도와 선교의 협력자로, 선택받은 봉사자로, 목사의 목회를 돕는 보조자라 할 수 있다.

┃ 4 ┃ **교회는 어떤 조직을 갖고 있는가?**

교회가 사람들의 모임이라는 면에서 볼 때, 교회조직은 비록 교회의 본질적 요소는 아닐지라도 필요한 요소이다. 성경은 초대 교회가 어느 정도의 조직을 갖고 있었음을 알려준다. 예를 들면, 세례를 통해 교회의 회원이 되는 것(마 28:19), 장로와 집사의 직분을 위한 자격 규정(딤전 3장), 교회 집회의 순서들(고전 14:26), 성찬의 규례(고전 11:23-26), 헌금의 규례(고전 16:1, 2), 권징(고전 5장), 과부들의 등록과 관리(딤전 5:9), 교회에서 시행되고 있는 규례(고전 11:16), 질서의 필요성(고전 14:40) 등의 말씀들이 그러하다.

교회 역사에 나타난 교회 정치는 세 종류의 형태들이 있었다. 첫 번째는 감독정치(Episcopalism)이다. 감독정치는 교회가 주교들 혹은 감독들(bishops)에 의해서만 다스려지는 방식이다. 이 방식에 따르면 주교들은 사도들의 계승자로서 교인들을 감독하며, 그들에게만 교회 치리(治理)의 권한이 있고, 일반 교인들에게는 없다. 주교는 여러 교회들을 관할하고 치리하며, 또 성직 임명권을 가진다. 영국교회(성공회)와 감독교회가 이런 정치 형태를 취하며, 가톨릭의 교황제도는 감독정치의 극단적인 형태이다.

두 번째는 회중정치(Congregationalism)이다. 회중정치는 교회가 교인들에 의해 다스려지는 방식이다. 이 방식에 따르면 목사는 지교회의 한 회원에 불과하며, 교인들 위에 감독의 권위를 가지는 사람들이 따로 없다. 또 지교회는 개체성과 독립성을 가지며, 그것을 간섭하는 노회나 총회 같은 것은 없고, 단지 서로 교제하고 협력하는 협의체 같은 것이 있을 뿐이다. 이런 정치 형태는 침례교회나 회중교회 등에서 볼 수 있다.

세 번째는 장로정치(Presbyterianism)이다. 장로교회의 장로정치는 감독정치와 회중정치의 장단점을 성경적으로 보완한 형태로서, 교회가 교인들 스스로 선택한 대표자들, 즉 목사와 장로들에 의해 다스려지는 방식이다. 이것은 한마디로 대의정치(代議政治)이다. 이 방식에서는 일반 교인들의 권한과 목사의 권한이 둘 다 동등하게 존중된다.

지상에 존재하는 다양한 교파들은 위에서 언급한 다양한 교회정치를 기반으로 한다. 중요한 것은 어느 정치형태를 취하든 반드시 성경적인 정신을 구현할 수 있어야 한다는 것이다. 성경은 일반 교인들의 제사장적 권한을 증거한다(벧전 2:9; 계 1:6; 행 6: 5-6). 동시에 성경은 목사 혹은 장로들의 직무와 권위를 증거한다(요 21:15-17; 행 20:28). 나아가 교회의 권세는 교인들이 뽑은 대표자들에 의해 행사되는 대의정치(代議政治)를 표방한다는 것이다(행 14:23; 20: 28).

이런 정신 위에 교회는 철저히 민주주의적인 운영을 표방한다. 교회의 최고기관인 사무총회(공동의회)는 세례교인 이상의 정회원이 참여하는 최고 의결기구로 직접 민주주의의 정신을 구현하는 기구이다. 장로들로 이루어진 당회는 사무총회에서 결의된 내용을 집행하고, 교회의 정책을 세우며, 교회 각 기관과 부서를 감독하는 대의정치의 표본이다. 또한 집사와 각 기관 대표로 구성되는 직원회는 성도들의 중의를 모아 건의하는 민의의 발의 기능을 수행한다. 따라서 교회는 목사 한 사람의 독단이 아닌 성도들의 중의를 제도와 기구에 담아 수행하는 매우 민주적인 기구라 할 수 있다.

성경은 일반 교인들의 제사장적 권한을 증거한다(벧전 2:9; 계 1:6; 행 6: 5-6). 동시에 성경은 목사 혹은 장로들의 직무와 권위를 증거한다(요 21:15-17; 행20:28). 나아가 교회의 권세는 교인들이 뽑은 대표자들에 의해 행사되는 대의정치(代議政治)를 표방한다는 것이다(행 14:23; 20: 28).

또한 교회에는 예배, 재정, 인사, 관리, 그리고 찬양 등 직능에 따른 다양한 위원회가 구성되어 있어 복음사역을 분담하고 있다. 또한 주일학교, 학생회, 청년회 등 연령대에 따른 교육기관, 남전도회, 그리고 여전도회 등 장년을 대상으로 한 자치기관들이 조직되어 있어 효율적인 복음사역을 수행한다.

이러한 다양한 조직과 기관으로 구성된 개교회는 지역별과 권역별로 지방회(노회)로 구성되어 있고, 이들 지방회의 대표자들로 구성된 총회 등 소위 '확대회의들'이 있다. 이것은 철저히 성경의 가르침에 따른 것이다(딤전 4:14; 행 15장). 이런 확대회의는 개교회의 제반 문제를 해결하는 기능과 함께 그 지역 교회들의 주된 관심사를 공동으로 처리하는 순기능을 갖는다.

* * *

9장

그리스도인의
삶과 윤리

■ 하나님의 행위에 대한 응답

■ 응답적 사랑의 윤리

■ 현대 한국 사회와 윤리적 과제

■ 건강한 기독교 윤리

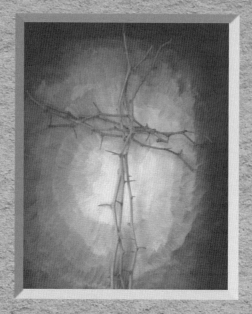

9장

그리스도인의 삶과 윤리

┃ 1 ┃ 하나님의 행위에 대한 응답

우리가 인간으로서 살아가는 한, 우리는 모두 윤리적 도전에 직면하며 산다. 우리가 어떻게 살아야 할 것인지를 결정해야 하는 상황과 늘 마주치기 때문이다. 살아가면서 마주치는 상황들에서 내리는 많은 결정이 결코 사소하지 않으며, 때로는 매우 중요한 결과를 초래하기도 한다. 어떤 크기, 어떤 연비를 가진 자동차를 사서 어느 정도로 빨리 운전할 것인지, 시험을 치를 때 좋은 결과를 얻고자 어떤 행동을 취할 것인지, 길거리에서 만나는 낯선 외국인이나 장애인에게 어떤 표정과 태도를 취할 것인지, 대통령 선거, 국회의원 선거, 지방 선거에서 어떤 정치인을 뽑을 것인지, 어떤 방식으로 생필품을 구매하고 소비

할 것인지 등을 결정할 때, 우리는 각자 나름대로 윤리적 결정을 내리고 산다. 윤리라는 것은 우리가 어떻게 살아야 할지, 우리가 처한 상황에서 어떤 행동을 취해야 할지, 사람이 사람답게 살기 위해서 어떻게 살아야 할지를 고민하며, 그에 대한 대답을 찾으려는 시도이다. 그런 점에서 산다는 것 자체가 사실상 윤리적 도전에 직면하는 것이다.

그리스도인으로서 살아가는 한, 우리도 기독교 윤리의 문제에 직면한다. 우리는 하나님 앞에서 하루하루를 살아가고 있으며, 또한 하나님이 선호하시는 삶의 방식이 있다는 것을 알기 때문이다. 그리스도인이 삶의 문제에서 일반적인 철학적 윤리학의 도움을 받을 수 있다. 기독교 윤리학이나 철학적 윤리학이 모두 인간의 삶의 문제를 다룬다. 하지만 철학적 윤리학이 추구하는 '사람다운 삶'의 추구는 인간중심주의적 태도이다. 사람다운 삶이 어떠해야 하는지를 결정함에 있어서, 그 척도는 인간 자신이 되기 때문이다. 인간의 합리성, 이성 등이 종종 그 척도가 되어왔다. 하지만 우리가 관심을 가지는 인간의 삶은 허공에 떠 있는 단독자로서의 인간이 아니라, 그리스도인으로서의 삶, 다시 말해서 '기독교 신앙 안에 있는 인간'으로서의 삶이다. 기독교 신앙 안에서 우리가 믿고 있는 하나님은 우리에게 특정한 삶의 방식을 요구하신다. 따라서 기독교 신앙 안에서 인간답게 살기 위해서 우리가 처한 다양한 삶의 상황에서 어떤 행동을 선택해야 하는지를 따져보아야 한다. 그리스도인으로서 어떻게 사느냐 하는 것은 매우 중요한 일이다. 우리가 취하는 행동과 선택은 현재뿐 아니라, 영원한 삶을 위해서도 매우 중요하기 때문이다. 기독교 신앙 안에 있는 인간으로서 우리가 어떻게 살고, 어떤 행동을 선택해야 할 것인가를 묻는 것이 기독교 윤리이다.

기독교 윤리를 논의하려고 할 때에, 특히 개신교 그리스도인의 입장에서 제기되는 근본적인 물음이 있다. 그것은 믿음과 행위의 관계성에 대한 문제이다. 윤리는 삶의 행위와 일차적으로 연관되다보니, 윤리와 행위에 대한 관심 속에서 믿음에 의한 칭의, 은혜에 의한 구원을 강조하는 개신교 신앙의 구원론이 타격을 입는 것은 아닐까 하는 염려를 하게 된다. 다시 말해서 기독교 윤리에 대한 강조는 율법주의, 행위공로주의를 불러오는 것은 아닌지 하는 염려가 생긴다.

먼저, 분명히 해두어야 할 것은 기독교 윤리는 인간이 자신의 행위로 하나님 앞에서 의롭다고 인정받고, 구원을 얻을 것으로 믿는 율법주의 및 행위공로주의를 배격한다. 윤리적 행위로 하나님 앞에서 공적을 인정받아서 의롭다함을 받거나, 구원을 얻는 것이 아니라는 점을 기독교 윤리는 분명히 전제한다. 구원은 인간의 부가적인 행위 없이 거저 은혜로 인간에게 주어진다는 기독교의 복음의 테두리에서 기독교 윤리는 한 발도 벗어나지 않는다. 구원과 칭의는 인간의 행위가 아니라, 하나님의 행위이다. 구원과 칭의라는 하나님의 행위 안으로 인간은 받아들여질 뿐이다. 그런 점에서 인간은 믿음 안에서 구원을 은혜로, 선물로 경험한다. 따라서 인간의 행위는 −그것이 기독교 윤리에 입각한 행위라고 하더라도− 칭의의 전제도 아니며, 구원을 가져오는 원인도 아니다.

하지만 은혜로 값없이 받는 구원에 대한 강조가 인간의 윤리적 행위의 필수성과 가치를 부정하는 것은 아니다. 행위가 아니라, 믿음에 의해 의롭다함을 받는다는 구원론이 그리스도인들에게 윤리적 책임을 면제시켜주지 않는다. 그리스도인들은 값없는 은혜를 '값싼 은혜'로 전락시켜서는 안 된다. 구원의 은혜는 죄인에게 의롭다고 법적으로 선언해주는 것으로 그치지 않고, 불의한 것으로부터 의로운 것을 실제적으로 만들어내는 데로 나아간다. 칭의는 죄인으로 하여금 정말로 새로운 삶을 위해서 다시 태어나게 한다. 다시 말해서 칭의는 성결을 낳는다. 그런 점에서 구원의 은혜는 칭의에서 머물지 않고, 죄인을 거듭나게 하여 새사람으로 의롭고 바르게 살아서 하나님께서 본래 인간에게 의도하셨던 것을 성취하도록 한다(엡 2:10). 바로 여기서 기독교 윤리적 행위의 필수성이 나온다.

　기독교적 윤리에 따른 선한 행위는 믿음의 열매와 결과로서 산출되기 마련이다. 그리스도를 믿고, 의지한다는 것은 그의 말씀을 지키기 위해 애쓴다는 것을 뜻한다. 그리스도의 말씀을 듣고, 순종하지 않으면서, 그리스도를 믿는다고 하는 것은 거짓이다. 따라서 기독교 윤리는 그리스도인이 믿는 대로 행동하고 살려고 하는 것, 자신이 굳게 믿는 바를 실행하는 것이라고 말할 수 있다. 그런 점에서 기독교 윤리는 칭의나 믿음의 전제조건은 될 수 없지만, 믿음의 결과로서 필연적으로 나타나게 마련이다.

　이것을 다른 말로 표현하면, 기독교 윤리에서 펼쳐지는 인간의 행위는 하나님의 행위에 대한 응답이라고 말할 수 있다. 하나님의 행위가 인간의 행위보다 우선한다는 신중심적인 태도를 기독교 윤리는 포기할 수 없다. 기독교 윤리에서 다루어지는 인간의 행위는 이차적인 것으로 인정된다. 그러나 인간의 행위가 이차적이라는 하는 것이 인간의 행위가 불필요하다고 말하는 것이 아니다. 일차적인 하나님의 행위에 대한 응답으로 일어나는 인간의 행위라는 점에서 이차적이라는 것이다. 그러나 하나님의 행위가 인간에게 효력을 미치기 위해서는 인간의 측에서의 응답은 필수적이다. 그런 점에서 기독교 윤리는 하나님의 행위에 대해서 필수적으로 수반되는 응답적 행위를 다룬다.

그러면 기독교 윤리는 인간의 행위를 응답으로 유발시키는 일차적인 하나님의 행위에 초점을 맞추어야 한다. 그 일차적인 하나님의 행위에 상응하는 행위를 추구하는 것이 기독교 윤리의 과제다. 그러면 인간의 윤리적 행위가 초점을 맞추어야할 하나님의 행위는 무엇이었는가? 하나님의 행위는 전통적으로 삼중적으로 이해되어 왔다. 하나님의 창조 행위, 하나님의 화해 행위, 그리고 하나님의 구속 행위가 그것이다. 첫째로, 하나님은 온 세상과 생명을 창조하셨고, 또 그 세상을 보존하고 계신다(창조 행위). 둘째로, 하나님은 그리스도의 십자가의 대속적 죽음을 통해서 인간의 죄를 심판하시면서, 인간과 화해를 이루셨다(심판과 화해의 행위). 셋째로, 하나님은 마지막 때에 인간을 비롯한 온 만물이 궁극적으로 새롭게 변화되어 지고의 복을 누리게 하실 것이다(구속의 행위). 그러면 기독교 윤리의 문제는 하나님의 창조행위, 하나님의 화해행위, 하나님의 구속행위에 상응하는 우리의 응답적 행위는 어떠해야 하는가를 묻는 것이다. 이것을 다시금 인간의 입장에서 표현하자면, 하나님에 의해서 창조된 인간으로서, 심판받고 용서받은 죄인으로서, 그리고 궁극적인 구원을 기다리는 인간으로서 우리는 어떻게 살아야 하는가를 묻는 것이 된다.

우리는 하나님의 이 모든 총체적인 행위를 하나님의 사랑의 행위로 요약할 수 있다. 하나님이 세상을 창조하시고, 죄에 빠진 인간 및 세상과 더불어서 화해하시고, 마지막 때에 인간이 궁극적인 구원에 이르게 하시는 것은 모두 인간과 세상에 대한 하나님의 사랑의 표출이다. 인간 및 세상과 관련된 하나님의 모든 행위는 인간과 세상에 대한 하나님의 사랑의 행위이다. 그렇다면 기독교 윤리의 응답적 행위가 초점을 두어야 할 하나님의 행위는 하나님의 사랑이다. 하나님의 사랑에 응답하는 인간의 행위, 하나님의 사랑에 상응하는 인간의 행위가 곧 기독교 윤리이다.

응답적 윤리의 모델은 전통적인 윤리적 모델, 곧 의무론적 윤리와 목적론적 윤리에 대해서 기독교 윤리적으로 대응하면서 나름대로 찾아간 방법이라고 할 수 있다. 행복과 선을 목적으로 하는 목적론적 기독교 윤리는 자아를 위한 선을 추구하는 이기주의의 모델을 벗어날 수 없다. 또한 법이나 의무는 사랑이 적절하게 작동하도록 융통성을 발휘할 수 없으며, 아울러서 인간으로서는 사랑의 법을 지킬 힘이 없음에도 불구하고 법준수를 요구하는 율법주의의 모델을 벗어날 수 없다. 따라서 기독교 윤리를 사랑의 윤리로 규정하려고 할 때, 그것은 응답적 윤리의 모델로 규정되어야 한다. 그런 점에서 우리는 기독교 윤리를 하나님의 사랑에 대한 인간의 응답적 사랑의 윤리로 이해하고 전개하려 한다.

| 2 | 응답적 사랑의 윤리 : 사랑과 정의

1 사랑

하나님의 사랑에 응답하는 인간의 사랑을 골자로 하는 기독교 윤리를 명확하게 파악하기 위해서는 하나님의 사랑의 본질을 규명하는 것이 필요하다. 이때 중요한 것은 사랑 그 자체의 성격을 규명하는 것보다, 하나님을 중심으로 사랑의 성격을 규명하는 것이다. 그래야만 기독교적 사랑이 규명될 뿐만 아니라, 우리가 궁극적인 본과 규범으로 삼아야 할 지고한 사랑의 성격이 규명될 수 있다. 그런 점에서 우리는 논의의 출발점을 하나님의 사랑에 둔다.

성경은 우리가 하나님을 사랑하기 전에, 하나님의 사랑이 우리에게 먼저 나타났다고 말한다. 우리 인간이 아직 죄인 되었을 때에, 즉 인간에게는 하나님으로부터 사랑받을 만한 가치가 없던 바로 그 때에, 하나님은 인간을 사랑하셨다. 여기에 하나님의 사랑의 본성이 드러난다. 하나님은 인간이 현재 가지고 있는 가치, 선함, 공로를 보고서 사랑하는 것이 아니라, 있는 그대로의 인간을 사랑하시며, 심지어는 죄인을 사랑하신다. 하나님의 사랑은 인간이 가지고 있는 가치와는 무관한 사랑이며, 오히려 죄를 용서하고 새로운 가치를 인간에게 창출하는 사랑이다. 그런 점에서 인간에 대한 하나님의 사랑은 인간으로부터 뭔가를 얻을 것을 기대하는 이기적인 사랑이 아니라, 인간 자신의 유익과 행복을 바라면서 인간에게 새로운 가치와 선을 부여해주는 이타적인 사랑이다. 이런 점에서 하나님의 사랑은 에로스, 즉 자아에 대한 사랑이 아니라 아가페, 즉 상대방의 유익을 도모하는 사랑이다.

우리를 먼저 사랑하신 하나님의 사랑이 우리에게 영향을 미치게 될 때에, 그 사랑은 우리에게 변화를 일으키며, 우리를 그 사랑 안으로 들어가서 함께 움직이게 만든다. 다시 말해서, 우리가 하나님의 사랑을 받아들일 때에, 우리는 그 하나님의 사랑의 역동성에 함께 참여할 것을 요구받는다. 하나님의 사랑은 인간의 응답적 사랑을 요구한다. 하나님의 사랑을 받는 인간은 이제 하나님을 사랑하고, 이웃을 사랑하라(막 12:30-31)는 이중적인 응답의 사랑을 요구받는다. 사랑은 우리가 거저 받은 선물인 동시에, 우리도 응답적 행위를 해야만 하는 과제와 규범이 된다. 바로 여기서 사랑의 윤리적 성격이 나타난다. 우리는 사랑을 받는 존재인 동시에 사랑을 해야 하는 존재이다.

　우리가 보여야 할 응답적 사랑은 두 가지로 나타난다. 첫째는 하나님에 대한 사랑이다. 우리가 하나님의 사랑을 받을 때에, 우리는 즉각 하나님을 사랑해야 한다. 하나님을 신뢰하고 예배하며, 하나님께 감사하고 순종해야 한다. 둘째는 이웃에 대한 사랑이다. 하나님의 사랑의 대상인 인간은 단독자로서의 개인이 아니라, 사회적 존재로서의 인간이기에, 하나님의 사랑의 수용은 동료 인간 즉 이웃에 대한 사랑으로 우리를 이끌어 간다. 하나님의 사랑의 깊이를 깨닫고 하나님을 사랑하게 된 사람은 하나님이 그의 이웃을 이미 사랑한 것처럼 그의 이웃을 사랑하는 것이 하나님의 뜻임을 받아들인다. 그러기에 우리는 이웃을 사랑해야 한다. 따라서 이중적인 응답적 사랑은 곧 하나님에 대한 사랑과 이웃에 대한 사랑으로 귀결된다.

　하지만 이때 하나님에 대한 사랑은 신앙의 문제이고, 이웃에 대한 사랑은 윤리의 문제라고 쉽게 속단하고 분리시켜서는 안 된다. 물론 윤리적 실천이 우리에게서 구체적으로 드러날 분야는 이웃에 대한 사랑이 될 것이다. 하지만 이웃에 대한 우리의 사랑이 참된 기독교적 사랑이 되려면, 철저한 하나님에 대한 사랑과 신앙이 요구된다. 하나님을 믿는 절대적인 신앙과 하나님에 대한 궁극적인 충성심이 없다면, 이웃에 대한 인간의 사랑은 왜곡될 수밖에 없다. 먼저 하나님에 대한 사랑에 기초하지 않은 이웃에 대한 사랑은 이웃에 대한 사랑 그 자체를 목적과 규범으로 절대시하는 우상숭배에 빠질 수 있다. 기독교적 사랑의 윤리는 사랑 그 자체에 대한 찬미가 아니라, 하나님 안에서의 사랑에 대한 찬미이기 때문이다. 아울러서 하나님에 대한 사랑에 기초

> 하나님의 사랑의 깊이를 깨닫고 하나님을 사랑하게 된 사람은 하나님이 그의 이웃을 이미 사랑한 것처럼 그의 이웃을 사랑하는 것이 하나님의 뜻임을 받아들인다. 그러기에 우리는 이웃을 사랑해야 한다. 따라서 이중적인 응답적 사랑은 곧 하나님에 대한 사랑과 이웃에 대한 사랑으로 귀결된다.

하지 않은 이웃에 대한 사랑은 이기적인 자아사랑으로 왜곡되기 마련이다. 인간의 사랑은 본성상 자아중심적일 수밖에 없다. 심지어는 인간이 고상하게 이웃을 사랑하고 있다고 여기는 때조차도, 실제로는 자신의 요구와 유익에 유리한 방향으로 신중하게 이웃을 끌어들이는 이해타산적인 사랑으로 끝나기 일쑤다. 이웃에 대한 인간의 사랑이 자아중심적인 성격을 벗어날 수 있는 유일한 길은 온 몸과 마음과 뜻을 다해 하나님을 사랑하는 것이다. 이때에만 인간은 자신의 이웃을 자유롭게 사랑할 수 있고, 이웃사랑은 진정으로 이웃을 위한 사랑이 될 수 있다.

하나님의 사랑에 대한 응답적 사랑으로 요구되는 이웃에 대한 사랑은 하나님의 아가페 사랑의 본질을 따라야 한다. 인간에 대한 하나님의 사랑이 하나님에 대해서 가지는 인간의 가치에 근거하지 않았던 것처럼, 이웃에 대한 인간의 사랑도 자기에 대해서 가지는 이웃의 가치 – 예를 들어서, 인종 · 민족 · 정치 · 종교적 측면에서의 가치 – 에 근거하지 말아야 한다. 이웃이 하나님께 가지는 보편적 가치에 근거해야 한다. 따라서 이웃에 대한 사랑은 모든 인류

를 포괄하는 보편성을 지녀야 한다. 또한 인간에 대한 하나님의 사랑이 자기만족과 자기요구의 충족을 위해서가 아니라, 인간의 유익과 선을 도모했던 것처럼, 이웃에 대한 우리의 사랑도 자아보다는 이웃을 긍정하고, 자아의 요구보다는 이웃의 요구를 돌보고, 자기의 유익과 선보다는 이웃의 유익과 선을 도모하는 사랑이어야 한다.

물론 이처럼 하나님의 아가페 사랑을 모방하여 자아중심적인 태도를 뛰어넘어서 타인의 선을 도모하는 사랑은 자기희생적인 성격으로 나타날 수 있다. 하지만 자기희생의 고통 그 자체를 선으로 추구하는 비관적 금욕주의로 이해되어서는 안 된다. 절대적인 자기희생의 추구가 기독교적 사랑의 윤리의 목표가 아니다. 기독교 윤리는 구원 종교의 윤리다. 다시 말해서 자아를 잃음으로 자아를 다시 얻게 하는 그런 구원 종교의 윤리다. 하나님을 진정으로 사랑하는 사람은 어쩔 수 없이 의무감이나 당위성 속에서 하나님을 사랑하고, 이웃을 사랑하는 것이 아니라, 기쁨으로 사랑의 계명에 순종한다. 그것은 기독교적 이웃사랑이 하나님과의 사귐 속에서 이루어지는 일이기 때문이다.

② 사랑과 정의

정의는 사랑과 대립되는 가치로 보인다. 정의는 차갑다. 그에 반해 사랑은 따뜻하며, 정의는 사회적 관계와 제도를 따지기에 비인격적인 것으로 보이지만, 사랑은 개인을 연민과 자비심으로 돌보면서 인격적인 것으로 보이기 때문이다. 그처럼 사랑과 정의는 상호 배타적인 가치로 보인다. 그렇다면 기독교 윤리의 중심적 내용이 이웃사랑이라고 한다면, 정의의 문제는 기독교 윤리에서 이질적이고 낯선 문제로 보일 것이다. 하지만 이것은 사실과 다르다. 기독교 윤리에서 사랑은 정의와 결코 분리될 수 없는 관계에 있다. 사랑은 정의를 통해서 성취되며, 정의는 사랑을 통해서 완전함에 이르도록 요구받기 때문이다.

사랑과 정의의 바른 관계를 이해하기 위해서는 인간의 사회적 삶에 대한 고찰이 선행되어야 한다. 인간은 사회적 존재로서 사회적 생활을 한다. 인간은 사회 속에서 다른 사람들과 더불어서 공동의 삶을 살아가면서 상호간에 사회적 관계를 맺으며, 또한 삶의 자원이 되는 재화나 용역을 직접적인, 혹은 간접적인 협업 속에서 생산하고 분배한다. 인간이 사회적 삶을 산다는 바로 여기에 정의의 문제가 대두된다. 정의는 인간의 사회적 관계 및 사회적 활동을 적합하게 질서 잡아주려는 것을 목표로 한다. 우리는 다음과 같은 경우에 정의의 문제가 절실함을 느낀다. 예를 들어서, 사회에서 범죄를 저지른 사람이 처벌받지 않을 때에 우리는 정의롭지 않다고 여기며, 자신이 참여한 생산활동에서 자신이 기여한 만큼 받지 못할 때에 우리는 정의롭지 못하다고 여긴다. 또는 인종이나 민족이 다르다고 해서 정치적, 사회적 기회가 공평하지 않게 부여될 때에 우리는 정의롭지 못하다고 여긴다. 따라서 정의란 인간이 사회적 관계와 활동에서 마땅히 차지해야 할 몫이 무엇인지를 결정해주는 것이라고 할 수 있다. 사회적 관계에 있는 개인에게, 또는 집단에게 마땅히 주어야할 것이 주어지고 있을 때, 그 사회는 정의롭다고 말할 수 있다.

우리가 사랑해야 할 이웃은 진공 속에 있는 개인이 아니라, 사회의 구성원으로서 사회적 관계와 사회적 활동에 얽혀있는 인간이다. 이런 사회적 관계에 있는 이웃을 우리가 사랑해야 한다면, 그 사랑은 그 이웃 개인에 대한 독자적인 선행만으로 – 자선행위와 같은 독자적 선행은 그 자체로서 고귀한 일이며, 계속 촉구되어야 한다 – 만족할 수 없고, 이웃이 처해있는 사회적 관계의 개선과 개혁에 관련된 선행의 요구로 이어진다. 이웃이 사회적 관계와 활동 속에서 마땅히 받아야 할 몫을 받지 못하여 고통 속에 있다면, 이웃의 필요를 보살피면서 이웃의 선을 도모하고자 하는 이웃사랑은 사회적 관계에서의 정의에 대한 추구로 당연히 나아갈 수밖에 없다. 이웃 사랑은 이웃이 사회적 관계에서 마땅히 받아야 할 몫을 받도록 하는 정의에 의해서 실천으로 옮겨진다. 그런 점에서 정의는 사랑을 실현하는 도구라고 할 수 있다. 인간이 사회적 존재이기를 포기하지 않는 한, 즉 사회적 관계와 활동을 규정하고 있는 사회적 제도 안에서 살아가야 하는 한, 사랑은 정의를 대신할 수는 없다. 사회적 정의가 해야 할 일을 개인적 관계의 사랑이 대신할 수 있다고 여기는 윤리는 인간의 사회적 삶에 대해서 책임 있는 답변을 해줘야 할 과제를 회피하고 만다. 정의가 없는 사랑은 감상적 도덕주의에 빠지고 만다. 정의는 사회의 구조적 개선, 곧 정책이나 법적, 사회적 제도의 개선을 통해서 인간이 사회적 관계와 활동 안에서 마땅히 받아야 할 몫을 받게 하려 한다. 이런 점에서 이웃사랑을 말하는 기독교 윤리는 개인적 자선을 넘어서서 사회정의를 주장하게 되고, 개인윤리를 넘어서서 사회윤리를 포괄하게 된다.

정의는 법적 체계와 제도를 통해서 힘과 구속력을 부여받는다. 사회적, 법적 제도와 정책을 통해서 정의가 가진 강제력은 사회구성원들의 이기주의와 공격성을 억제하여 사회적 불의를 감소시키는 역할을 하며, 아울러서 모든 사회구성원들이 사회적 관계 속에서 자신의 목적과 본성을 보다 효율적으로 실현해나갈 수 있는 구조적인 틀을 마련해준다. 정의가 법적 체계와 제도를 통해서 가지는 이런 구속력과 강제력으로 인해서 차갑게 보이고, 비인격적으로 보일 수 있다. 하지만 정의가 구현되도록 임무를 부여받은 사회적, 법적 질서는 애초에 하나님의 창조질서에 속하는 것으로서 공동체 안에 있는 모든 사람들의 필요를 보살피고, 그들의 선을 도모하고자 세워진 것이다. 이런 점에서 정의는 이웃사랑의 효율적인 실현도구, 때로는 강제성을 띤 실현도구라고 이해될 수 있다.

3 정의

정의란 인간이 사회적 관계와 생활에서 마땅히 차지해야 할 몫이 무엇인지를 결정해주고, 사회구성원에게 자신의 몫이 마땅히 돌아갈 수 있도록 사회적 구조를 정책적으로, 법적으로 조성하려는 노력이라고 할 수 있다. 그런데 이때 다시 근본적인 질문이 떠오른다. 그러면 사회구성원에게 주어야 할 몫의 마땅함에 대한 기준은 도대체 무엇인가? 사회구성원에게 어떤 몫이 돌아갔을 때, 그 몫이 마땅한지, 마땅하지 않은지를 어떤 기준에서 평가해야 하는가?

이런 물음에 대해서 전통적으로 크게 두 가지 대답의 시도가 있었다. 그 하나는 평균적 정의이다. 이것은 인간의 기본권과 같은 것은 사회구성원 모두에게 산술적으로 동일하게 나누어져야 한다는 입장이다. 성, 인종, 경제력, 그리고 능력 등에 상관없이 사회의 동등한 권리(예컨대 동등한 투표권, 법 앞에서의 평등)가 부여되어야 정의로운 사회라고 말하며, 이때 평균적 정의를 염두에 둔 것이다. 다른 하나는 배분적 정의이다. 이것은 사회구성원이 발휘한 능력이나 공로에 비례해서 몫을 나누어주어야 정의롭다고 하는 입장이다. 이 배분적 정의는 주로 경제적 분배에서 거론된다. 일을 잘해서 많은 성과를 올린 사람이 일을 못해서 적은 성과를 낸 사람보다 더 큰 몫을 차지하는 사회가 정의로운 사회라고 말할 때, 배분적 정의를 염두에 둔 것이다.

평균적 정의에 대해서도 논란이 없는 것은 아니지만, 대체로 사회구성원 간에 합의를 이루는 것이 다소 용이하며, 또한 근대화, 민주화를 거치면서 평균적 정의는 어느 정도 사회적으로 자리를 잡아가고 있다. 물론 인종차별, 민족차별, 성차별, 정치적 권력의 독점과 남용의 경우에는 평균적 정의가 계속 주장되어야 한다. 하지만 현대산업사회에 와서 더욱 심각하게 대두되는 것은 배분적 정의의 문제이다. 산업사회를 통해서 생산된 자원이 어떤 방식으로 사회구성원에게 배분되어야 하는가 하는 문제와 관련해서, 각자가 발휘한 공로에 비례해서 각자의 몫을 받게 해야 한다는 배분적 정의의 개념이 지배적인 이념으로 받아들여져 왔다. 하지만 이 배분적 정의가 정말로 정의롭기 위해서는, 사회구성원이 능력을 발휘하여 만들어낸 결과에만 주목할 것이 아니라, 사회구성원이 애초에 능력을 발휘할 기회와 여건의 차이가 나중에 결과의 차이를 초래했음을 고려해야 한다는 지적이 현대에 제기되고 있다. 즉 배분적 정의는 골인 지점에 누가 먼저 들어 왔는지만 평가할 것이 아니라, 사회구성원들이 서로 다른 출발선상에서 시작하고 있는 점을 함께 고려하여 사회구성원이 마땅히 받아야 할 몫을 결정해야 한다는 것이다. 배분적 정의가 더욱 바람직한 정의관으로 자리 잡기 위해서는 단순한 보응주의, 단순한 공로주의의 차원을 넘어서서 애초에 정당한 경쟁의 출발이 가능하도록 해야 하며, 그런 출발의 차이가 불가피하다면 그 불리함을 보충해주어야 하며, 아울러서 정당한 경주에서 실패한 경우에도 새로운 출발을 할 수 있는 여지도 허용해야 한다.

　성서에서 나타난 정의관도 단편적인 보응주의, 공로주의적 정의 개념을 넘어선다. 의로우신 하나님은 인간에게 정의를 요구하신다. 인간에게 구현되어야 할 정의의 원천은 하나님의 의이다. 하나님의 의는 일차적으로 인간들에게 응보적 정의, 배분적 정의를 요구한다. 따라서 죄는 징벌을 받게 하며, 행한 대로 갚아준다. 하지만 하나님의 의는 이것으로 끝나지 않았다. 하나님의 의의 궁극적인 목적은 구원에 있기 때문이다. 하나님의 의는 인간을 각자의 공과에 따라서 상을 주거나 벌을 주는 것이 아니라, 인간을 용서하고 구원하며, 새로운 기회를 부여해주는 것을 궁극적 목적으로 삼고 있다. 이런 점에서 하나님의 의에서는 정의와 구속적 사랑이 교차되고 있다. 따라서 이런 하나님의 의에 뿌리를 둔 기독교 윤리의 정의는 단순한 응보적 정의나, 배분적 정의의 관철을 목표로 해서는 안 된다. 물론 응보적 정의나 배분적 정의가 가지는 기본적인 의의를 제한적으로나마 인정할 수밖에 없다. 그러기에 건전한 배분적 정의가 가능하도록 관심을 기울여야 한다. 하지만 기독교 윤리가 지향하는 정의는 인간의 공과에 따라서만 몫을 나누겠다는 비율적 분배의 차원을 넘어서서 인간을 용서하시며, 구원하시는 하나님의 의의 관점에서 인간이 마땅히 차지해야 할 몫이 무엇인지를 결정해야 한다.

정의는 구체적인 정치, 법, 제도적 형태를 띠기 때문에 불가피하게 역사적 한계성을 지닐 수밖에 없다. 역사 속에서 구현되는 정의, 체계로서의 정의는 상대적인 정의일 뿐이며, 완벽한 정의일 수는 없다. 역사 속의 정의는 약점과 부족한 점이 있기 마련이다. 정의는 항상 더 높은 수준의 정의로, 그리고 더 완전한 정의로 끌어올려지기 위해서 시험되어야 한다. 그러기 위해서 정의는 자신의 원천이자 동기였던 아가페, 곧 완전한 사랑 앞에서 자신을 되돌아보아야 한다. 그런 점에서 아가페(절대적인 사랑)는 사회적 정의(상대적 정의, 상대적 사랑의 실현)의 궁극적 규범이 되어, 그것을 비판하고 통제하는 역할을 해야 한다. 하지만 사회에서 완전한 정의가 불가능해 보인다고 해서 상대적인 정의를 포기해서는 안 된다. 그런 포기는 사랑계명의 구체성을 간과하는 것이다. 사랑을 정의로부터 격리시켜서 그 순수성을 보존하겠다고 시도하면, 그 사랑은 종교적, 도덕적 감상주의에 빠지면서 상대적이고 제한적인 정의보다 더 못한 것이 되고 만다. 따라서 주어진 상황 속에서 하나님의 아가페 사랑을 근사적(近似的) 정의의 형태로 끊임없이 실현 하고자 추구하는 것이 기독교 윤리의 과제라 할 수 있다.

｜ 3 ｜ 현대 한국 사회와 윤리적 과제

윤리가 우리가 어떻게 살 것인지의 문제를 다룬다면, 윤리는 우리가 살고 있는 여기와 지금, 곧 현대의 한국 사회를 고찰해야 할 것이다. 이제 우리는 한국 사회를 기독교 윤리적으로 고찰하고자 한다. 한국사회가 해결해야 할 윤리적 문제들에는 어떤 것이 있으며, 사랑과 정의라는 기독교 윤리의 대원칙에 비추어볼 때, 한국 사회의 윤리적 현안들을 어떻게 풀어야 할 것인지를 검토해야 할 것이다.

1 한국 사회와 교회

현대 한국 사회의 윤리적 현안들을 다루기 전에, 현대사회에서 한국교회가 윤리적으로 어떤 영향을 미쳐왔는지를 잠시 살펴보자. 현대 한국 사회에서 교회가 윤리적으로 취약하다는 평가를 받고 있다. 최근의 조사에서 한국교회, 특히 개신교는 사회에 윤리적으로 긍정적인 영향을 끼치기는커녕, 다른 종교에 비해서 윤리적인 측면에서 사회적 신임도가 더 떨어지는 것으로 나타나고 있다. 한국교회는 윤리나 도덕은 안중에도 없고, 교회성장만 지상목표로 삼고 있는 듯 한 인상이 사회 일각에서 받아들여지고 있다.

한국교회가 윤리적으로 취약했던 원인을 두고서 다음과 같은 점들이 지적된다. 현세와 내세를 극단적으로 분리하는 이원론적 사고방식이 지배하는 신학의 영향으로 현세도피적인 성향이 한국교회에 만연하게 되었다. 따라서 내세의 구원만이 모든 것이기에 현세에 어떻게 살 것인지, 어떻게 윤리적으로 살아야 하는지는 교회가 관심을 둘 바가 아닌 것으로 잘못 생각하게 되었다는 것이다. 이런 태도와는 완전히 상반되는 측면이 지적되기도 한다. 불교가 한국에 전래되어 무속신앙의 기복주의의 함정에 빠진 것처럼, 기독교도 한국에서 무속신앙의 기복주의에 영향을 받아서 개인적인 무사안일과 안녕만을 추구하는 현실주의적인 태도로 빠져서 윤리적 책임을 망각했다는 것이다. 한국교회에 나타난 이런 윤리적인 공백을 메운 것은 결국 한국의 전통적인 유교적 윤리, 그것도 가부장적인 권위주의 도덕이었다는 것이다. 한국교회는 이런 지적들을 귀담아 듣고, 윤리적 책임의식을 고양시키는 계기로 삼아야 할 것이다.

하지만 기독교가 한국 사회에서 윤리적으로 기여한 점이 있었다는 것도 지적되어야 한다. 특히 한국기독교역사의 초기에는 교회가 한국 사회에서 윤리적으로 기여한 바가 많았을 뿐만 아니라, 사회적인 신임도도 높았다. 1900년대 초반에 한국교회는 여성, 가정, 교육의 분야에서 한국 사회의 근대화에 기여했다. 유교의 가부장주의적 윤리에 눌려있던 여성들에 대한 교육을 통하여 여성의 지위를 높이는 일에 이바지하기도 했다. 또한 일제강점기에 이루어진 독립운동에서 한국기독교는 주도적인 역할을 감당했다. 1950년대 이후로는 사회적 약자를 위한 사회봉사사업을 교회가 꾸준히 감당해왔다. 특별히 한국전쟁 이후에 국가도 잘 돌보지 못하고 있었던 고아들이나, 사회적 약자들을 돌보는 일에 교회와 기독교선교단체들은 독보적인 역할을 감당했다. 이런 활동은 나중에 북한을 돕는 인도적인 대북지원사업에 교회가 적극적으로 나서는 활동으로 이어졌다. 아울러서 1970년대에 들어서면서 한국이 경이적인 경제성장을 이룩하면서 빈곤을 극복하게 될 때에, 기독교신앙은 노동과 근면의 정신을 함양하고, 긍정적인 희망의 메시지로 패배주의를 극복하게 함으로써 경제성장의 정신적 기초를 놓아주는 역할을 감당했다. 물론 성장의 그늘에 있던 노동자들이나 농촌에 대해서는 세심한 윤리적 관심을 기울이지 못한 한계도 있었다. 1990년대에 이르러서 한국 사회가 정치적인 민주화를 이룩할 때에 한국교회, 특히 진보적인 한국교회는 적지 않은 역할을 감당했다. 이처럼 한국교회가 한국 사회에서 감당한 윤리적 역할이 적지는 않았지만, 대개 개인윤리적인 차원에 머물러 있었고, 사회윤리적인 통찰과 반성은 부족했다.

> 1900년대 초반에 한국교회는 여성, 가정, 교육의 분야에서 한국 사회의 근대화에 기여했다. 유교의 가부장주의적 윤리에 눌려있던 여성들에 대한 교육을 통하여 여성의 지위를 높이는 일에 이바지하기도 했다. 또한 일제강점기에 이루어진 독립운동에서 한국 기독교는 주도적인 역할을 감당했다.

2 한국 사회의 윤리적 현안

그러면 한국교회가 기독교 윤리적 측면에서 주목해야 할 현대 한국 사회의 윤리적 현안들은 무엇인가? 한국 사회에 윤리적으로 검토해야 할 문제를 정치, 경제, 생명, 사회의 부문으로 나누어 대략적으로 살펴보도록 하자.

첫째는 한국 사회의 정치적 현안이다. 정치는 사회적 정의를 실현하기 위해서 사회구성원을 지배할 수 있는 권력을 조직화하는 일련의 행위를 말한다. 사회구성원의 공동의 선을 위해서 조직화된 권력이 국가권력이지만, 권력을 장악한 사람에 의해서 권력이 자의적으로 행사되는 것을 막아주는 것이 민주화이다. 1990년대 이후 한국 사회는 정치적 민주화에 첫 발을 들여 놓았다. 정치권력이 권력자의 이익, 또는 권력자와 이해관계를 같이하는 특정한 계층의 이익을 대변하지 않고, 한국 사회전체의 공동의 선을 이루도록 끊임없이 견제하는 일은 한국 사회와 교회의 정치 윤리적 과제이다. 이 과제 해결을 위해서 시민사회운동 분야에서 교회가 할 일을 모색하는 것이 바람직할 것이다. 아울러서 한반도의 긴장을 완화하고, 평화를 정착시키는 일이야말로 한국 사회와 교회가 감당해야 할 또 다른 중요한 정치적 과제이다. 전쟁은 북한도 남한도 그 존재기반을 순식간에 송두리째 상실하게하고 말 것이다. 남북 간의 대결적 구도를 완화시켜서 한반도에 화해와 평화, 통일을 이루는 일에 정치권이 최선을 다하도록 독려해야 한다.

둘째는 경제적 분배의 문제다. 한국 사회가 급속한 경제성장을 해오면서, 인간의 이기적 욕망이 무비판적으로 조장되고 정당화되어 왔다. 아울러 최근에 경험한 경제위기(IMF, 최근의 금융위기)의 돌파를 위해서 이기적 욕망의 경쟁이 신자유주의라는 이름으로 더욱 조장되고 있다. 신자유주의는 시장경제체제에 시장거래의 당사자가 아닌 제3자, 특히 국가권력의 개입을 극도로 줄여야 시장경제가 더욱 활발하게 돌아가고, 경제적 성장을 더 잘 이룰 수 있다고 하는 입장이다. 국가권력의 개입이 배제되면서, 시장거래 참여자는 무제한적으로 자신의 이익을 관철시킬 수 있게 되었다. 산업자본주의 사회에서 가장 중요한 시장거래는 자본과 노동에서 이루어진다. 이 시장거래에서 주도권을 가지고 있는 자는 생산수단을 점유하고 있는 자본가이다. 자본이 요구하는 시장가격, 곧 노동계약조건이 현대한국 사회를 지배하고 있는 것이 현실이다. 비정규직 노동자의 양산이 단적인 예이다. 물론 시장경제 자체를 포기할 수는 없다. 시장경제는 가장 효율적인 경제체제이기 때문이다. 하지만 해결해야할 과제가 있다. 시장경제체제가 이기주의에 기반을 둔 단순한 보응주의적, 비율적 분배적 정의를 넘어서야 하다. 시장의 경제적 효율성을 떨어뜨리지 않는 범위에서 이타적 사랑을 지향하는 분배적 정의가 실현되게 해야 한다. 다시 말해서, 사회적 약자에 대한 배려가 분배적 정의에 보충되어야 한다.

셋째는 생명윤리적 현안이다. 급격한 산업화와 과학기술의 발달 속에서 생명의 기초적 창조질서들이 크게 위협을 받고 있는 실정이다. 의학의 발전 속에서 인간의 생명은 도움을 받고 있기도 하지만, 인간 생명에 대한 자의적 조작이 초래할 위험성(안락사, 뇌사, 줄기세포연구, 인간복제)은 점차 커지고 있다. 인간 생명에 대한 자의적인 조작은 인간 생명의 고유적 가치와 권리를 존중하기보다는, 조작 당사자가 생각하는 의도와 목적을 위해서 인간 생명을 수단화시킬 가능성이 매우 크다. 또한 산업화를 통한 생태계의 위기도 매우 심각한 상태이다. 이제는 환경오염과 같은 생태계의 부분적 현상은 문제가 아니다. 인간의 탐욕과 무분별한 개발에 의해 초래된 생태계의 변화는 너무나도 광범위하여 이제 생태계의 큰 혼란과 이상과 파괴로 이어졌고, 그 생태계에서 함께 어우러져 살아야 하는, 인간을 비롯한 모든 생명체가 생존을 위협받을 지경에 처했다. 인간 생명과 생태계를 하나님이 창조하셨고, 보존하고 계시며, 구원하실 것이다. 생명에는 하나님만이 부여할 수 있는 절대적 가치가 있다. 따라서 인간 생명에 대해서 인간이 지나치게 자의적으로 조작하려는 태도는 허용될 수 없다. 아울러서 생태계는 인간이 그 안에서 함께 살면서 청지기로서 그것을 유지하고, 관리하도록 하나님으로부터 위임받은 것이다. 따라서 생태계는 인간이 마음대로 처분해도 되는 대상이 아니다. 물론 생명과 생태계에 대해서 인간이 행할 수 있는 모든 조치가 무의미한 것은 아니다. 예를 들어서, 질병을 치료하지 않고 생명(죽음)을 하나님께 맡기는 것은 무책임한 행위이다. 다만 매우 신중한 태도로 생명과 관련된 기술을 다루고, 인간의 과도한 탐욕에 대한 절제의 태도 속에서 생태계를 대해야 한다.

넷째는 한국의 사회적 통합의 과제이다. 한 사회에서 구성원들이 마땅히 동등하게 누려야 할 권리들이 있다. 앞에서 우리는 이것을 평균적 정의라고 불렀다. 인간의 기본적인 권리(인권)와 같은 것이 그런 것에 속한다. 이런 권리가 특정 부류의 사회구성원들에게 제대로 보장되지 않을 때, 그 사회는 정의로운 사회라 할 수 없으며, 그 부류의 구성원들은 그 사회에서 이질적이고 소외된 계층을 형성하게 된다. 현대 한국 사회도 이런 문제에 직면하고 있으며, 사회적 통합을 이루어야 할 과제를 안고 있다. 빈부격차 및 그에 따른 교육격차는 현대 한국 사회에서 점차 고착화되고 있는 실정이며, 이로써 사회적 계층화가 심화되고 있는 것은 통합적 사회를 만들어 가는데 큰 걸림돌이 되고 있다. 이것은 앞에서 언급한 경제 윤리적 과제의 연장선상에서 해결되어야 할 것이다. 이와 별도로 한국의 사회적 통합의 차원에서 해소되어야 할 문제는 성적 차별과 민족 차별의 문제이다. 물론 이런 문제에 대한 윤리적 자각은 현대에 와서 생겨난 전 지구적인 현상이다. 한 사회의 반을 구성하고 있는 여성은 오랫동안 남성에 비해서 문화적으로, 사회적으로, 경제적으로 차별을 받고 있다. 여성이 당하고 있는 성적 차별이 해소되고, 여성과 남성의 동반자 관계가 이루어질 수 있도록 가부장주의적인 한국 사회가 변해야 한다. 아울러서 최근에 한국 사회는 외국인들의 유입으로 실질적으로 다민족적, 다문화적 사회로 진입하고 있다. 한국 사회의 저층부 내지 최저층부를 형성하고 있는 이주외국인들은 사회적으로, 인종적으로 소외당하고 있다. 아가페 사랑과 정의의 차원에서 한국 사회는 편협한 민족주의를 넘어서는 다문화적 통합사회를 이루어야 한다.

│ 4 │ 건강한 기독교 윤리

앞에서 말한 윤리적 과제의 해결은 대체로 개인적 관계의 차원을 넘어서서 사회적 구조(법, 정치)의 차원에서 접근해야 효율성을 가진다. 그리스도인이 담당해야 하는 사회윤리적 책임을 결코 방기해서는 안 된다. 한국 기독교인들은 도덕적인 개인이 되려는 것에 대해서는 관심을 많이 가졌지만, 도덕적인 사회 구성원이 되려는 것에 대해서는 무관심했다. 한 인간이 도덕적인 개인으로서 비도덕적 사회에 사는 한, 비도덕적인 인간이 될 수밖에 없다. 사회적 구조가 미치는 윤리적, 도덕적 영향력을 제대로 인지하지 못하고 있을 때, 기독교인 자신은 도덕적 개인으로 남아있다고 생각할 것이다. 하지만 이것은 착각과 기만에 불과하다. 비도덕적 사회에서 그 구성원은 비도덕성을 면할 수 없다. 한국의 기독교인들은 이제 지나친 개인윤리적 성향을 반성하고, 사회윤리적 책임을 자각하고 실천하는 일에 힘을 더욱 기울여야 한다. 사회의 구조적 변화를 위한 행보에 대한 책임을 새롭게 자각해야 한다.

하지만 이런 윤리적 행보가 사회과학적 행보가 아니라, 사회윤리적 행보가 되고, 그것도 기독교 윤리적 행보가 되기 위해서 유념해야할 것이 있다. 첫째로, 사회구조의 결정론에 빠지지 말아야 한다. 사회구조의 변화가 윤리적 문제해결에서 필요한 것이지만, 충분한 것은 아니다. 구조 안에서 살며, 구조를 집행해가는 인간은 그 구조를 −그것이 아무리 좋은 것이라고 해도− 얼마든지 무력화시킬 수 있다. 따라서 구조 속의 행위자에 대한 윤리적 관심, 곧 개인윤리적 고찰과 노력이 결코 포기될 수 없다. 둘째로, 윤리적 타율성에 빠지지 말아야 한다. 사회구조적 변화를 통한 문제의 해결은 인간에게 외적으로 접근하는 방식이며, 이런 접근방식은 억압적 타율로 받아들여지기 쉽다. 그렇게 될 때에 그런 접근방식은 지속적인 효과를 낼 수 없다. 인간은 그 억압적 타율을 벗어나려고 하거나, 그 탈출이 성공하지 못할 경우에 인간은 불행한 노예로 전락할 것이기 때문이다. 따라서 인간의 내면적 동기부여, 말하자면 사랑의 계명에 의한 동기부여가 포기되지 말아야 한다. 셋째로, 윤리적 환원주의에 빠지지 말아야 한다. 역사 안에서의 윤리적 행위가 기독교 신앙에서 반드시 있어야 하는 것은 틀림없지만, 기독교 신앙 전체가 윤리의 문제로 환원되는 것은 아니다. 궁극적인 구속자에 대한 인간의 응답은 희망의 기다림으로 표현된다. '이미와 아직 아님'이라는 하나님 나라의 변증법적 긴장이 남아있기 때문이다. 그런 점에서 신앙의 고유성과 일차성을 망각하지 말아야 한다.

따라서 기독교 윤리가 건전하게 자리 잡기 위해서는 사회윤리와 개인윤리 사이에, 정의와 사랑 사이에, 윤리와 신앙 사이에 건강한 긴장관계를 유지하는 일이 필요하다. 이런 건강한 긴장을 유지할 때에, 기독교 윤리는 한국교회에서 더욱 큰 호응을 얻을 것이며, 한국 사회에 실질적으로 기독교 윤리적인 영향을 끼칠 수 있을 것이다.

* * *

| 더 읽을 거리 |

클린턴 가드너, 『성서적 신앙과 사회윤리』, 종로서적, 2000.

라인홀드 니버, 『도덕적 인간과 비도덕적 사회』, 대한기독교서회, 2003.

유석성, 『현대사회의 사회윤리』, 서울신학대학교 출판부, 1997.

디트리히 본회퍼, 『나를 따르라』, 대한기독교서회, 2010.

스탠리 하우어워스, 『하나님의 나그네된 백성』, 복있는 사람, 2008.

10_장

기독교와 과학

기독교가 과학을 만날 때

뜨거운 감자: 창조론과 진화론

10장

기독교와 과학

| 1 | 기독교가 과학을 만날 때

성서는 하나님이 두 가지 방법으로 말씀하신다고 말한다. 먼저 자연을 창조하신 하나님은 자연의 법칙을 통해 자신의 뜻을 알려 주신다. 그래서 다윗은 이렇게 노래했다. "하늘이 하나님의 영광을 선포하고, 궁창이 그의 손으로 하신 일을 나타내는도다. 날은 날에게 말하고, 밤은 밤에게 지식을 전하니, 언어도 없고 말씀도 없으며 들리는 소리도 없으나, 그의 소리가 온 땅에 통하고 그의 말씀이 세상 끝까지 이르도다(시 19:1-4). 신학은 이를 '자연계시' 혹은 '일반계시'라고 말한다.

하지만 하나님은 '직접계시' 혹은 '특별계시'를 통해서도 말씀하신다. 하나님은 꿈이나 환상을 통해 혹은 천사나 예언자를 통해 말씀하신다. 하지만 기독교인은 예수 그리스도를 가장 분명한 하나님의 계시로 본다. 예수 그리스도는 위대한 인간일 뿐만 아니라, 하나님 혹은 하나님의 말씀이 육신을 입고 오신 분이다(요 1:14). 비록 방법은 다르지만, 자연계시와 특별계시는 다 같이 하나님의 뜻을 전달하는 통로다. 그러므로 성경에서 이 둘은 서로 대립하거나 갈등을 빚을 필요가 전혀 없었다.

까마득한 옛날에는 종교와 정치가 분리되어 있지 않았듯이, 종교적 세계관도 과학적 세계관과 분리되어 있지 않았다. 그러므로 종교와 과학은 오랫동안 아무런 갈등을 겪지 않고 통합되어 있었다. 기독교가 주류를 이루던 유럽에서도 종교와 과학은 오랫동안 서로 갈등하지 않았다. 하지만 이성(理性)의 발전과 더불어 과학이 비약적으로 발전되기 시작하면서, 기독교는 점차로 과학의 거센 도전을 받기 시작했고, 무시무시한 종교재판으로 이에 대응했다. 지금도 물론 기독교와 과학은 종종 충돌한다. 하지만 기독교와 과학은 예전보다 훨씬 더 평화스럽게 공존하고 있으며, 이제는 인류의 위기 앞에서 서로 존중하고 협력하려는 움직임이 강하게 일어나고 있다. 역사적으로 볼 때, 기독교와 과학의 관계는 대체로 다음과 같은 네 가지 유형으로 나타났다.

① 충돌유형

이 유형은 기독교와 과학의 관계를 전쟁터로 비유한다. 이 유형은 기독교와 과학의 배타성에 주목한다. 기독교와 과학이 서로를 향해 배타적인 자세를 갖게 된 가장 큰 이유는 과학적 유물론과 성서 문자주의다. 과학적 유물론은 물질이 우주의 가장 기본적 실재라고 보며, 과학적 방법만이 지식에 이르는 유일한 길이라고 주장한다. 그러므로 과학적 유물론은 기독교를 비과학적인 신념이나 망상 혹은 신화로 여긴다.

기독교 측에서 과학적 유물론과 정면으로 대결하는 것은 성서 문자주의다. 성서 문자주의자들은 과학적 유물론이 하나님의 도덕적 계율에 대한 믿음을 파괴한다고 보고, 성서의 절대적 권위에 호소한다. 그들은 성서를 과학적으로, 역사적으로 정확하고 오류가 없는 책으로 보며, 그래서 성서의 모든 내용을 문자대로 풀이한다. 예컨대 영국의 대주교 어셔(J. Usher, 1581-1656년)는 성서에 나오는 연대를 계산한 끝에 창조의 연대를 기원전 4004년이라고 주장하였으며, 심지어 라이트풋(J. B. Lightfoot, 1828-1889년)은 인간의 창조가 10월 23일 9시에 일어났다고 주장하였다.

기독교와 과학 사이에서 최초로 일어난 본격적인 싸움은 천동설(天動說)과 지동설(地動說)에 관한 것이었다. 프톨레미(Ptolemy, 100-170년)가 주장해 온 지구중심설은 코페르니쿠스(N. Copernicus, 1474-1534년)의 태양중심설로 인해 무너지기 시작했다. 그의 이론을 지지했던 갈릴레이(G. Galilei, 1564-1642년)가 종교 재판관 앞에서 목숨을 지키려고 거짓말을 둘러댄 다음에 "그래도 지구는 돈다"라고 말했다는 유명한 일화가 지금까지 전해져 내려온다. 200여 년 동안 유능한 천문학자들이 모두 받아들였던 지동설을 가톨릭교회는 반대하였으며, 개신교 신학자들도 성서의 말씀을 근거로 삼아 지동설을 반박하였다. 예컨대 루터는 여호수아 10장 13절에 기록되어 있는 '태양정지 사건'을 근거로,

그리고 칼뱅은 "세계가 견고히 서서 흔들리지 않는다"(시 93:1)는 말씀을 근거로 삼아 지동설을 반박하였다.

2 독립유형

이 유형은 기독교와 과학을 서로 완전히 독립되어 있는 자율적인 영역으로 본다. 그러므로 기독교와 과학은 서로 간섭할 수 없으며, 각자의 영역에서 각자의 고유한 방법을 통해 타당성을 갖는다. 기독교가 계시에 의존한다면, 과학은 인간의 이성(관측과 실험)에 의존한다. 기독교가 궁극적(窮極的) 근원에 대한 실존적, 인격적 인식을 다룬다면, 과학은 근사적(近似的) 근원에 대한 객관적, 공적인 인식을 다룬다. 기독교가 궁극적 의미와 도덕적 가치를 다룬다면, 과학은 사실과 이론을 다룬다. 기독교가 '왜'를 질문하고 그에 대한 대답을 준다면, 과학은 '어떻게'를 질문하고 그에 대한 대답을 준다. 기독교가 고백의 언어, 상징적 언어, 그리고 시적 언어를 쓴다면, 과학은 논리적 언어와 수학적 언어를 쓴다. 따라서 충돌유형과는 달리, 독립유형에서 기독교와 과학은 서로 갈등을 보이지 않으며, 오히려 서로의 영역을 존중한다.

3 대화유형

충돌유형과 독립유형과는 달리, 대화유형은 서로 건설적인 관계를 모색한다. 대화유형은 과학과 기독교를 비교하는 점에서는 독립유형과 비슷해 보이지만, 전제, 방법, 그리고 개념의 유사성을 강조한다는 점에서 독립유형과 다르다. 물론 기독교는 종종 과학 발전을 저해했으며, 과학자들을 박해하기도 했다. 특히 지동설과 진화론과 관련하여 교회는 과학적 발견과 과학자의 공헌을 무시하고, 억압했다. 하지만 기독교는 과학 연구 활동에 큰 도움을 주기도 했다. 기독교의 창조 교리는 과학 연구를 위한 동기와 활동의 장을 열어 주었고, 자연에 대한 실험을 용납했다. 왜냐하면 기독교는 자연 그 자체를 거룩한 것으로, 또 마술적인 것으로도 여기지 않았기 때문이다.

만유인력의 법칙을 발견한 뉴턴(I. Newton)과 당대의 과학자들은 자신들의 과학적 연구와 활동을 하나님의 섭리를 발견해나가는 과정으로 생각했다. 그리고 과학의 연구와 발전을 위해 최초로 조직되었던 근대적 학술 단체 '왕립학회'에 속한 대부분의 사람들은 청교도들이거나 목회자들이었다. 이러한 사실은 기독교와 과학의 밀접한 관련성을 보여준다. 20세기의 최고의 과학자 아인슈타인(A. Einstein)도 세계와 우주의 신비야말로 종교적 경외감과 과학적 동기의 원천이 된다는 사실을 인정했다. 그래서 그는 "종교가 없는 과학은 온전히 걸을 수 없는 절름발이와 같고, 과학이 없는 종교는 온전히 볼 수 없는 장님과 같다"라는 유명한 말을 남겼다.

4 통합유형

통합유형은 신학의 교리와 과학의 이론 사이에 직접적인 대화와 수용이 가능하다고 보는 입장이다. 이것은 자연신학(Natural Theology)과 자연의 신학

(Theology of Nature)로 구분된다.

자연신학은 토마스 아퀴나스(Thomas von Aquinas)의 신학 전통을 바탕으로 삼고 있다. 그의 하나님의 존재 증명은 우주론적 논증과 목적론적 논증으로 전개된다. 우주론적 논증에 의하면 세상 만물은 모두 우연적 존재인데. 이들이 존재하기 위해서는 필연적 존재가 있어야 한다는 것이다. 이 필연적 존재가 바로 제1원인, 곧 하나님이다. 목적론적 논증에 따르면 개별적 자연현상에는 일정한 법칙이 존재하는데, 이 법칙을 설계한 절대자가 존재할 수밖에 없다는 것이다. 뉴턴은 이런 신학적 확신을 가지고 과학 활동을 했다.

하나님이 우주를 설계했다는 논증의 현대적인 형태로 등장하는 것은 이른바 인간주의 원리(Anthropic Principle)다. 만약 초기의 우주에서 물리학적 상수나 그 밖의 조건들이 우주가 가졌던 값과 미소한 차이라도 가졌더라면, 우주에 생명은 존재하지 않았을 것이다. 그러므로 우주의 생명이 출현할 수 있도록 우주는 정밀하게 조율되었다는 것이다. 만약 빅뱅 후 1초가 지났을 때에 우주의 팽창 속도가 $1,000^{17}$ 분의 1정도만이라도 늦었더라면, 우주는 생명이 출현하기도 전에 찌그러져 버렸을 것이라고 스티븐 호킹(Stephen Hawking)은 주장한다.

자연신학과는 달리, **자연의 신학**은 과학이 아닌 신앙의 경험과 역사적 계시를 바탕으로 하는 신앙적 전통에서 출발한다. 하지만 자연의 신학은 신학의 교리와 과학적 증거가 일관성을 지녀야 하고, 신학과 과학은 서로 조화를 이루어야 한다고 주장한다. 따라서 일부 전통적 교리들은 현대과학에 비추어 재정립되어야 한다. 특히 창조론과 인간론에서 신학은 과학적 성과를 인정하고 수용해 왔다. 그 결과로 나온 것이 진화론적 신학과 과정신학 등이다.

│ 2 │ 뜨거운 감자 : 창조론과 진화론

앞에서 우리는 기독교와 과학의 관계를 네 가지 유형으로 구분해 보았다. 이 가운데서 어떤 유형을 선택하는 것이 바람직한가? 사람들마다 자신이 처해 있는 입장과 관점에 따라서 제 각기 다른 선택을 할 것이다. 각 유형마다 분명히 장점과 단점을 함께 가지고 있기 때문에, 어떤 유형이 더 우월하고 더 옳은지를 단적으로 판단하기란 쉽지 않다.

하지만 기독교인과 과학자는 서로 다른 별나라에 살고 있지 않다. 그리고 지구라는 별나라도 결코 크지 않다. 날이 갈수록 점점 더 좁아지는 지구촌에서 점점 가까워지는 이웃과 더불어 살아가야 할 우리는 이웃을 무시하거나 반대하기보다는 상대방을 존중하고, 배려해야 마땅하지 않겠는가? 더욱이 지구 생태계의 심각한 위기로 인해 이제 인류는 "공생이냐, 공멸이냐?"를 놓고 선택해야 할 절박한 결단 앞에 서 있다. 이처럼 긴박한 위기 상황에서 기독교가 과학은 이제 서로 갈등하기보다는 협력하면서 지혜를 모아야 할 것이다. 이러한 자세는 인류의 공존과 번영에 기여할 뿐만 아니라, 기독교의 발전과 과학의 발전에도 크게 도움이 될 것이다.

여기서 기독교의 전통적 창조론의 입장에 굳건히 선 채, 현대의 진화론과 비판적인 대화를 시도한 사람들의 글 3편을 소개하려고 한다. 이 글을 읽고 열린 마음으로 활발하게 토론해 보고, 나름대로 결론을 내려 보기를 바란다.

1 위르겐 몰트만 : 그리스도 – 진화의 동력?

창조의 계속과 완성을 진화론의 표상들로써 해석하고, 후자를 전자와 크게 동일시한 자는 누구보다도 떼이야르 드 샤르뎅이었다. 그에게 우주적 그리스도는 "진화의 그리스도"다.

샤르뎅은 교회의 구원자 그리스도(Christus redemptor)의 일면성을 그가 진화의 그리스도(Christus **evolutor**)라고 부른 보편적인 창조의 완성자로 보완하기 위하여 골로새서로부터 우주적 그리스도의 환상을 받아들였다. 만약 그리스도교의 구원론이 오로지 원죄와만 관련된다면, 이것은 만물이 그리스도라는 머리 아래서 통일되고 언젠가 "모든 것 안에서 모든 것"이 될 하나님의 그 충만 안으로 들어감으로써, 창조가 완성되리라는 그러한 전망을 전혀 갖지 못하게 되는 셈이다. 그러나 샤르뎅은 "구원의 창조적 측면"을 발견했고, 이 발전 속에서 하나의 새로운 신학으로의 발전을 보았다. 만물이 하나님에 의하여 통일될 창조의 완성은 세상을 죄에서 구원하는 일보다 더 우월한 것이며, 전자는 후자의 목표이다. 샤르뎅에 의하면 구원자 그리스도는 "그의 고난 받는 모습을 약화시키지 않으면서도" 진화자 그리스도의 역동적인 충만 안에서 완성된다. 이를 위하여 샤르뎅은 그리스도교적으로 이해되는 구원의 역사를 우주의 생명의 역사로 옮겨 놓았으며, 이 자연의 역사를 단순한 것에서 복잡한 것으로, 개체에서 공동체로, 그리고 무생명에서 생명과 더 복잡화하는 생생한 의식의 형태로 나아가는 진화로 이해했다. 그에게서 구원의 역사와 생명의 진화는 동일한 것이 되었다. 그는 인간의 출현을 생명전체의 진화의 틀 안에서 보았다. 인간은 "생명권" 안에서 첫 생명의 출현 이래로 수행되는, 그리고 이미 물질의 조직화 자체에서 드러나는 "수렴"의 유기적 연속체이다.

> 샤르뎅은 교회의 구원자 그리스도(Christus redemptor)의 일면성을 그가 진화의 그리스도(Christus evolutor)라고 부른 보편적인 창조의 완성자로 보완하기 위하여 골로새서로부터 우주적 그리스도의 환상을 받아들였다.

인간과 함께 생명의 새로운 단계가 개시되었다. 왜냐하면 인간은 반성하고, 의식하는 존재이기 때문이다. "우리는 진보하는 의식의 파도에 떠밀려간다." 진화론적으로 말하자면, "정신권"이 생겨난다.

그렇다면 인간의식의 발전은 어디로 나아가는가? 샤르뎅은 "초인"과 "초의식"의 발전이라는 니체의 표현을 사용한다. 진화의 다른 단계상의 조직형태와 비슷하게 다자(多者)의 응집으로부터 하나의 새로운 질(質)로의 진화의 도약이 생겨난다. 인류를 "초인류"의 권(圈)으로 들어 올릴 하나의 새로운 조직형태가 생겨난다. "새로운 휴머니즘이 진화에서 예견하는… 인간 너머에 놓여 있는 완성은 모든 그리스도인들이 "화육"(化肉)의 개념 아래서 기대하는 클라이맥스와 정확히 일치한다." 이러한 초월적인 권(圈) 안에서 이루어지는 진화에 상응하는 것은 보이는 세계 안에서 이루어지는 "하나님의 완성"이다. 왜냐하면 세계의 "신성화"(神性化)는 단지 화육, 하나님의 인간화의 뒷면일 따름이고, 그역으로도 마찬가지이기 때문이다. 하나님이 이 진보의 과정 안에서 스스로 화육하는 동시에, 자기 자신을 초월하는 통일된 인류는 하나님 안에서 완성된다.

샤르뎅은 "화육"(Inkarnation)을 나사렛 예수의 일회적이고 역사적인 인격 안에서 소진되지 않고, 온 우주의 "그리스도화"를 지향하는 한 과정으로 이해한다. 그는 세계의 현실을 진화로 파악하기 때문에, 하나님의 이 점진적인 화육을 "앞으로부터 다가오는" 것으로 보았다. 그의 타락한 지구를 구원하는 자는 하늘의 하나님이 아니다. 오히려 우주에 완성의 길을 터놓는 자는 "앞으로 전진하는 하나님"(le dieu en avant)이다. 왜냐하면 그는 모든 것을 자신에게 그리고 자신의 충만 안으로 이끌고 가길 원하기 때문이다. 그리스도 안의 하나님의 화육은 인류의 하나의 새로운 단계의 시작으로, 또 그래서 생명의 진화 전체의 하나의 새로운 단계로 이해될 수 있다. 그리스도와 함께 인류의 신성화가 시작되며, 이를 통하여 우주의 신성화가 시작된다. 왜냐하면 이 우주적 그리스도 안에서 우주의 인간화는 하나님의 인간화와 수렴되기 때문이다. 우리가 지구의 인간화와 지구에서 사는 인류의 인간화의 과정을 생각한다면, 인간발생의 중심에서 의식의 마지막 목표와 중심 즉 "오메가 포인트"를 인식하게 된다. "이것은 우리가 경배하는 그리스도가 빛을 발산하는 이상적인 지점이 아닌가?"라고 그는 묻고서, 다음과 같이 대답했다 : "진화는… 그리스도를 가능하게 함으로써 그를 구원한다. 그리고 동시에 그리스도는 진화를 구체화하고 열망할 가치가 있게 함으로써 진화를 구원한다."

그러나 하나의 확고한 진보신앙을 지니고 있는 샤르뎅은 진화 자체의 이중성을 간과하고 있는 듯이 보이고, 그래서 진화의 희생자들을 위해 고민하지 않는 듯이 보인다. 창조는 항상 도태를 의미하기도 한다. "적자"(the fittest), 가장 쓸모 있는 것들과 가장 잘 적응하는 것들이 살아남기 위해서는 많은 생명체들이 희생당한다. 이렇게 하여 실로 변화된 환경에 적응할 수 있는 더 높은 그리고 점점 더 복잡해지는 생명체계들의 진보가 이루어진다. 이렇게 하여 또한 수십억의 생명체들은 희생당하게 되고, 진화의 쓰레기통 안에서 사라진다. 진화는 단지 자연의 건설사업만이 아니라, 잔인한 사업이기도 하다. 진화는 약자들, 병자들, 그리고 쓸모없는 자들에 대하여 내려지는 일종의 세계 심판의 수행이다. 만약 인간이 이 사업을 떠맡게 된다면, 그는 쉽사리 "안락사", 다시 말하면, "살아야 할 가치가 없는 생명의 살해"에 이를 것이다. 그러므로 샤르뎅은 어떤 형태로든지 하나의 "만물화해"를 배우지 못했다. 왜냐하면 만물화해는 진화사상과 모순되기 때문이다.

1945년 8월 6일에 히로시마에 첫 원자탄이 투하되자, 샤르뎅은 이 사건이야말로 팀을 이룬 자연과학의 천재들이 인류에게 가져온 자연과학적 -기술적 진보라고 열광적으로 환호했다. 원자력의 활용은 인류와 인간의식의 진화를 유례없이 촉진할 것이라고 그는 생각했다. 그렇지만 샤르뎅은 수십만의 히로시마의 사망자들과 오늘 날에도 여전히 방사능 때문에 죽어 가는 자들을 생각하지 않았다. 비키니의 수소폭탄 실험도 그는 단지 긍정적으로만 해석했다: "그 군사적 시위행위에도 불구하고 최근의 비키니의 폭발실험은 내적으로 외적으로 만족하는 인류의 탄생을 지시해 줄 것이다. 이것은 하나의 지구정신의 도래를 예고할 것이다."

그는 "생명의 지상적 자기보존의 충동"을 신뢰한 나머지 인류의 원자핵 재앙의 가능성을 단연코 배격했다: 전체적으로 볼 때, 인류가 스스로 조직화하고 하나가 되길 중지하기보다는 차라리 지구가 돌기를 중지하는 편이 더 쉬울 것이다." 그는 이미 1958년에 귄터 안더스(G. Anders), 알버트 슈바이처(A. Schweitzer) 그리고 칼 야스퍼스(K. Ja spers)가 말한 원자핵의 묵시적 종말의 가능성을 인식할 수 없었으니, 이는 그의 세계 신뢰가 그로 하여금 인류 전체가 죽을 수 있다고 여기지 못하게 만들었기 때문이다.

분명히 그로서는 진화의 전망이 너무나 컸기 때문에, 그는 까마득한 시작과 목표를 서로 결부시킬 줄은 알았지만 가깝고 이웃에 있는 것들은 깨달을 수가 없었다. "우리는 아직 수백만 년을 목전에 두고 있다"고 그는 1941년에 북경에서 말했으며, 이때에 그는 인류가 사회화(社會化)하고, 전체화(全體化)하는 일에서 앞으로 달성해야 할 진화의 단계를 생각했다. 그는 바로 인류의 사회화와 전체화로 인해 야기되는 생태계의 대재앙이 인류의 계속적인 진화를 온통 망가뜨릴 수 있기 때문에, 시간이 짧을 것이라는 사실을 보지 못했다.

창조의 이 미래가 진화의 길이나 자기초월의 길에서 목적론적으로 도달될 수 있다고 생각할 수 있을까? 이것은 생각할 수 없다. 왜냐하면 창조의 과정은 시간 안에서 일어나며, 생성은 필연적으로 소멸과도 결부되기 때문이다. 도태가 없는 진화는 결코 없다. 물론 우리는 생명의 모든 높은 단계마다 낮은 단계가 포함되어 있다는 사실을 지적할 수 있다. 하지만 이것은 단지 형태에만 해당되지 각 종(種)들에게는 해당되지 않으며, 각 종들이 죽지 않게 해 주지는 않는다. 전체 진화에 대한 각 종들의 기여도 각 종들에게 영생을 부여해 주진 않는다. 물론 우리는 목적론적으로 진화의 마지막에 있을 하나의 완전한 존재를 생각할 수 있지만, 모든 피조물들의 완성을 생각할 수는 없다.

시간적으로 창조과정 안으로 펼쳐지는 전 창조의 완성은 오직 종말론적으로만 생각될 수 있다. 창조의 목적론은 그 종말론이 아니다. 종말론적이라고 불릴 수 있는 것은 옛 적에도 있었고, 지금도 있고, 앞으로도 있을 만물의 새 창조이다. 종말론적인 것은 만물을 그 과거에서 다시 불러내어 영광의 나라로 불러 모으는 것이다. 종말론적은 것은 육체와 모든 자연의 부활이다. 종말론적인 것은 시간의 마지막에 모든 시간적인 것들에게 체험되는 저 창조의 영원성이다. 쉽게 말하자면, 하나님은 자신이 창조한 그 어떤 것도 잊지 않는다. 그에게 상실되는 것은 아무 것도 없다. 그는 만물을 회복시킨다.

종말론적이라고 불릴 수 있는 것은 진화와 반대되는 구원의 운동이다. 시간적으로 표현하자면, 이것은 과거로부터 미래로 움직이는 운동이 아니라, 미래로부터 과거로 움직이는 운동이다. 이것은 흡사 하나님의 미래로부터 역사의 묘지 위로 부는 마지막 피조물들까지 깨우고, 모으는 새 창조의 "하나님의 태풍"과 같다. 죽은 자들을 일으켜 세우는 것, 희생자들을 불러 모으는 것, 그리고 잃어버린 것들을 다시 찾는 것은 진화가 결코 달성할 수 없는 세계구원을 가져다준다. 그러므로 이때에는 항상 양면적인 진화 자체도 구원을 받는다. 이때에는 진화(Evolution)가 말 그 뜻대로 다시금 전복된다(Re-volution). 진화의 직선적 시간은 유일회적이고, 그래서 궁극적인 종말론적 원 안에 놓여진다. 즉 모든 과거의 일들은 만물의 새 창조의 영원한 에온(시대) 안에서 되돌아온다. 종말론적 미래는 통시적(通時的)으로 이해될 수 있다. 이것은 모든 시간에 대해 동시적이며, 그런 점에서 만물에게는 영원을 의미한다.

진화자 그리스도는 생성 중에 있는 그리스도이다. 그러나 구원자 그리스도는 오고 있는 그리스도이다. 두 범주의 차이를 매우 민감하게 알아차린 자는 발터 벤야민(W. Benjamin)이었다 : "메시야 자신이야말로 비로소 모든 역사적 사건을 완성한다. 즉 그는 모든 역사적 사건과 메시야 자신과의 관계를 구원하고, 창조한다는 의미에서 그것을 완성한다. 그러므로 그 어떤 역사적인 것도 스스로 메시아적인 것과 관계를 맺으려고 할 순 없다. 그러므로 하나님의 나라는 역사적 동력의 목표가 아니다. 그것은 목적에 이를 수 없다. 역사적으로 볼 때, 그것은 목적이 아니라 마지막이다." 그럼에도 불구하고 벤야민은 목적을 지향하는 "세속적인 것의 동력"과 다른 방향의 "메시아적인 내연(內延)"의 변증법적 관계를 지적했다: "세속적인 것은 하나님의 나라의 범주가 아니지만 하나의 범주이다. 그것은 메시야가 매우 조용히 다가온다는 것을 가장 적합하게 표현하는 범주이다. 메시아적 내연의 힘은 메시야 나라의 도래와는 반대되는 방향으로 진행하면서 그 안으로 파급되어 들어간다. 이처럼 이 둘은 상호 간에 서로를 강화시킨다.

이것이 우주적 그리스도에게 주는 의미는 다음과 같다. 땅과 하늘에 있는 모든 만물의 회복(골 1:20)과 과거의 속박으로부터의 만물의 구원이야말로 비로소 메시야 안에서 만물을 통일하고 창조의 완성을 가져온다. 자연의 역사와 인간의 역사 안의 진화과정은 계속적 창조의 결과이다. 창조된 만물의 구원과 새 창조는 오로지 영광중의 그리스도의 오심으로부터만 기대될 수 있다. 우주의 갱신은 죽은 자들의 갱신을 전제한다. 왜냐하면 우주적 그리스도는 단지 창조의 모든 공간을 하나님의 평화(샬롬)의 "메시아적 내연"으로 채우는 주님만이 되는 게 아니기 때문이다. 그는 창조의 모든 시간을 구원의 메시아야적 외연(外延)으로 채우는 주님도 될 것이다. 골로새서에서는 우주적 그리스도의 공간적 상이 우세하다. 바울에게서는 종말론적인 그리스도의 시간적 상이 우세하다(고전 15장). 부활하고 높이 들림 받은 그리스도를 그의 공간적 차원과 시간적 차원 안에서 파악하기 위해서는 두 상들이 서로 보완되어야 한다. 그의 "메시아적 내연"은 창조의 공간을 그 깊이에까지 관통한다. 그의 "메시아적 외연"은 창조의 시간을 그 가장 먼 태초에까지 관통한다.

이런 보편적인 구원의 종말론에 근거해서 자연의 진화와 인간의 역사 안의 제 경향성들을 메시아적인 새 창조의 도래의 비유, 암시, 선취(先取) 그리고 준비로 인지하고 인식하는 것도 정당하다. 이런 과정들 안에서 활동하는 능동적인 자기초월은 실제로 역사적 현재와 역사 자체를 넘어서서 자신을 채우고, 안식케 하는 미래를 지시한다. 칼 라너(K. Rahner)는 "하나님의 절대적 자기중재"는 철저한 자기초월에서 비로소 알려진다고 말한다. 그러나 그 자체가 벌써 인간의 자기운동의 신적인 배면(背面)은 아니다. 창조는 오직 전체로서만 화해되고, 구원되며, 새롭게 창조된다. 만약 자연의 구원과 죽은 자들의 부활이 없다면, 인간이 달성한 신적인 생명으로의 자기초월도 하나의 부스러기에 지나지 않으며, 구원받지 못한 세계로서는 기껏해야 깜박거리는 하나의 희망의 작은 불꽃일 뿐이다(J. 몰트만, 『오늘 우리에게 그리스도는 누구신가?』, 이신건 옮김, 대한기독교서회, 1997).

2 다윈의 진화론은 종교를 더욱 풍성하게 한다.

올해는 다윈 '탄생 200주년이면서, 그의 대표작 『종의 기원』 출간 150주년이 되는 해'이다. 진화론과 관련한 역사적인 해를 맞이하면서 신문, 방송은 특집을 마련하고, 관련 책도 수 십 종이 쏟아져 나왔다. 다윈의 진화론은 중·고등학교 과정을 통해 일반인들의 상식으로 자리 잡고 있으나, 종교계 일부에서는 신의 섭리를 부정한다는 이유로 받아들이지 않고 있다. 진화론을 반대하는 측은 개신교의 근본주의자들이다. 이들은 신이 세계를 창조했다는 신앙아래 각각 '젊은 지구 창조론', '오랜 지구 창조론', 그리고 지적 설계론 등의 입장을 가지고 있다.

'젊은 지구 창조론'은 구약성서 창세기에 쓰인 대로 신이 '6일 만에 세계를 창조했다'는 이론이다. 젊은 지구 창조론자들은 아담, 노아, 아브라함, 모세, 다윗, 예수 등으로 이어지는 인물 연대기를 토대로 지구연령은 6천년-1만년이라고 주장한다. 젊은 지구 창조론자들은 고생대부터 신생대 제4기까지의 모든 지층이 노아의 홍수 기간 동안 이루어졌다는 홍수지질학을 신봉하고 있으며, 보편적으로 사용되는 지질역사 측정법인 방사성 동위원소 측정법을 받아들이지 않고 있다.

신자들 중에서 가장 극단적인 입장인 셈이다. '오랜 지구 창조론'은 창세기 1장의 6일을 매우 길게 해석해 지구의 나이를 과학적 증거에 의거해 지구의 나이가 30~50억년, 우주의 나이는 100~200억년 정도로 생각하고 있다. 나름 합리적인 것 같지만, 여전히 창조론의 범위에서 벗어나지 않는다.

창조론이 정통과학계의 조롱거리가 되자, 새롭게 등장한 것이 '지적설계론' (Intelligent Design Theory)이다. 이 이론은 미국 버클리 대학 법학교수인 필립 존슨과 리하이 대학의 생화학 교수인 마이클 베히, 그리고 수학자이자 신학자인 윌리엄 뎀스키를 중심으로 연구가 이루어졌다. 특히 베히 교수가 1996년 발간한 『다윈의 블랙박스(Darwin's Black Box)』는 미국 내에서만 기독교인들을 중심으로 수십만 부가 팔린 베스트셀러가 되기도 했다. 이들은 '지적설계론'이야말로 다윈의 진화론을 대체할 수 있는 과학적 이론이라고 주장한다. '지적설계론'의 핵심은 '환원 불가능한 복잡성'(irreducible complexity)이다. '환원 불가능한 복잡성'이란 어떤 구조(형태)를 이루는 각(모든) 부분들이 처음부터 정해진 위치에서 완전하게 작용할 수 있도록 배치되어야 그 구조가 작동하는 것이다.

이들이 자주 예로 드는 것이 쥐덫이다. 쥐덫의 구조는 ▲나무로 된 받침판 ▲쥐를 잡는 금속 해머 ▲판자와 해머를 눌러주는 스프링 ▲작은 압력이라도 풀리는 걸쇠 ▲걸쇠에 연결되어 해머를 뒤로 젖힌 상태로 지탱해주는 금속 막대로 구성되어 있다. 지적설계론자들은 쥐덫의 어느 하나라도 없으면 쥐덫으로서 기능을 할 수 없는 것처럼 생물이 애초에 어떤 존재에 의해 자연조건에 맞게 설계되어 창조되었을 것이라고 주장한다. 생화학자였던 베히는 또 박테리아의 편모의 예를 들어 진화론을 공격한다.

편모는 박테리아가 헤엄을 치기 위해 달려 있는 기관으로 프로펠러와 구동축, 그리고 갈고리 등 서로 다른 부분들로 이루어져 있다. 베히는 쥐덫과 마찬가지로 만약 이 중에서 작은 부분이라도 제거되면, 편모는 제대로 동작하지 않는 것처럼 편모가 다윈이 주장하는 자연선택의 결과가 아니라, 의도적인 지적 설계과정이 작동했을 것이라고 주장한다. 지적 설계론자들은 결론적으로 박테리아의 편모도 이 정도인데, 그보다 수십 배나 복잡한 높은 구조를 가진 인

간은 어떠하겠느냐고 반문하면서 생물학적 복잡성은 도저히 이전 단계로 환원될 수 없다고 말한다.

그러나 아이다호 대학의 생화학자 스콧 미닉은 박테리아 편모 내에서 50개의 단백질 유전자 중 40개를 떼어놓았을 때, 나머지 10개가 완벽하게 자기 기능을 가졌다면서 '환원 불가능한 복잡성' 이론을 비판했다. 스콧은 '환원 불가능한 복잡성' 이론대로라면 떼어진 10개는 어떤 기능도 갖지 않아야 함에도 자기기능을 온전히 수행했을 뿐 아니라, 나머지 40개도 모두 고유기능을 가지고 있었다고 밝혔다.

이외에도 많은 생물학자들은 세포 수준의 복잡성과 그것의 진화에 대해 그동안 많은 연구를 해 왔으며, 그에 대한 진화론적 설명들을 계속 발전시키고 있다고 말한다. 이들은 지적설계론자들이 과학발달의 전체적 국면은 무시하고, 현재 진행되고 있는 과학논쟁의 일부를 마치 진화론 전체에 문제가 있는 것처럼 호도하고 있다고 비판하고 있다.

장대익 교수(과학철학)는 『다윈의 식탁』에서 지적설계론자들이 창조론자들과 유사하게 진화론과 창조론 사이에 마치 진짜 논쟁이 있는 것처럼 이야기하고 있다고 말한다. 장 교수는 지적설계론자들은 공개적으로 진화론을 오해하거나 오용해 놓고는 생물학자들이 마지못해 몇 마디 대꾸하면 마치 논쟁이 있는 것처럼 대답한다고 말하고 있다. 즉 지적설계자들은 진화론 내부의 진짜 논쟁들을 부풀려 마치 진화론이 좌초 직전에 있는 것처럼 꾸며대고 마치 지적설계론만이 올바른 이론이라고 주장하고 있다는 것이다. 장 교수는 또 지적설계 운동에는 과학이 없으며, 논문 심사 시스템도 없고, 혹시라도 학회와 학술지가 있다면, 그것은 자신들 내부에서만 작동하고 있기 때문에 연구 프로그램과 성과물이 없다고 단언하고 있다. 그리고 지적설계론의 고객들은 과학 자체를 부정하는 종교인이거나 과학의 내용과 논리에 익숙하지 않는 대중들이라는 것이다.

많은 생물학자들은 세포 수준의 복잡성과 그것의 진화에 대해 그동안 많은 연구를 해 왔으며, 그에 대한 진화론적 설명들을 계속 발전시키고 있다고 말한다. 이들은 지적설계론자들이 과학발달의 전체적 국면은 무시하고, 현재 진행되고 있는 과학논쟁의 일부를 마치 진화론 전체에 문제가 있는 것처럼 호도하고 있다고 비판하고 있다.

지적설계론과 진화론은 지난 2005년 미국 펜실베이니아 주의 작은 도시인 도버에서 한판 대결을 벌였다. 이 재판은 1920년대 진화론이 창조론과 대결을 벌인 이른바 '원숭이 재판'에 비견될 만큼 미전역을 떠들썩하게 했다. 이 재판을 주재한 사람은 존 존스 판사로 창조론을 옹호하는 부시 전 대통령이 임명한 인물이었다. 이 재판에서 진화론을 지지하는 7명의 과학자들과 지적설계론을 옹호하는 8명의 지적설계론 학자들 간에 치열한 공방이 벌어졌다.

2005년 12월 존스 판사는 지적설계론자들의 기대를 무너뜨리는 판결을 내렸다. 판결의 요지는 다음과 같다. ▲지적설계론은 과학이 아니다. ▲지적설계론은 종교적 의도로 만들어졌다. ▲지적설계론을 수업시간에 가르치는 것은 위헌이다 ▲진화론이 완벽하지는 않지만, 과학적 가설이 모든 것을 완벽하게 설명할 수 없다고 해서 그것을 폐기해야 한다고 주장해서는 안 된다. ▲종교에 바탕을 둔 검증 불가능한 가설을 과학시간에 가르치거나 검증된 가설을 왜곡해서도 안 된다. ▲지적설계론은 창조론의 재탕이지 과학적 가설이 아님을 분명히 보여준다.

이처럼 진화론 문제를 두고 개신교가 시끌벅적하게 대응하는 것에 비하면, 천주교나 불교는 비교적 조용한 편이다. 천주교는 이미 우주창조와 생물의 진화에 신적 섭리가 개입했다는 것을 전제로 진화론(유신론적 진화론)을 받아들이고 있다. 천주교도 처음에는 진화론에 긍정적인 것만은 아니었다.

교황 비오 12세는 〈인간탄생〉이라는 교서에서 진화론은 '몰염치하고 분별력이 없으며 자연과학계에서도 증명이 되지 않은데다 공산주의자들이 즐겁게 이를 수용하는 이론'이라고 비판했다. 그러나 교황청 과학원의 설득에 따라 진화론과 인간이 유인원에서 진화했는지 여부를 신중히 조사하도록 명령했다. 마침내 1996년에 요한 바오로 2세는 '계시와 진화'라는 메시지를 통해 "종교교육과 진화론 사이에는 아무런 대립도 없고, 진화론은 가설 이상의 중요한 학설"이며, "이미 있던 존재(유인원)에 하느님이 생기를 불어넣어 아담이 탄생했으며, 진화론은 지동설처럼 언젠가는 정설로 인정받게 될 것"이라고 선언하였다.

이 같은 천주교의 유신론적 진화론은 테이야르 드 샤르뎅(1881~1955)의 이론에 힘입은 바가 크다. 샤르뎅은 예수회 신부로 북경원인 발굴에도 참여하고, 고고학 자료를 얻기 위해 몽골, 자바, 북인도 등을 여행했다. 그는 태초에 원물질과 단세포에서 식물, 동물, 그리고 인간이 되었다는 정방향 진화를 통해 종국적으로 온 세계가 하나로 통일되는 마지막 지점(오메가 포인트)에 도달하게 된다고 주장했다.

샤르뎅은 물질적 진화의 마지막 단계인 오메가 포인트에 도달하면, 우주적 그리스도(Cosmic Christ)와 만나면서 신의 구원사역이 완성을 이루게 된다고 주장했다. 그의 사상은 『인간현상(1955)』이라는 저서에서 잘 나타나 있다. 한 때 이 저서는 로마 교황청의 금서목록에 오르고, 샤르뎅 자신도 교회에서 축출되었으나, 그가 속한 예수회의 적극적인 변호로 유신론적 진화론은 천주교(가톨릭)의 정식교리로 채택되었다.

불교는 진화론에 대해 특별한 언급이 없다. 단지 창조론이 없다는 점에서는 진화론에 가깝다고 할 수 있지만, 명쾌한 것은 아니다. 브라만이라는 절대적 존재(신)가 모든 만물의 근원일 뿐 아니라, 각 개별존재의 본질을 이루고 있다는 브라만교가 유행하고 있었다.

붓다는 이에 대해 변화하는 세계 뒤에 무언가를 창조하고, 불변하는 영원한 실재는 없다고 보았다. 눈에 보이는 것들은 다만 연기에 의해 잠시 머물렀다가 사라지는 거짓 실재일 뿐이다. 그는 존재의 근원이나 원인에 초점을 맞추기보다는 현재 주어진 조건에서 어떻게 인간의 해방과 행복이 가능한가라는 실천적인 문제에 관심을 가졌다.

불교가 창조론을 부정한다고 해서 확실한 진화론적 교설이나 이론이 있는 것은 아니다. 불교 자체가 육도윤회(천인, 인간, 축생, 아수라, 아귀, 지옥)의 고(苦)로부터 해탈이라는 순환론적 생명관을 갖고 있기 때문에 계통 발생적 발달과 유전에 근거한 진화론과는 차이가 있다. 일부에서는 인간의 의지행위가 업(業)으로 전이된다는 관점에서 유전자적 특성을 갖는다고 설명하지만, 이 역시 종교적 교리이지 과학적이라고 보기는 힘들다. 그런 점에서 불교는 창조론이나 진화론 모두로부터 거리를 두고 있다.

진화론에 대한 각 종교의 차이는 신자들의 진화론 수용 여부에 영향을 미친다. 지난 10일 EBS가 진화론 특집을 방영하면서 코리아리서치(전국 성인남녀 500명)에 의뢰한 결과에 따르면 천주교신자들이 83%로 진화론을 믿는 정도가 높았다. 불교신자의 경우는 68%로 평균인 62.2%를 상회했고, 개신교는 39.6%에 불과했다. 이외에 종교가 없는 사람은 69.7%였다. 또 EBS는 인구의 99%가 무슬림인 터키의 경우는 2006년 조사결과 인구의 75%가 진화론을 믿지 않는다고 밝혔다(2006년 자료). 터키가 이슬람국가 중에서 가장 세속적이고, 근대적인 교육체계를 도입한 것을 감안하면, 이슬람근본주의가 강한 국가들은 수치가 더 높을 것으로 보고 있다.

지금도 진화론과 종교에 관한 대화와 논쟁이 계속되고 있지만, 일부에서는 전혀 접점이 찾기 어려워 보인다. 특히 개신교 보수주의와 진화론간의 간극은 너무 크다. 근본주의자들은 창조론 이외에 어떤 이론도 거부하고 있고, 리차드 도킨스 같은 과학자는 진화론을 무신론의 근거로 삼고 종교를 공격하고 있다. 그렇지만 진화론이 종교 인구를 감소시키지는 못하고 있다.

오히려 진화론은 종교를 풍성하게 하는 역할을 한다. 함석헌 선생은 베르그송의 '창조적 진화'와 샤르뎅의 '유신론적 진화사상'을 발전시켰다. 그는 진화라는 것은 생명의 질적 발전이며, 의식의 상승, 그리고 정신적 진보 과정으로 이해하고, 창조란 사랑의 욕구에서부터 시작된 것이라는 독특한 입장을 전개했다. 함석헌은 진화라는 사실보다는 변화의 의미에 주목하고, 진화의 동력은 '자유'와 '사랑'이며 인류역사는 고난의 과정으로 그 고난에는 '뜻'이 있다고 말한다. 그는 생명은 고난을 통해 앞으로 나아가며, 그 고난 속에서 자유가 꽃피며, 그 중심에는 사회진화론이 말하는 영웅이나 지도자들이 아닌 씨알

(민중)이 있다고 강조한다.

　함석헌의 사상은 유신론과 진화론을 수용하면서 정치사상적 내용을 포괄했다는 점에서 독특한 위상을 가지고 있으며, 과학과 종교가 자기방어 수준을 넘어 능동적으로 대화할 수 있는 길을 열었다는 점에서 그 가치가 높다. 그럼에도 불구하고 기독교 근본주의가 함석헌의 사상을 받아들일 가능성은 거의 없다. 성경은 오류가 있을 수 없는 신의 말씀이기 때문에, 창세기 내용은 곧이곧대로 받아들일 수밖에 없다. 몇몇 근본주의자들은 '지구평면협회'를 조직해, 지구가 구체가 아니라 평면체라고 하고 홍보활동을 하고 있다.

　기독교인이면서 천문학자인 연세대 이영욱 교수는 한 교회강좌에서 신의 창조방법은 현대과학이 발견한 것과 같이 인간이 상상할 수 있는 것보다 훨씬 고상하고 다른 차원의 것이지만, 인간이 자신의 세계관을 통해 성경을 인간의 상상 안에서 제한해 해석한다고 비판했다. 그는 또 성서는 과학적 과정과 과학적 언어로 기술할 목적으로 쓴 책이 아니기 때문에, 우리가 신이 우주를 어떻게 창조했는지 아는 것은 불가능하며, 오히려 신이 왜 세상을 창조했는지를 아는 것이 더 중요하다.

　그런 점에서 개신교 보수주의자들이 걱정하는 것처럼, 진화론은 신의 자리를 강탈하는 것이 아니라 오히려 신의 섭리를 더 높은 차원에서 이해하고 성찰할 수 있는 기회를 제공한다. 오늘날까지 우주와 생명의 기원이 확실하게 밝혀지지 않은 상황에서 앞으로도 진화론과 종교는 상호보완적 관계로 공존하면서 인간과 자연의 가치를 한층 높여줄 수 있을 것이다(출처 : Ohmynews, 2009. 3. 17).

③ 이신건 : 진화론적 인간이해

성서를 문자적, 축자적으로 해석하는 소수의 근본주의자들이나 이른바 '창조과학회'에 속한 소수의 개신교 과학자들과 그 신봉자들을 제외한다면, 오랫동안 기독교로부터 거센 비판을 받아오던 진화론은 이제 기독교 신학 안으로 서서히 수렴되고 있으며, 심지어 이 두 이념은 조화롭게 종합되기도 한다. 대표적인 사람을 들라면, 누구보다 먼저 샤르댕(Pierre Teilhard de Sardin) 신부를 꼽아야 할 것이다.

샤르댕이 일평생 몰두한 것은 우주의 내적 구조와 발전에 관한 이론이었으며, 또 이 우주 안에서 인간이 차지하는 위치와 임무에 관한 이론이었다. 우주를 내적으로 결합되고 전체성을 지닌 하나의 분명한 현상으로 서술하고, 그 전체성 안에 내포된 의미를 탐구한 그의 '우주적 현상론'은 그 중요한 부분으로서 무엇보다도 세계 현상의 내면적 의미를 찾고자 하였다. 그렇게 하기 위하여 그는 지구를 우주의 전형적 표현으로 이해하고, 그것을 연구대상으로 삼았다. 그리하여 그의 탐구가 도달한 지구의 모습은 유기적으로 결합되어 진화하는 하나의 통일체로서 계속적이고도 끊임없는 제 사건과 제 상태의 흐름을 갖는 지구의 모습이었다. 진화의 과정은 크게 세 단계 곧 지질권, 생명권, 그리고 정신권으로 나뉜다. 문제는 이 세 영역 간의 발생적인 연쇄관계였다. 지질권에서 어떻게 생명이 발생하며, 생명권에서 어떻게 정신권이 발생했는가? 샤르댕의 견해에 따르면 비록 물질과 생명의 관계와 동물적 생명과 인간의 관계에서 근본적인 차이는 있지만, 근본적인 유대와 본질적인 결합도 있다는 것이다. 물론 이 전이(轉移)에 관한 이론은 어디까지나 가설일 뿐이다. 하지만 샤르댕에 의하면 이 전이가 증명되거나 설명되지는 못한다고 하더라도, 적어도 이 전이가 얼마나 타당한지는 설명될 수 있다. 모든 분야에서 만물이 어떤 정도를 넘어서면, 즉 임계점(臨界點)에 도달하면, 모든 종류의 비약 즉 상태변화가 나타난다.

그래서 인간의 출현은 다음과 같이 설명된다. 진화의 과정은 점진적인 복잡화와 내면화의 방향을 향해 일어난다. 곧 만물은 더욱 조직적인 형태를 지닌 물질로 응축되어 가며, 이 복잡화의 과정에는 의식의 증대화가 수반된다. 복잡화의 증대와 함께 정신현상의 증대 혹은 점진적 성장이 식별될 수 있다. 이와 같이 생명이 점차적인 발전을 거쳐 오랜 후에 고도의 복잡화에 도달했을 때, 거대한 진화과정 안에서 다시 한 번 이와 꼭 같은 결정적인 상태의 변화가 생겨야만 했다. 물질이 활성화(活性化)한 후에, 생명이 인간화(人間化)하게 되었다. 이에 따라 전혀 새로운 현상이 생명에서부터 나타나게 되었으니, 이것이 바로 인간의 출현이다.

그렇다면 인간이 동물과 다른 점은 무엇인가? 그것은 인간의 의식적 사고력이다. 인간은 반성하고 의식하는 존재라는 점 때문에 동물과는 건널 수 없는 틈을 가지고 있다. 이런 의미에서 인간은 동물과 다를 뿐만 아니라, 전연 별개의 존재이다. 그것은 정도의 차이가 아니라, 상태의 차이에서 오는 질적인 차이이다. 인간의 출현은 연속선 위의 불연속성, 상상할 수 없던 전혀 새로운 변화였다. 인간의 출현은 심적 집중이 최고도에 달하여 결정적인 상태변화가 생겨났을 때에 일어났다. 그러므로 아무리 인간이 동물계와 밀접한 관련을 맺고 있다고 하더라도, 인간은 동물계의 보잘 것 없는 어떤 부산물만으로 생각될 수는 없다. 비록 인간이 근원적으로는 동물계의 먼 역사 속에서 출발했다고 하더라도, 인간은 우주 안에서 돌이킬 수 없는 전혀 새로운 하나의 정신현상으로 나타났다. 그러므로 인간은 우주 안에서 탁월한 위치를 차지하고 있다. 인간은 진화의 최첨단에 서 있으며, 자신의 자연환경보다 탁월하고 존엄한 지위를 가지고 있다.

하지만 우주의 진화는 인간에게서 끝나지 않는다. 진화는 진행 도중에 있으며, 예측할 수 없는 미래를 향하여 뻗어 나간다. 세계는 인간 안에서 또 인간을 통하여 더 큰 완성을 향하여 계속 움직이고 있다. 전적으로 미래를 지향하는 존재는 우주 안에서 오직 인간뿐이다. 당연히 미래에 대한 책임도 인간에게 있을 따름이다.

여기서 샤르댕은 자연법칙의 확실성과 불변성을 가정하고 있기 때문에 마치 결정론적 세계관을 보여 주는 듯하다. 하지만 이 법칙은 미래를 열어 주는 법칙이고, 또한 인간의 자유와 상호작용을 이룬다. 이런 점에서 그는 결코 결정론적 역사관을 대변하지 않는다. 그는 우주의 진화를 완성하는 과정에서 인간의 자유와 책임, 인간의 협력과 연대를 매우 강조하고 있다. 그리고 그는 인류의 진화 과정이 더욱 더 다양화하고 특수화한다는 사실을 인정하면서도, 진화의 인력인 사랑의 힘에 의해 자유롭고 친밀하게 교제하는 인류의 통일을 내다보고 있다.

하지만 샤르댕의 사상이 신학에게 특별한 매력을 주는 것은 바로 그리스도론적 진화해석에 있다. 그에 의하면 온 창조는 창조의 본래적 정점(頂点)인 그리스도에게 집중된다. 만물은 그리스도 안에서 존재하고, 그리스도에 의해 통일되며, 그리스도 안에서 완성된다. 그는 초자연계만이 아니라 자연계의 목표와 절정이다. 그는 진화의 최종적 수렴점(收斂點)이요, 진화의 오메가이다. 그러므로 그리스도는 인류 진화의 에너지 원동력일 뿐만 아니라, 그 종점이요 목표이기도 하다. 곧 우주발생은 생명발생을 거쳐 정신발생으로 끝맺는다. 하지만 정신발생은 그리스도 발생에서 완성된다. 그리스도는 결국 인류를 하나님에게로 이끌고 간다. 이리하여 하나님은 모든 것 중의 모든 것이 된다.

샤르댕의 인간이해는 인간에게 장엄한 통일성, 탁월한 존엄성을 가져다준다. 그리고 인간의 모든 활동이 하나님의 나라의 도래(파루시아)를 촉진한다는 점에서 매우 긍정적으로 평가된다. 우주 안에서 인간은 가장 높은 지위를 누리며, 우주의 드라마 안에서 인간의 비전은 우주 끝과 하나님에게까지 미친다.

전통적이고 근본주의적인 신학이 샤르댕의 사상과 근본적으로 심각하게 충돌한다고 생각하는 점은 진화론적 인간 이해이다. 보수적 신학은 인간의 존엄성을 지킨다는 명분으로 성서기사를 과학적 본문으로 읽는 오류를 범하고 있다. 전통적 교회가 수 십 세기 동안이나 자명한 진리로 인정된 지동설(地動說)을 성서본문을 근거로 억압하거나 반대해 왔듯이, 성서라는 무기로 진화론을 무조건 매도하는 기독교인들이 아직도 적지 않다. 진화론은 과학의 검증대상이지, 신앙의 판단대상은 아니다. 그리고 창조는 원칙적으로 태초의 '무로부터의 창조'(creatioex nihilo)와 관련된 것이고, 그래서 신앙고백의 대상이다. 그러므로 창조는 과학에 의해 입증되거나 반증될 수도 없다.

그 반면에 진화는 유(有)에서 유(有)가 발생하는 법칙 혹은 유(類)에서 유(類)

가 발생하는 법칙을 연구하는 분야이다. 게다가 전통적으로 신앙되어져 온 '계속적 창조'(creatio continua) 이해는 진화론적 창조론과 조화될 수 있다. 세상의 그 어떤 것도 과거의 선행적 조건이나 원인이 없이 갑작스레 발생하지 않는다. 물론 인과론이 무너지거나 인과론으로 설명될 수 없는 영역이 아직도 많이 있다. 하지만 연속성이 불연속성을 포함하고 있는 것으로 이해될 수 있듯이, 불연속성도 연속성 안에서만 이해될 수 있다. 절대적 불연속성은 오직 하나님의 이름으로만 정당화될 수 있을 것이다.

인간의 창조설화는 인간이 땅 혹은 흙에서 빚어졌다고 한다. 이것은 인간이 땅에서 유래했다는 뜻이다. 물론 창조설화는 하나님의 특별한 배려와 정성이 작용했다는 사실을 강조하며, 이로써 인간이 다른 피조물과 질적으로 다른 고귀한 존재로 창조되었음을 각별하게 강조하고 있다. 그렇지만 인간(Adam)은 피조물인 땅(Adama)의 소산이다. 그리고 땅과 인간 혹은 자연과 인간의 관계성 혹은 연속성은 오늘날의 진화론적 패러다임을 떠나서는 달리 합리적으로 설명되기 어렵다.

전통적 창조론이 진화론을 반대하는 또 하나의 큰 이유는 진화론이 하나님의 창조행위 혹은 섭리를 반대한다는 것이다. 하지만 모든 진화론자가 무신론자는 아니며, 샤르댕은 경건한 가톨릭 사제였다. 진화는 결코 무신론의 도구가 아니다. 그것은 단지 자연의 법칙을 규명하려는 학문일 뿐이다. 신앙의 자유는 여전히 남아 있다. 창조신앙에서 볼 때, 진화는 하나님의 계속적 창조의 과정으로 수용될 수 있고, 그래서 하나님을 진화를 통해 창조하는 분으로 고백할 수 있다. 자연법칙과 자유가 반드시 상반되는 것이 아니듯이, 창조와 진화, 하나님의 섭리와 피조물의 의지가 반드시 상반되는 것은 아니다. 태초의 창조에 비해 계속적, 진화적 창조는 하나님의 단독적인 행위가 아니라 피조물 안에서의, 피조물을 통한 하나님의 협동과 동반행위이다. 그러므로 계속적 창조에는 하나님의 자유와 함께 피조물의 자유가 열려 있다.

그리고 근본주의적인 성향을 띠는 보수적 신학 혹은 폐쇄적인 복음주의적 신학은 인간과 사회 전반을 매우 비관적으로 파악함으로써 종종 진화론을 기독교의 적대자로 여겨왔다. 이와 같은 신학은 종종 '위를 향해서는'(다시 말하면, 하나님 혹은 피안적인 천당을 향해서는) 열렬히 열린 자세를 강조하였지만, '앞을 향해서는'(다시 말하면, 인류의 미래와 이 땅에 다가오는 하나님의 나라를 향해서는) 매우 닫힌 자세를 유지해 왔다. 그리하여 이와 같은 신학은 결국 '위'(초월)에 대한 불신을 조장해 왔다. 그 대표적인 예가 "종교는 민중의 아편이다!"라고 외쳤던 칼 마르크스의 종교 비판 혹은 하늘비판이었다. 인간의 죄악과 그 비극적, 구조적 결과에도 불구하고 끊임없이 역사에 개입하고, 역사를 교정하는 하나님의 인내와 관용, 용서와 구원의 은총을 믿는 그리스도인은 궁극적으로 '은총의 낙관주의자'일 수밖에 없다.

그렇다면 경건한 그리스도인은 우주와 사회 그리고 인간의 진화와 완성을 믿는 경건한 진화론자가 되기를 거부해야 할 필요가 없다. 샤르댕이 바로 그러한 자에 속한다. 그는 신앙과 과학을 아무런 모순도 없이 통일하고, 우주적 진화와 종교적 구원을 아무런 역설도 없이 일치시켰다. 그리하여 그는 성서의 하나님의 나라에 대한 희망과 진화의 비전을 하나로 통일시켜서, 과학의 이름으로 종교를 불신하고 종교를 아예 미신 정도로 취급하는 현대인에게도 열려 있는 종교적 메시지를 남길 수 있었다. 그의 신념은 오늘 우리에게 인간과 우주에 대한 무한한 신앙적 경외감을 불러일으켜 주었다.

여기서 진화론을 전반적으로 평가할 수는 없다. 다만 우발적인 유전적 변화에 의한 자연도태를 주장하는 진화론은 인간의 목적을 완전히 배제하는 듯이 보이고, 인간의 도덕적 의미와 인간 이성의 의미를 비롯하여 동물과 다른 인간의 독특성을 너무 쉽게 배제해 버린다. 그리고 진화론은 이른바 덜 진화된 문명이나 인간의 도태를 정당화하거나 무분별한 진보적 낙관주의를 낳을 수 있다. 그리하여 세계사에서 종종 비극적으로 경험하였듯이, 연약한 인간과 문명이나 자연이 비정하고 탐욕적인 인간의 희생물로 전락하기 쉽다. 진화 혹은 진보라고 일컬어지는 것이 모두 선하거나 바람직한 것도 아니다.

샤르댕도 종종 지나친 낙관주의자 혹은 순진한 낙관주의자라는 비난을 받는다. 그리고 그가 악의 문제를 간과했고, 범신론(汎神論)에 기울었다는 혐의도 받는다. 그는 굳이 인간의 어두운 면을 말하고 싶지는 않았다고 말한다. 그렇지만 그는 우연한 불행이나 필요한 조건 혹은 진화의 부산물로서 예컨대 무질서와 실패, 병과 상처와 죽음, 성장의 아픔 등을 말한다. 그리고 엄청난 악의 발생에 대해서도 그는 눈을 감지 않는다. 다만 그는 "우리는 아직 우주를 잘 모르고 있으며, 우주가 우리에게 무엇을 원하는지도 모른다."고 겸손하게 말한다. 그리고 샤르댕은 범신론의 염려를 떨쳐버리기를 바란다. 비록 '큰 중심'은 개체 중심들을 수렴하지만, 개체 중심들을 없애거나 섞이지 않고 초월한다. 반성하는 중심들이 결국 하나님과 하나가 된다는 것은 하나님과 인간이 똑같아진다는 뜻이 아니라, 서로 다른 가운데서 사랑으로 교통한다는 뜻이다.

신학적으로 볼 때, 예수는 만물 진화의 완성자만이 아니라, 만물을 갱신함으로써 만물의 목표를 실현하는 만물의 구원자이기도 하다. 만물의 구원만을 일방적으로 강조하는 것은 비역사적이다. 하지만 만약 만물의 진화만을 일방적으로 강조한다면, 밀림 속의 살육, 생존투쟁(生存鬪爭)과 적자생존

진화론을 전반적으로 평가할 수는 없다. 다만 우발적인 유전적 변화에 의한 자연도태를 주장하는 진화론은 인간의 목적을 완전히 배제하는 듯이 보이고, 인간의 도덕적 의미와 인간 이성의 의미를 비롯하여 동물과 다른 인간의 독특성을 너무 쉽게 배제해 버린다.

(適者生存)을 무조건 두둔하기 쉽다. 하나님은 진화를 통해 만물을 구원하지만, 바로 구원을 통해 만물을 진화시키는 하나님이라고 말할 수도 있다. 이처럼 비록 진화와 구원은 쉽게 분리될 수 없지만, 이 둘은 엄연히 구분되어야 한다. 그리고 진화(만물의 진보)의 관념은 구원(만물의 완성)의 관념에 의해 보완되어야 한다. 오직 그렇게 될 때, 비로소 진화론은 기독교 신학 안에서 적절한 자리를 차지할 할 수 있을 것이다. 만약 구원이 초시간적이고 일시적인 사건이 아니라, 기나긴 역사를 관통하는 시간 속의 사건이라면, 진화론은 구원의 범주를 자연까지 확대하거나 자연을 구원의 범주에 포함시키는 이론의 하나로서 재평가될 수 있을 것이다(출처 : 이신건, 『인간의 본질과 운명』, 신앙과지성사, 2010).

* * *

11장

기독교와 문화

'문화'란 무엇인가?

기독교와 문화

현대 문화와 교회

11장

기독교와 문화

'문화의 세기', '문화감성세대', 그리고 '문화 콘텐츠' 등... 21세기를 시작하면서 생겨난 용어들이다. 도처에 '문화'라는 단어가 물씬거린다. 이전세대와는 확연하게 다른 문화적 감수성이 일상생활 곳곳에서 발견된다. 확실히 '문화'가 중요한 시대가 되었다.

왜 갑자기 '문화'인가? 무엇보다도 시대가 변했다. 이전 시대에는 합리적이고 이성적인 것, 그리고 절대적인 것이 중요했었다. 그러나 현대는 감성이 중요해지고, 주관성과 지역성에 대한 새로운 인식이 생겼다. 느낌이 중요한 시대가 된 것이다. 이러한 변화는 사상적으로는 포스트모던 시대에로의 전환이며, 미디어와 통신매체의 급격한 발달로 인한 것이다. 통신기술의 혁명적인 발달이다. 게다가 세계 곳곳에서 살아가는 인간 삶의 탐구인 인류학은 종족, 민족, 그리고 대륙별 우열을 가리는 기존의 편견을 깨뜨리고, 모든 형태의 삶이 갖는 가치와 의미를 발견하게 하였다.

최근 '문화' 라는 코드는 더욱 확산되어가는 추세이다. 그것은 무엇보다 상업적인 목적 때문일 것이다. 문화를 통해 이익을 창출하는 소위 '문화산업' 이 각광받기 시작한 것이다. 기존의 모든 것을 문화적 관점으로 바라보고, 문화가치를 확대 재생산하는 것이다. 미국의 유명한 감독이 만든 영화 한편은 우리나라의 대기업이 1년 동안 자동차를 만들어 판 수입보다 많다. 이토록 문화상품가치가 가공할 수준에 이르다 보니 문화콘텐츠를 개발하는데 힘을 쏟는 것이다. 우리나라에도 지역마다 각종 '문화행사' 라는 이름으로 관광객 유치하고, 특산물 소개 및 판매, 역사유적지 탐방, 문화 예술 전시 및 공연이벤트를 여는 일이 일상이 되어버렸다.

그러면 이렇게 모든 것에 사용되고 있는 용어인 '문화' 란 과연 무엇인가? 문화는 기독교와 어떤 관계를 갖는 것일까? 문화의 세기를 살아가는 그리스도인들이 취해야할 관점과 태도에 대한 성서의 입장은 무엇이며, 기독교에서 제시하는 관점은 무엇인지를 살펴보자.

| 1 | '문화' 란 무엇인가?

인간은 문화를 떠나서 존재할 수 없다. 다시 말해서, 문화 없이 살아가고 있는 인간은 없다는 말이다. 그럼에도 인간은 자신이 몸담고 있는 문화를 마치

공기처럼 거의 인식하지 못하고 살아간다. 때로 인간과 문화의 관계는 물고기와 물의 관계에 비유되기도 한다.

우리가 일상생활에서 사용하는 '문화인', '문화공연', 그리고 '문화교류' 등 다양하게 사용되는 문화라는 말은 대체로 '문학'이나 '예술분야'를 지칭하거나, '교양 있는 것', '세련된 것', '발전적인 것', 그리고 '편리한 것' 등의 의미로 쓰인다. 그러나 전문용어로서 문화가 사용될 땐 훨씬 더 폭넓은 의미를 가진다. 따라서 우리가 몸담고 살고 있는 문화에 대한 전반적인 이해를 갖는 것이 필요하다.

1 문화의 정의

문화는 인간의 총체적 생활양식이다.

간단하게 문화에 대해 정의한다면, 문화란 인간 집단의 총체적인 생활양식이다. 현대적 의미의 문화라는 용어가 넓게 사용된 것은 인류학의 발전에 힘입은 바가 크다. 인류학에서 '문화'라는 용어를 처음 사용한 사람은 영국의 인류학자 에드워드 테일러(E. B. Tylor, 1832-1917)이다. 그는 『원시문화』(Primitive Culture, 1871)라는 책에서 문화를 '지식 · 신앙 · 예술 · 도덕 · 법률 · 관습 등 인간이 사회의 구성원으로서 획득한 능력 또는 습관의 총체'라고 정의하고 있다. 이후로 문화의 개념은 매우 광범위하게 넓혀져 왔다. 이러한 특성으로 인해 레이먼드 윌리엄즈(Raymond Williams)는 '문화'가 영어 단어 중에서 가장 난해한 단어 중의 하나라고 지적한다. 인류학자 레슬리 화이트(Leslie White,

1900~1975)는 인간의 행위를 생물학적 행위와 문화적 행위로 구별 짓고, 문화란 인간의 모든 '상징행위' 라고 한다. 따라서 문화는 인간의 언어에 근거한 다양한 정신적 문화와 인간의 도구적 능력에 기초한 다양한 물질적 문화를 통칭하는 것으로 보아야 한다.

문화는 제2의 환경이다.

문화란 자연을 토대로 한 제 2의 환경이다. 문화(文化)란 사전적인 의미로는 인간이 자연상태를 벗어나서 일정한 목적이나 이상을 실현하는 과정이다. 여기에서 자연상태를 벗어난다는 것은 인간의 사회화 과정을 의미한다. 인간은 개인 혼자서 살아가는 것이 아니라, 함께 살면서, 동일한 목적이나 이상을 실현해가기 때문이다. 또한 이를 위하여 도구나 연장을 사용하기에 물질적이고 정신적인 모든 것을 포함한다. 이것은 문화(文化)라는 말의 어원에도 드러난다. 문화(culture)는 '양육하다', '경작하다' 라는 뜻을 지닌 라틴어 동사 'colere' 에서 파생된 명사 'cultura' 에서 유래하였다. 문화가 농경생활과 관련되었음을 알 수 있다.

따라서 문화란 자연적으로 주어진 것이 아니라, 인간의 노력에 의해 만들어진 것으로서 가치와 연관된 것이다. '자연'(Nature)은 저절로 발생한 것, 주어진 것, 그리고 스스로의 고유한 성장에 맡겨진 모든 것이다. 이는 문화의 개념과 대립되는 것으로 '문화' 는 인간이 직접 생산한 것, 또는 의식적으로 가꾸고 보존한 것을 말한다. 이때 인간의 행위는 가치에 따라 행동하는 것을 의미하기 때문에, 모든 문화 현상에는 인간이 인정한 어떤 가치가 구현되어 있다.

이 경우 가치와 관련된 것은 '문화'이며, 가치와 무관한 것은 '자연'으로 구별되는 것이다. 인간에게 자연은 1차적 환경이요, 문화는 2차적 환경이라고 할 수 있다.

2 문화의 속성

문화는 보편적이며 다양하다.

문화는 세계 어느 곳이나 인간사회가 존재하는 곳에는 존재한다. 즉 보편적인 사회현상이다. 모든 인간은 문화를 소유한다. 그런 만큼 세상에는 참으로 다양한 문화가 존재한다. 이러한 다양한 문화들은 각기 그 나름의 가치관, 사회성, 그리고 역사성을 갖고 있다. 문화는 시대와 지역에 따라 달라진다. 따라서 자신이 속한 문화적 기준으로 다른 문화를 판단하지 않고, 다양한 문화를 인정하는 것이 필요하다. 즉, 문화의 상대성을 인정하는 것이다.

문화는 학습되는 것이다.

문화는 생물학적으로 유전되는 것이 아니고, 교육을 통해 경험이 축적되고 전승된다. 우리는 이전 세대에서 문화를 물려받아 학습한 내용에 새로운 문화내용을 첨가하여 다음세대에게 물려준다. 인간의 특징인 문화가 교육을 통해서 학습되는 것이라는 점은 매우 중요하다. 여기에서 학습이란 일반적인 삶의 방식을 통해 자연스럽게 배우는 것이든지, 악기연주와 같이 특별한 예술적인 훈련이든지, 이 모두를 포함하는 것이다. 이를 통해 문화가 전달될 뿐 아니라,

지속적으로 발전하고 또한 변화한다. 예로부터 우리 민족은 김치를 생활하는 고유한 음식문화를 갖고 있다. 김치를 먹는 음식문화는 한국 사회에서 자연스럽게 학습되는 것이지만, 김치를 만드는 것은 교육을 통해 학습된다. 또한 현재 우리가 즐기는 김치는 과거 어느 때 보다도 종류와 맛이 다양하다. 그것은 현재의 한국인의 입맛에 맞게 변화되어 왔기 때문이다.

문화는 사회성과 역사성을 갖는다.

문화는 사회에 속해있으며, 사회 그룹에 의해 작동되는 것이다. 또한 문화는 사람들이 자신의 조상들로부터 물려받은 '사회적 유산'이다. 이는 문화가 개인에게 속한 것이 아닌 것을 보여준다. 문화는 한 사회의 '공유된 삶의 양식'이기 때문에 문화가 개인을 형성하는데 영향을 미치는 것이다. 바로 이러한 문화의 특성은 문화가 생명력을 갖고 움직이는 것처럼 보이게 한다. 즉, 인간이 만든 문화가 인간을 움직이는 것이다. 이것을 문화의 '초유기성'이라고 한다. 문화는 나름대로의 힘에 의해 움직이는 성격이 있다는 것이다. 이러한 문화의 전승은 사회화 과정에서 대체로 무의식적인 수준에서 이루어진다. 이에 근거하여 문화결정론을 주장하기도 한다.

문화는 통합적이다.

앞에서 살펴보았듯이, 문화는 삶 전체를 포괄하는 것이다. 문화는 사회의 다양한 요소들과의 관계되어 있다. 다시 말하면, 하나의 문화는 홀로 존재하는 것이 아니라, 그 사회 속의 다른 문화와 복잡한 연관관계를 맺는다. 예로써 대학문화는 학교라는 사회 외에도 사회의 다른 영역들과의 관계 속에 존재한다. 또한 대학의 문화도 사회의 다른 문화들을 반영하고 있는 것이다. 따라서 문화 연구는 사회, 정치, 경제, 그리고 종교 등 다양한 분야와의 연계한 통합적인 안목과 학제간의 연구가 필요하다.

문화는 삶에 필요한 모든 것을 창출하는 행위다.

우리는 종종 '문화'와 '문명'을 함께 사용하기도 하지만, 이 두 개념은 구분되는 것이다. '문명'(civilization)이란 말은 영국과 프랑스를 중심으로 한 서구에서 시작된 문명과 야만의 구분에서 비롯된다. 서구중심의 사고방식으로 기술문명이 낙후된 지역에 대해 야만이라고 폄하하던 시각은 '문화'라는 용어의 사용으로 대체되었다. 이러한 문명에 대한 비판적 시각으로 인해 문화는 기술문명에 대한 정신적 가치의 교양이나 소양이라는 말로 대조되어 사용되기 시작한다. 따라서 문화는 고상하고, 정신적이고, 인문학적인 소양과 연결된 의미로 쓰이게 된 것이다. 지금도 문화라는 용어가 우리에게 주는 느낌은 무엇인가 예술적인 것, 고상한 것, 그리고 가치 있는 것 또는 수준 높고 세련된 것으로 다가오는 것은 그러한 이유이다. 그러나 현재 우리가 사용하는 문화라는 개념은 문명을 포괄하는 폭넓은 의미로 쓰인다.

그러면 문화와 사회는 어떤 관계인가? 문화와 사회 역시 혼용되어 사용되기도 한다. 그러나 보통 삶의 구조에 대해 언급할 때는 문화를 말하고, 그 문화 속에 살아가는 사람들을 말할 때는 사회라는 용어를 사용한다. 서구문화, 아시아 문화, 그리고 아프리카 문화라고 사용할 수 있고, 그러한 문화 속에 살아가는 사람들을 말할 때 서구사회, 아시아 사회, 그리고 아프리카 사회이다. 인간 사회는 문화 없이 존재할 수 없고, 문화는 또한 사회를 떠나서 고려될 수 없다. 사회와 문화는 불가분의 상호의존관계인 것이다.

3 문화의 기능과 구성요소

문화의 기능

문화는 대처 메커니즘이다. 즉 생존전략(a strategy for survival)이다. 인간은 문화를 통해 자신을 둘러싼 지리적, 사회적 환경에 대처할 수 있다. 그런 의미에서 문화란 인간의 생존을 위한 노력이지만, 아무래도 완벽한 전략은 존재하지 않는다. 그렇기에 문화는 계속 변화하게 되는 것이다. 문화는 세계관을 중심으로 견고한 통합을 이루고 있다. 인간의 행위에는 그 기초가 되는 사상이나 개념이 존재한다. 이것이 바로 세계관이며, 이 세계관을 중심으로 하나의 연결된 체계를 이루고 있는 것이다. 문화는 세계관의 산물이다.

문화는 삶에 대한 총체적인 밑그림을 제공한다. 문화는 준거틀로서 역할을 한다. 우리는 모두 자신이 태어난 문화권에서 문화를 배워가면서 자신의 삶의 방향을 제시해주는 준거틀(set of guideline)로 삼게 된다. 대부분의 사람들은 자신이 속한 문화를 통해 올바르게 살아간다고 믿기 때문에, 다른 문화에 대해서는 반발하거나 저항하게 된다.

우리는 자신이 속한 문화를 당연시하고, 절대시하려는 속성이 있다. 문화의 대부분이 우리의 무의식적인 영역에 자리를 잡기 때문이다. 그러기에 한 문화권에 속한 사람들은 그것이 완전한 것처럼 인식되도록 교육되는 것이다. 자신의 문화에 대한 인식은 타문화권과 만날 때에만 분명하게 인식되는 측면이 있다.

> 문화는 세계관을 중심으로 견고한 통합을 이루고 있다. 인간의 행위에는 그 기초가 되는 사상이나 개념이 존재한다. 이것이 바로 세계관이며, 이 세계관을 중심으로 하나의 연결된 체계를 이루고 있는 것이다. 문화는 세계관의 산물이다.

문화의 구성 요소

인간에게 문화가 가능한 것은 인간의 언어능력에 기초한다. 인간은 언어를 도구로 다양한 가치관과 세계관을 형성하기 때문이다. 이를 중심으로 문화의 요소는 네 가지로 구분할 수 있다. 즉, 언어, 가치, 기술, 그리고 사회관계이다. 이들은 각각 언어적 구조, 종교적 구조, 기술적 구조, 그리고 사회구조로 나뉘어져 독자적인 기능과 작용을 가지면서도 서로 관련되어 있고, 구조적이고 기능적으로 통합적인 전체를 이룬다. 이 모든 것의 핵심에는 세계관이 존재한다. 세계관은 문화적으로 구조화되어 있다. 세계관은 세계관적 가정들을 기초로 하는 원리들에 따라 조직화되고 구조화된 것이다.

이러한 의미에서 문화를 통합형태(configuration)라 부르며, 개별문화에는 패턴(pattern : 型, 類型)이라든지, 주제(theme)가 있다고 말한다. 이는 지역이나 집단에 따라 특유한 성격을 띠는데, 지역적 분포상으로 보아 비슷한 문화패턴을 지닌 것을 문화영역(cu1ture area) 또는 문화권(文化圈 : Ku1turkreis)이라 부른다. 따라서 아시아 문화, 이슬람문화는 문화권을 한 지역과 집단적 특성을 따라 불리는 용어이다.

| 2 | 기독교와 문화

1 종교와 문화의 관계

인류학적인 관점에서는 종교란 문화의 한 영역일 수 있을 것이다. 그러나 종교는 단지 여러 요소 중의 하나가 아니라, 문화의 깊은 곳에 자리하고 있다. 즉 문화의 저변뿐만 아니라, 가장 깊은 곳에 종교가 위치한다. 다시 말해서, 문화에는 나름의 가치관, 세계관, 그리고 종교적 신념이 자리하기 마련이다.

신학자 폴 틸리히(Paul. Tillich, 1886-1965)는 종교는 인간 정신의 가장 깊은 차원에 존재하는 것이라고 보았다. 종교란 가장 궁극적이고 무조건적인 것을 지향하는 것으로서 궁극적 관심사(ultimate concern)이다. "종교는 모든 문화에 의미를 주는 실체"인 것이다. 그는 종교와 문화의 관계를 이렇게 표현했다. "종교는 문화의 내용이요, 문화는 종교의 형식이다"(Theology of culture, 42).

모든 문화는 현상적으로 보기에 철저히 세속적이라고 해도 그 밑바닥에는 종교적인 관심이 놓여있는 것이다. 따라서 종교란 문화의 뿌리이며, 깊이의 차원이다. 만일 문화가 종교적 차원을 상실하면, 문화는 그 본질을 잃게 되어 공허해지며, 영적인 차원이 결여되는 것이다. 인류역사를 살펴보면, 종교적 표현이 곧 문화로 꽃피웠음을 볼 수 있다. 따라서 우리는 문화에 종교적, 영적인 차원이 있음을 주시해야 한다.

2 문화와 기독교의 관계

중립적 관점의 필요성

앞에서 우리는 문화가 인간의 영적인 상태를 드러낸다고 하였다. 인간의 타락과 함께 인간이 만들어낸 문화에는 인간의 죄성이 반영되어 있다. 그렇다면 우리는 문화 그 자체를 어떻게 보아야 하는가? 그리스도인이 문화를 어떻게 볼 것이냐에 대해 논란이 많다. 이것은 문화의 구조와 조직을 중립적으로 보느냐 아니면 문화를 인간의 이기심을 반영하는 죄된 영향력을 행사하는 유기체적인 것으로 보느냐의 문제이다.

문화 속에서 살아가는 개인에게 미치는 문화의 영향력은 실제로 우리가 인지하는 것보다 엄청난 것이다. 인간은 문화적으로 조건화되어 영향을 받는다. 만일 우리가 몸에 밴 문화의 영향을 주시한다면 놀랄 것이다. 그러나 문화적 영향을 받는 차원과 문화에 의해 결정된다는 것은 다르다. 악한 문화 속에서 악한 행동이 자연스럽다. 사람들이 악한 문화구조 안에서 악인 줄도 모르고 행동한다. 그렇다면 선한 문화적 구조에서 인간은 무조건 선한 행동을 선택하는가? 이러한 생각은 지나치게 문화의 영향력을 극대화시켜 인간의 자유의지와 선택권을 침해하는 문화결정론이다. 인간을 문화적으로 결정된 존재로만 인식하는 것은 옳지 않다.

반대로 우리는 문화에서 완전히 자유로운 인간은 없다는 것도 정확히 인식해야 한다. 분명히 문화구조는 우리에게 막강한 영향력을 행사하지만, 우리는 그럼에도 생각하고 선택할 여지를 가진 자유를 행사할 수 있다. 문화구조는 비

록 인간의 죄악의 영향아래 왜곡되어 있지만, 본질적으로는 그것이 중립적이
며 기본적으로는 환경 내지는 수단? 이라고 본다. 현실의 문화구조는 선한 일
보다는 악한 일에 치우치기 쉬운 상태이다. 따라서 그리스도인이 살아가는 세
상의 문화구조는 중립적으로 느껴지기 보다는 악에 치우친 현상들이 훨씬 많
다. 이것을 크래프트(Charles H. Kraft)는 '기울어진 구조'라고 표현했다. 세상을
향해 선한 일을 하기 위해서는 주어진 문화구조를 거스려야 하는데 힘을 써야
한다.

문화를 대하는 관계와 태도의 유형

역사 속에서 기독교는 문화와 어떤 관계를 가져왔는지에 대하여 두 사람의
입장을 살펴보자. 미국의 윤리신학자 리차드 니버(Helmut Richard Niebuhr, 1894
년~1962년)는 『그리스도와 문화』라는 책에서 기독교와 문화의 관계를 유형을
5가지로 설명한다. 첫 번째, 문화에 대립하는 그리스도(Christ against Culture),
두 번째, 문화의 그리스도(The Christ of Culture), 세 번째, 문화위의 그리스도
(Christ above Culture), 네 번째, 문화와 역설적 관계인 그리스도(Christ and Culture
in Paradox), 다섯 번째, 문화의 변혁자 그리스도(Christ Transformer of Culture)이
다.

베버(R. E. Weber)는 『기독교문화관』(The Secular Saint, 1979)에서 기독교와 문
화의 관계를 4가지 모델로 제시한다. 그는 교회사에서 발견되는 세 가지 모델
을 분리, 동일시, 그리고 변혁의 모델로 설명한다. 그리고 문화에 대한 복음적
인 태도로서 성육신 모델을 제시하고 있다.

　니버의 5가지 유형과 베버의 4가지 모델에서 세 가지의 공통된 태도를 볼 수 있다. 문화를 배격하거나 분리하는 태도, 문화에 동화되는 태도, 그리고 문화를 변혁시키고자 하는 태도이다.

　첫째로, 문화를 분리하는 태도는 문화에 대한 배타적인 입장으로서, 세상은 언제나 복음, 혹은 그리스도에 적대하는 존재이다. 주로 성서에서 죄된 세상을 지적하는 본문들이 여기에 해당하는 관점의 근거들이다(요일 4:3; 5:4 등). 그러나 세상은 정죄하는 대상만이 아니다. 또한 하나님은 이 세상으로부터 그리스도인이 분리되기를 원하지 않는다. 예수께서 십자가를 지기 전 제자들을 위한 중보기도에서 이렇게 말씀하신다. "내가 비옵는 것은 그들을 세상에서 데려가시기를 위함이 아니요 다만 악에 빠지지 않게 보전하시기를 위함이니이다"(요 17:15). 우리가 대적해야 하는 것은 세상의 악함과 세상을 움직이는 마귀의 세력이다.

　둘째로, 문화에 동화되는 태도란, 문화적 가치와 기독교의 근본적인 일치에 중심을 둔다. 그럴 때 그리스도는 인류 역사상 최고의 가치실현을 한 사람으로 이해된다. 그러나 성서는 기독교를 문화와 동일시하거나, 문화적인 이상적 가치를 하나님 나라와 동일시하지 않는다.

　마지막으로, 문화를 변혁하는 태도란 문화를 무조건 비판하거나 거부하지 않으면서, 문화의 형식과 내용의 부조리한 구조를 하나님의 말씀의 빛 가운데 드러내고 비판하는 것이다. 그렇게 함으로써 문화를 변혁시키고, 치유하며, 새롭게 한다는 것이다. 이것은 그리스도를 문화변혁자로 이해하는 것에 근거를 두고 있다. 현실세계의 변화를 위해 문화에 대한 적극적이고 희망적인 자세를 갖고 애쓰는 태도이다. 문화를 하나님의 주권 안에 있는 것으로 이해하고, 구원과 계시의 능력이 문화 안에서 변혁하는 힘으로 드러나도록 해야 한다. 이러한 문화변혁은 그리스도인들이 취해야 할 가장 타당한 입장이다. 대부분의 기독교적 문화사역이 이 입장에 기초하고 있다.

③ 문화에 대한 성서적 관점

성서에 나타난 관계의 방향성

성서는 인간이 하나님께 순종하기를 거절하고, 스스로 하나님의 위치가 되고자 반역한 사실을 보여준다. 신적 차원이 상실된 인간은 자신이 만든 상대적 문화에 절대적 가치를 부여한다. 그래서 하나님의 자리를 채운다. 이러한 행위는 하나님이 아닌 것을 하나님으로 높이는 우상숭배이다. 인간의 문화를 살펴보면, 이러한 우상숭배적인 요소 즉 상대적인 것을 절대적인 것으로 높이는 일이 허다하다. 마치 자기 손으로 만든 형상을 신으로 섬기는 것과 같은 것이다.

인간이 무엇인가를 만들고, 생산해내는 행위는 창조 행위라기보다는, 하나님이 창조하신 세계에 참여하는 행위이다. 그러므로 문화 창조의 주체는 하나님이시다. 인간은 하나님의 형상을 따라 지음 받은 피조물이다. 하나님은 인간에게 하나님의 창조사역을 잘 돌보고 다스리도록 명령하셨다. 이것이 창세기 1장 27-28절과 2장 15절에 나타난다.

"하나님이 자기 형상 곧 하나님의 형상대로 사람을 창조하시되 남자와 여자를 창조하시고 하나님이 그들에게 복을 주시며 하나님이 그들에게 이르시되 생육하고 번성하여 땅에 충만하라, 땅을 정복하라, 바다의 물고기와 하늘의 새와 땅에 움직이는 모든 생물을 다스리라 하시니라"(창 1:27-28).

"여호와 하나님이 그 사람을 이끌어 에덴동산에 두어 그것을 경작하며 지키게 하시고"(창 2: 15).

따라서 세계창조도 문화 창조도 그 주체는 하나님이시다. 하나님의 문화 창조의 주체임을 명확히 인식할 때, 인간의 문화의 목적과 방향, 문화를 판단하는 근거가 분명해진다. 하나님은 인간에게 자신의 창조세계에 참여하도록 부르셨다. 그것을 문화명령이라고 부른다면, 인간은 그 부르심과 명령에 충실하게 사명을 감당해야 한다. 바로 인간의 청지기 직은 하나님의 창조세계를 돌보고, 다스리고, 경작하며, 지키는 것이다. 인간의 문화 창조는 하나님의 창조 사역에 동참하는 것이다.

그러면 인간의 문화 창조가 지향하는 방향은 무엇인가? 인간은 문화 창조를 통해서 하나님이 세상을 창조하신 목적인 하나님의 영광을 드러내는 것이다. 또한 그 방법도 하나님이 창조하신 우주질서를 따르는 것이다. 그렇게 할 때, 하나님의 뜻이 땅에서도 이루어지듯이, 하나님의 다스림이 땅위에서 실현되는 것이다. 즉 인간의 문화는 단순히 인간의 자기실현, 삶의 전략, 그리고 삶의 방식의 총체만이 아니라, 문화청지기적 사역을 통해 하나님을 드러내는 것이다.

문화 내용의 판단 – 생명과 하나님 나라

그렇다면 문화는 어떤 기준으로 판단해야 할까? 하나님 나라가 세상에 드러나는 방식은 문화적이다. 문화를 떠나서 하나님의 사랑을 설명한다는 것은 불가능하다. 그렇다면 어떤 문화형식이 하나님의 거룩함과 신성을 드러내는데 합당한 것인가? 단순히 어떤 특정한 문화형식만이 거룩하다거나 신적인 차원을 드러내는 것으로 단정할 수는 없다. 예로써 교회는 하나님을 찬양하는 예배음악을 사용할 때, 어떤 특정한 악기만이 거룩함을 드러낸다고 판단한 적이 있었다.

그러면 특정한 문화적 행위를 기독교적인 것으로 판단하는 기준은 무엇인가? 중요한 것은 문화 형식보다는 내용적인 측면이다. 문화 형식 자체보다는 문화형식을 사용하는 사람들의 동기가 나타난 기능, 의미, 그리고 해석을 기준으로 삼는 것이 더 정확하다. 예수도 분명히 형식보다는 마음의 동기를 더 중요하게 여겼다. 당시 바리새인들은 오직 유대 문화적 형식들만이 거룩한 것이라고 고집하였지만, 오히려 예수는 그러한 태도를 꾸짖었다.

그리스도가 이 세상에 오신 목적은 이 땅에서 하나님 나라의 성취이다. 예수는 하나님의 나라를 선포하고, 하나님 나라의 백성들에게 생명을 풍성하게 주고자 했다. 자기 양으로 생명을 얻게 하고, 더 풍성히 얻게 하고자 한 것이다. 그 반대는 하나님이 주신 것들을 빼앗고 죽이는 것이다. 생명을 구하지 못하고, 오히려 생명을 억압하고 빼앗는 문화는 마땅히 책망 받고, 정죄 받아야 한다. 따라서 문화는 생명과 관련지어 판단되어야 한다.

그러나 동기가 순수하다고 해서, 모든 문화형식이 거룩함과 신성을 드러내는데 합당한 것으로 보기는 어렵다. 심미적으로 훌륭한 예술이나 작품은 인간의 정서와 마음을 움직여 영적인 차원을 드러내는데 큰 영향을 미치기 때문이다. 따라서 창조적인 문화형식들이 풍성하게 만들어지도록 하는 일은 매우 중요하다. 그러한 문화내용들이 예술의 경지로 승화될 때, 인류는 그것을 위대한 자산으로 여길 것이다. 아름다운 무용, 음악, 미술, 문학작품, 그리고 건축물 등을 통해 우리 자신은 초월적인 영적차원을 만나게 된다.

┃ 3 ┃ 현대 문화와 교회

그리스도인들은 기독교적인 관점에서 문화를 바르게 이해하고, 살아가야 할 책임을 갖고 있다. 이뿐만 아니라 그리스도인 각 개인의 역할을 제대로 방향 지우고, 힘을 공급하는 교회 공동체의 역할은 더욱 중요하다. 교회 공동체는 하나님의 문화명령이 가장 먼저 구체적으로 실현되어야 하는 장(場)이기 때문이다. 먼저 현대 문화의 특징을 간략히 짚어보면서 영적 공동체인 교회의 역할을 살펴보자.

▆ 현대 문화와 그리스도인

소비문화와 대중문화

우리가 사는 시대를 지식정보화시대 또는 후기 자본주의사회라고 한다. 시장경제체제의 특징은 무한한 소비 지향적 사회로서 결국 경제세계화로 나아가는 것이다. 소비사회에서는 소비 자체가 인간의 존재이유가 된다. "나는 소비한다. 고로 존재한다"는 소비사회의 핵심을 드러내는 모토이다. 이제 상품은 단순히 물질적 가치만이 아니라, 삶에 의미를 부여하는 존재로 여겨진다. 신상품, 명품, 그리고 최고급 상품에 대한 경이감과 황홀함은 마치 신적 경지로까지 높여지는 것이다. 소비사회에서 상품의 가치는 마치 성체(聖體)와도 같다. 이러한 사회에서 소비에서 밀려난 사람은 인간적 품격을 상실한 것으로 간주된다. 이렇게 인간을 상품숭배자로 만들어버리는 구조가 소비중심-문화의 특징이다.

소비중심 문화와 더불어 현대문화는 대중문화가 주류를 이룬다. 대중문화는 '산업화'와 '도시화'로 인해 대중사회가 발전해가는 가운데 '대중의 욕구'가 팽창하여 '대중의 선호'에 따라 '대량생산' 되고 '대량소비' 되는 문화이다. 무엇보다도 대중의 욕구는 대중문화의 발전의 원동력이다. 최근 대중문화의 급격한 발전은 대중매체의 전파에 힘입은 것이다. 대중매체 이전의 시기에 연극, 오페라, 그리고 문학 등은 교육받은 상류층만이 누리는 문화적 특권이었다. 이제 대중은 다양한 문화들을 손쉽게 접한다. 대중은 대중문화의 중심인 오락만이 아니라, 거의 모든 정보까지도 인터넷을 포함한 대중매체를 통해 얻는다.

대중문화에 대한 기존의 비판은 주로 양분화 되어 있었다. 창작자 중심의 고급문화와 수용자 중심의 대중문화로 나누어 문화를 생산자/창작자와 소비자/수용자로 구분하는 것이었다. 그러나 이러한 관점은 오늘날의 대중문화에는 적합하지 않다. 디지털 시대에서 문화의 생산과 소비는 쌍방향적이다. 이제 대중은 생산적 소비자로 탈바꿈해 뉴미디어를 활용하는 '창조적 소비자'로 부상하

고 있다. 대중은 과거 어느 때보다 문화 창조
의 주도적인 세력으로 탈바꿈한 것이다.

문화속의 그리스도인

그리스도인들 역시 대중문화로 대변되는
현시대의 문화 속에서 살아간다. 그러면 그
리스도인들은 이러한 소비사회와 대중문화 속에서 어떻게 살아가고 있을까?
미국의 한 연구에 따르면 그리스도인들의 70%이상이 비그리스도인들과 동일
하게 TV를 시청하고, 영화를 즐기며, 인터넷을 오락적 목적으로 사용한다. 그
리스도인들도 대중문화를 무비판적으로 수용하는 자세로 살아가고 있는 현실
이다. 대중문화 속에 살아가면서도 대중문화의 영향력을 제대로 의식하지 못
하고 있다.

닐 포스트만(Neil Postman)은 『죽도록 즐기기』라는 책에서 미국문화가 오락
을 즐기다가 죽음에 이르는 문화라고 지적한다. 심지어 종교에서조차 즐거움
을 추구하는 오락지상주의는 비단 미국의 상황만이 아니다. 한국의 상황에서
도 예능만능시대가 온 것 같다. TV에서 예능프로가 최고의 인기를 누리며, 연
예인들은 오락적인 능력을 갖추는 것이 필수적인 것처럼 보인다. 향락적인 오
락산업이 급격히 늘어나고, 디지털 통신기술은 따라가기 어려울 정도로 나날
이 발전해가면서 정신없이 새로운 신기술을 쏟아내고 있다. 이러한 소비지향
문화, 대중문화의 홍수 속에서 우리는 어떻게 그리스도인으로서 건강하게 살
아갈 수 있는가?

대중매체 이전의 시기에 연극,
오페라, 그리고 문학 등은 교육
받은 상류층만이 누리는 문화적
특권이었다. 이제 대중은 다양한
문화들을 손쉽게 접한다. 대중은
대중문화의 중심인 오락만이 아
니라, 거의 모든 정보까지도 인
터넷을 포함한 대중매체를 통해
얻는다.

2 문화 창조를 위한 실천

대중문화 속에 살아가는 그리스도인들에게 중요한 과제는 문화적 건강함을 유지하면서 살아가는 것이다. 우리는 문화를 무조건 배척하거나 무비판적으로 소비하며 탐닉하는 태도에서 벗어나야 한다. 오히려 주어진 문화를 잘 수용하고, 활용해야 한다. 문화를 잘 분별하는 능력을 갖추는 것이 필요하다. 이때 인류학적인 문화성찰은 문화에 대한 분별력을 기르는데 도움이 된다. 이것은 두 가지 방식이 가능하다. 하나는 자신의 문화를 일정한 거리를 두고 타자의 시선으로 낯설게 보는 것이다. 또 다른 하나는 자신의 문화를 다른 문화와 나란히 두고 객관적으로 비교하는 것이다.

문화읽기와 식별

문화읽기는 문화를 판단하기에 앞서 문화현상을 있는 그대로 읽는 것이다. 문화를 읽는다고 할 때, 책읽기와의 공통점을 생각하면 쉬울 것이다. 읽어내는 행위에는 창작자의 의도를 이해하고 알아차리는 것, 창작자의 의도와 관계없이 미치는 영향력, 그리고 숨어있는 기호와 상징을 파악하는 것을 포함한다. 우리 주변에는 수많은 코드, 유행어, 기호들, 그리고 상징들이 존재한다. 또한 휴대폰 문화 등과 같은 다양한 문화현상들이 존재한다. 이러한 현상적으로 드러난 부분을 읽어가면서 드러나지 않는 동기와 의도를 파악하는 것이다. 이러한 문화읽기는 구체적으로 일상적인 TV 프로그램들, 영화, 그리고 공연 등 대중매체를 통한 것들과, 현실에서 만나는 다양한 문화현상 등에도 적용할 수 있을 것이다. 문화읽기는 대중적인 욕구와 갈망이 무엇인지 즉 대중을 움직이는 동기는 무엇인지를 알아차리는데 중요하다. 무엇 때문에 현실에서는 전혀 불가능한 이야기로 점철된 드라마에 빠져드는지를 알아볼 수 있게 한다.

문화현상의 이면에는 권력의 문제와 상업적 이윤추구 등의 다양한 집단의 이기적 목적이 첨예하게 부딪히고 있다. 예를 들어서, 우리나라의 문화 콘텐츠는 한류라는 이름으로 아시아 지역에 활발하게 진출하고 있다. 이러한 문화현상은 이윤확대를 위해 민족주의적 감정을 미묘하게 자극하면서 문화적 우의성 확보라는 명목으로 당연시되기도 한다. 여기에서 문화권력 즉 문화정치라는 문제가 대두되고 있다. 이것은 세계가 이미 문화전쟁의 국면으로 접어들었음 보여준다. 또한 한국은 다문화 사회로 이동하는 상황이다. 따라서 문화를 이해하려는 노력은 함께 사는 생존과 관련된다. 지금 여기를 살아가는 사람들을 이해하고, 그에 합당한 기독교적인 대답을 창조적으로 제시하기 위해 문화에 대한 식별력은 매우 중요하다. 문화에 대한 분별력을 키우는 것은 건강한 문화인의 삶을 위해 필요하다. 그럴 때, 하나님이 주신 문화의 풍성함을 누리는 그리스도인으로 이 시대를 능동적으로 살 수 있을 것이다.

창조적인 전략

그리스도인들은 적극적인 문화소비자로서 뿐만 아니라, 건전하고 창조적인 문화 생산자로서의 역할에 눈을 떠야 한다. 문제는 기술과 대중매체 자체가 아니다. 문화생산자의 주도적인 역할을 하는 사람들이 누구냐는 것이 중요하다. 상업적이고 소비적이며 향락적인 방식으로 활용되는 기술과 매체들은 누가 어떤 목적으로 사용하느냐에 따라 하나님의 뜻을 드러내고 실현하는 일에도 효과적으로 쓰일 수 있기 때문이다.

기독교의 문화전략이 비판에만 머물고, 소비문화를 대체할 내용을 드러내지 못한다면, 효과적인 전략이라고 할 수 없다. 우리의 관심은 세상적인 기술 수준과 견주는 것이 아니다. 그것을 넘어선 관점이 필요하다. 세상에서 추구하는 것과는 방향을 달리하는 관심, 즉 보다 초월적인 관심을 향하게 할 수 있는 방식이 필요하다. 즉 세상이 보여줄 수 없는 더 깊은 영적 차원을 드러내는 것으로 창조적인 방향전환이 필요하다.

최근에 기독교적 문화연구와 창작이 활발하게 진행되고 있음은 매우 고무적이다. 건강하고, 창조적이며, 삶의 근본적인 가치를 담아내는 내용들을 대중이 쉽게 접할 수 있도록 만드는 전략적인 문화역량이 요청된다고 하겠다.

종교예술의 필요성

문화 창조의 명령이 인간에게 주어졌다면, 영적 공동체인 교회 역시 문화명령을 수행하고, 창조적인 문화를 일구어 가는 사명을 가졌다. 교회는 문화적 형식을 사용한 종교예술을 통해 영적 공동체의 생명력을 표현한다. 그런 면에서 종교예술은 교회의 기능의 하나로 적극적으로 행해져야 할 분야이다. 이것은 교회가 갖고 있는 근원적인 계시 경험과 종교상징을 예술적이고 심미적인 표현으로 드러내는 것이다.

기독교 역사를 돌아보면, 개신교는 가톨릭에 비해 종교예술에 대한 감각이 부족한 편이다. 가톨릭은 미술, 조각, 그리고 음악 등 다방면에 걸쳐 종교예술을 꽃피웠다. 그러나 지나친 형상화를 거부한 개신교에서는 종교예술이 약화되었고, 그 결과 종교상징이 빈곤해졌다. 그뿐만 아니라 종교예술에 대한 신학적 관심도 미약하다. 형식이 없는 내용은 불가능한 것이다. 종교상징은 심오한 영적인 차원을 열어주는 통로가 된다. 이제 개신교는 보다 영성적이고 예술적인 문화에 관심을 가져야 한다. 현대의 대중문화와 소비지향적인 문화 속에서 영성의 깊이를 열어주는 종교예술은 백 마디 말보다 강력하다. 문화 감성시대를 살아가는 교회는 문화 예술인들의 양성과 지원에 사명감을 가져야 한다.

③ 교회와 하나님 나라의 문화 창조

우리가 문화명령을 우선 수행해야 할 곳은 세상이라기보다는 우리 자신이며, 영적 공동체인 교회이다. 교회는 그 사회와 문화에 다양하게 영향을 미친다. 또한 교회와 현대 문화는 상호적으로 영향을 주고받을 수밖에 없다. 교회는 사회 속에 한 실체로서 살아가기 때문이다. 교회는 세상과 분리된 존재가 아니다. 그렇다면 교회가 사회와 문화 속에서 어떻게 서로에게 영향을 주는가? 틸리히의 세 가지 구분을 따라 살펴보자.

교회의 사회적 역할

첫째로, 교회의 제사장적 역할이다. 교회가 존재하는 그 자체의 영향력에 대해서는 그동안 간과되거나 의식하지 못했던 부분이다. 그러나 교회는 존재 자체로 문화와 교육에 영향을 미친다. 교회가 특별한 행동을 하지 않고, 말없이 침묵하더라도 교회는 자신의 영적인 본질을 사회 속에 발산한다. 그렇게 교회는 자신이 존재하는 환경을 변화시킬 수 있는 능력을 갖고 있다.

둘째로, 교회는 예언자적인 역할을 한다. 교회는 사회의 부정의와 타락에 대해 판단하는 역할을 해야 한다. 초대교회는 로마사회의 이교적인 생활방식과 사고방식을 비판하여 결국 이교사회를 기독교 사회로 변형시켰다. 이렇게 한 사회를 공적으로 비판하고, 변화시키는 것을 교회의 '예언자적'인 역할이라고 한다. 이러한 예언자적인 비판은 격려되어야 한다.

셋째로, 교회의 정치적인 역할이다. 앞의 두 가지가 종교적 영역 안에 머무는 반면, 이것은 교회가 정치적으로 행동하는 것이다. 그러나 이때도 교회는 교회의 본질에 합당한 방식으로 행동해야 한다. 교회가 자신의 본질에 위배되는 수단을 사용하는 것은 옳지 않다. 교회의 참된 힘은 성령의 현존이 드러나는 공동체로서 살아가는 것이기 때문이다. 대체로 이러한 영향력에서 개신교는 정치적 책임을 피하는 회의주의적 입장을 취해왔다. 이 시대의 정치적 영향력에서 벗어난 공동체는 없기에, 교회는 정당한 방법으로 영향력을 행사하는 것이 필요하다.

교회의 이러한 영향력은 상호적인 것이다. 즉 교회는 사회의 문화적 영향을 받아들인다. 때로 사회도 교회를 공격하고, 비판하기도 한다. 그것을 귀 기울여 들어야 한다. 그뿐만 아니라 사회는 부당하게 교회를 억압하기도 한다. 그럴 경우에 교회는 그 사회에 저항하며, 잘못된 제도를 개혁해야 한다. 교회는 하나님의 생명력을 지니고, 세상 속에서 빛과 소금으로 살아가야 한다. 따라서 그리스도인들은 세상 속에서 교회의 역할에 대해 보다 진지하게 고민할 필요가 있다.

교회의 문화적 역할

교회는 문화명령을 실천하는데 필요한 방법을 적극적으로 모색해야 한다. 먼저, 교회는 자신 안에 영적인 임재가 가득한 하나님 나라를 드러내야 한다. 그럴 때, 교회는 생명력 있는 영적 공동체로서 문화 속에 영향력을 갖게 된다. 교회는 세상에 하나님 나라를 드러내는 대표적인 영적 기관이다.

교회는 사회와 문화의 부정의와 반문화적인 요소들에 대하여 정확하게 비판하며, 예언자적인 사명을 감당해야 한다. 한국교회는 또한 공동체적인 역량을 발휘하여 정치제도적인 차원의 접근도 더욱 적극적으로 모색할 필요가 있다. 구체적으로는 문화개혁을 위한 시민운동과 향락문화에 대한 비판 등이 해당될 것이다. 이를 위해 더 본격적인 문화연구를 위한 전문가들이 필요하다. 기독교적 가치관과 세계관을 문화예술적인 차원으로 발휘할 수 있는 운동들이 활발해지고, 다각적인 예술 활동들에 관심을 기울여야 할 것이다.

교회가 과거와 같이 단순한 문화비관론이나 문화낙관론에 치우친다면, 이 시대 속에 영향력 있는 영적 공동체가 될 수 없다. 교회는 문화연구에 더욱 진지한 관심을 가져야 한다. 기독교는 시대를 이끄는 종교로서 문화민주주의, 문화민족주의, 문화정치, 문화권력, 그리고 문화산업과 포스트모던적 종교성 등의 내용들과 대화할 수 있어야 하기 때문이다.

지금의 한국교회는 급변하는 시대 속에서 영향력을 갖기보다는 대중문화에 휩쓸려 가고 있는 현실이다. 교회가 변화에 적응하기 위해 다양한 문화적 활동을 벌이고는 있지만, 갈증을 해소할 수 있는 심원함이 부족하다. 심지어는 교회의 정체성조차 혼란스러워지기도 한다. 이것은 문화에 대한 성서적이고도 신학적인 이해가 부족하고, 구체적인 실천의 방향과 기준도 제대로 세워지지 않아서이다. 최근 기독교 계통의 문화이론이 급부상하고, 문화전략이 세워지고 있기는 하다. 그러나 아직 한국교회의 문화적 적응력과 기초는 탄탄하지 못한 현실이다.

성령의 임재에 근거한 문화

기독교 문화란 하나님의 통치가 실현되는 문화이다. 하나님의 말씀 즉 복음의 힘을 드러내는 문화이다. 이것은 하나님 중심적이고 주도적인 문화이며, 오직 하나님께만 영광을 돌리는 문화이다. 하나님의 나라가 임하는 것이다. 이것이 어떻게 가능할까? 문화변역을 위한 문화사역자들을 양성하고, 문화이론을 세우고, 기독교 문화의 네트워크를 형성하는 것들이 필요하다. 그러나 그것만으로는 부족하다. 이러한 활동 자체가 이 하나님 나라가 임하도록 하는 것은 아니다.

하나님의 나라는 하나님의 영의 임재 즉 성령으로 이루어진다. 성령의 임재가 분명한 교회는 하나님의 현존을 이 땅위에 드러낼 것이다. 하나님의 영의 임재가 있는 곳에는 신성의 거룩함과 사랑이 충만할 것이다. 예수 그리스도는 하나님 나라를 다른 무엇보다도 삶의 우선순위에 두고 살아가라고 하신다. 그분을 따르는 제자공동체에 하나님 나라가 임하기를 간구하도록 가르친 것이다(마 6:10,33). 에스겔은 성전에서 나오는 물이 강물로 흘러가서 강과 바다를 살리고, 그 안에 사는 모든 생명이 살아나고, 강가의 나무들도 달마다 새 열매를 맺게 되는 환상을 보았다(겔 47: 1-17). 하나님이 임재하시는 곳에는 이러한 생명회복과 창조적인 삶의 비전이 성취되는 것이다.

＊＊＊

| 참고문헌 |

강현두 편, 『현대사회와 대중문화』, 서울 : 나남출판사, 2005.

김영한, 『한국기독교 문화신학』, 서울 : 성광문화사, 1995.

박종현, 『기독교와 문화』, 서울 : 크리스천헤럴드, 2006.

신국원, 『신국원의 문화이야기- 문화전쟁시대의 기독교 문화전략』, 서울 : IVP, 2002.

＿＿＿, 『변혁과 샬롬의 대중문화론』, 서울 : IVP, 2004.

장경철, 『문화읽기』, 서울 : 두란노, 2001.

최인식, 『예수와 문화』, 서울 : 예영커뮤니케이션, 2006.

니버(Niebuhr, Richard), Christ and Culture, Harper & Row Publishers, New York, 1951.
　　　『그리스도와 문화』, 대한기독교서회, 1986.

더닝, 엘런 테인, 『소비사회의 극복』, 구자건 역, 서울: 도서출판 따님, 1997.

로마노프스키(Romanowski, William D), 정혁현 역, 『맥주 타이타닉 그리스도인』, 서울 : IVP,
　　　　　　2001.

리케르트(Heinrich Rickert), 『문화과학과 자연과학』, 이상엽 역, 서울 : 책세상, 2004.

크래프트(Charles H. Kraft), 『기독교문화인류학』, 안영권, 이대헌 역, 서울 : 기독교문서선교회,
　　　　　　2005.

＿＿＿＿＿＿＿, 『기독교와 문화』, 임윤택, 김석환 역, 서울 : 기독교문서선교회, 2006.

틸리히(Tillich, Paul), 『조직신학 IV』, 유장환 역, 서울 : 한들출판사, 2008.

＿＿＿＿＿＿＿, 『문화의 신학』, 김경재 역, 서울 : 대한기독교서회, 1993.

포스트만(Postman, Neil), 『죽도록 즐기기』, 홍윤선 역, 서울 : 굿인포메이션, 2009.

화이트(White, Leslie A), 『문화과학』, 이문웅 역, 서울 : 아카넷, 2002.

12장

기독교와 이단

12장

기독교와 이단

| 1 | 대학생활을 시작하면서

대학생활의 즐거움은 건강한 동아리와의 만남을 통해서 얻을 수 있다. 대학 새내기로서 신입생 오리엔테이션에 참석하면, 각종 동아리들을 소개 받게 된다. 그러나 잘못하면 이단동아리를 만나 어려움을 겪을 수도 한다. 어떤 친구는 한 동아리를 소개받아 낯선 대학생활에 적응하고자 모임에 관심을 갖게 되었다. 그런데 그는 처음에는 기독교 동아리인 줄로만 알고 열심을 내었지만, 시간이 가면서 이상한 점을 느끼게 되었다. 동아리 사람들은 그 동아리를 후원하는 OO교회의 목사를 지나치게 추종하는 것 같았고, 심지어는 '영의 아버지, 아버지 하나님' 이라는 호칭을 사용하기도 하였다. 결국 그 친구는 고민 끝에 그 동아리를 탈퇴했다.

3월의 대학가는 용광로와 같다. 새로운 만남에 대한 묘한 설렘과 기대감으로 무엇인가에 빠져들기 쉽다. 이때는 기독교 선교단체나 교회에게도 복음전파의 호기이지만 이단은 도둑처럼 대학생들에게 다가가 왜곡된 신앙을 심어주거나 이제 막 자라려고 하는 신앙을 변질시키고 만다. 그래서 대학선교단체연합회인 학원복음화협의회는 대학가에 「이단경계주의보」를 발령하였다.

특히 주의해야 할 이단으로서 A단체는 '죄 사함과 거듭남의 비밀'을 자신들의 교회를 통해서만 깨달을 수 있다고 주장한다. 이들은 월드캠프, 아토피캠프, 영어말하기 대회, 그리고 중국인 문화의 밤 등을 개최하고 있다. B단체는 『계시록의 실상』이라는 책을 가지고 비유풀이로 성경을 공부한다. 이들은 자신들의 교주를 시대 사명자, 이긴 자, 그리고 보혜사 성령이라고 부르며 영생불사를 강조한다. C단체는 입신, 예언, 그리고 방언 등 극단적인 신비주의 신앙형태를 고수하고 있다. 그리고 그릇된 귀신론을 추종하는 D단체는 정식 동아리로 등록되어 있어 신입생들에게 혼란을 주기도 한다. 최근에 이단들은 더욱 세련되고, 은밀해져서 일반 동아리처럼 보이려고 종교 색을 감추거나 건전한 선교단체 이름을 도용하며, 수시로 그 명칭을 바꾸면서 영어공부나 자원봉사, 문화공연, 그리고 명사초청강연회 등 그럴싸한 문화콘텐츠를 내세운다.

| 2 | 이단의 정의

어떤 사람은 "우리가 믿는 것은 무조건 정통이고 남이 믿는 것은 이단이다"

라고 주장한다. 물론 이것은 너무 일방적인 자기주장에 불과하다. 또는 "이단
은 시작은 같으나 끝은 다른 것이다"라고 주장한다. 이런 주장은 한자어 '이
단'(異다를 이, 端끝 단)에서 그런 의미를 이끌어 낸 것이다. 그러나 이런 이해는
통속적 정의에 해당한다. 그래서 다음과 같이 성서적, 역사적, 그리고 교리적
측면에서 이단의 본질적 개념을 정리할 수 있다.

첫째로, 성서적 측면에서 이단이란 '공인된 교리로부터 의도적으로
이탈하려는 분파와 그 주장'을 말한다. 원래 이단을 뜻하는 신약성서의 원
어는 '하이레시스'(Hairesis)로서 "선택, 선출, 그리고 결단"이란 뜻이었다. 즉
"선택한다"라는 뜻의 동사 '하이레오'(Haireo)에서 유래된 말로 "교리, 학파,
수용된 의견들"을 의미하는 것이었다. 초대교회는 이 말을 사두개인의 당파
(행 5:17), 바리새파(행 15:5), 나사렛 이단의 괴수라고 할 때(행 24:5), 그리고 바
울이 내가 우리 종교의 가장 엄한 파를 좇아 바리새인의 생활을 하였다고 할
때(행 26:5) "당파, 분파, 그리고 종파"라는 중립적 의미로 사용했다. 그런데 초
대교회 이후 예수님의 제자인 사도들의 가르침과는 다른 주장들과 문서들이
등장하면서, 하이레시스는 '공인된 교리로부터 의도적으로 이탈하려는 분
파와 분쟁'(고전 11:18, 19; 갈 5:20; 벧후 2:1)을 의미하는 것으로 사용되었다. 결
국 베드로후서 2장 1절에서 보듯이, 그 말은 "멸망케 할 이단"이라는 부정적
의미를 내포하게 되었다.

둘째로, 역사적 측면에서 이단이란 '어느 지역에서든지 언제라도 전
체 교회가 공통으로 믿지 않는 한 분파의 거짓된 주장이나 오류'를 말
한다. 역사에서 정통이 어떤 형태를 갖추기도 전에, 이단이 등장하곤 했다. 그

래서 이단이 발생하면, 정통은 자신의 모습을 가다듬어 이단과는 구별된 모습을 갖추곤 했다. 처음 3세기 동안 이와 같은 현상은 빈번하게 일어났었다. 그러므로 여러 의견들 가운데 채택된 것은 정통이고, 반대로 거절된 것은 이단으로 간주되었다. 이런 관점에서 브라운(Harold Brown)은 정통이란 "신자에게 단번에 주신 믿음의 도(유 1:3)로서 '어느 곳에서나, 항상, 그리고 모든 사람에 의하여' 믿어지는 바른 교훈"이라고 정의하였다. 즉 정통이란 어느 지역에서든지, 언제라도, 그리고 전체 교회가 공통으로 믿는 것이고, 이단이란 한 분파의 거짓된 주장이나 오류를 말한다. 그래서 마틴(W. Martin)은 "이단 교주들은 한 가지 공통점을 가지고 있는데, 그들은 성서적 기독교를 취하여 진품을 교묘한 모조품으로 둔갑시킨다"라고 강조했다.

셋째로, 교리적 측면에서 이단이란 정통교회의 권위에 의해서 그릇된 것으로 배척된 교리나 체계이다. 초기교회의 교부인 이레니우스는 이단을 "옳은 교리의 표준에서의 이탈"이라고 정의했다. 정통이 "바른 의견"(orthodoxy)이란 의미로서 사도신경의 모든 신조들을 표현된 대로 수락하는 것이라면, 이단은 "다른 의견"으로서 그런 정통신조에 다른 견해를 제시하는 것이다. 또한 바울도 "우리나 혹 하늘로부터 온 천사라도 우리가 너희에게 전한 복음 외에 다른 복음을 전하면 저주를 받을지어다"(갈 1:8)라고 강조하였다. 여기에서 '다른 복음'은 곧 성경에 기록된 사도들이 전한 내용과는 다른 것을 의미한다. 그러므로 이단이란 어떤 사람이라도 성경에 없는, 또는 성경에 어긋나는 내용·주장·교리를 가르치는 것을 말한다(고후 11:4). 그래서 마틴(W. Martin)은 이단을 "어떤 특정인의 그릇된 성경해석을 중심으로 하여 형성된 종교집단"이라고 정의하였다.

| 3 | 이단의 발생요인

한국 기독교 인구 1천만 명 중에서 2백만 명이 이단사이비 종교집단에 소속하고 있다는 통계가 있다. 어떤 이유로 우리나라에서는 이렇게 많은 이단이 발생하였는가?

첫째로, 이단은 우리 사회가 정치적 불안, 사회적 혼란, 그리고 경제적 어려움으로 미래가 불확실하여 사회가 불안한 상황일 때 발생한다. 특히 젊은이들이 정체감을 형성하고 삶의 목적과 의미를 추구할 때, 이런 불확실성에 직면하면 방황을 하게 된다. 즉 그들은 독립심을 기르고, 성적 변화에 적응해야 하며, 진로를 결정해야 하는 중대한 시기에 섰을 때, 더욱 자신의 미래에 대한 불안함에 초조해 하게 된다. 이와 같은 불안정한 상황 속에서 이단은 상대적인 안정감을 제공하는 것처럼 보인다.「목회와 신학」(1991년)의 조사에 따르면, 응답자의 18.3%가 미래에 대한 불안감 때문에 이단을 찾고 있는 것으로 나타났다. 이단은 종말의식을 고조시켜 절망감을 안겨주고, 자신들을 통해서만 구원을 얻을 수 있다는 '피난처에 대한 희망'을 약속하여 젊은이들을 유혹하는 것이다.

둘째로, 한국사회가 산업화되면서 나타난 가정의 붕괴가 원인이기도 하다. 가족의 핵가족화 현상, 산업화에 따른 잦은 이동으로 인한 문제, 성 개방으로 인해 문란해진 성도덕, 그리고 TV나 인터넷 등을 통해 소개되는 부정적인 가정관이나 가치관 등이 현대인의 가정을 위협하고 있다. 가출 청소년의 증가와 OECD국가에서도 높은 이혼율과 자살율의 증가 등이 이를 반영하고 있다. 가정에서 소속감을 느끼지 못할 때 불안정감과 외로움과 소외감은 증가하게 마련이다. 이럴 때에 이단은 가정생활에서 소외감을 느끼고, 안정감을 상실한 젊은이들에게 집단생활의 이상을 제시하고, 소속감과 안정감을 제공하는 것처럼 보인다. 라이트와 파이퍼(S. Wright & E. Piper)는 가정 내의 문제로 인한 소외감과 청소년들의 이단가입 사이에는 높은 상관관계가 있음을 밝혀냈다. 이단에 속한 사람들은 그들의 상호의존성을 깊이 의식하고 있으며, 깊은 충성심과 서로를 돌아보는 친밀한 교제로 뭉쳐 있다.

셋째로, 이단발생을 부추기는 가장 주요한 요인은 '교회의 부패와 분열'이다. 많은 교회들이 교회의 기본사명에 충실하지 못하고, 부정적인 모습이 만연되어 있어서 교회를 찾는 젊은이들에게 기독교 세계관을 심어주는데 실패하고 있다. 더구나 목회자의 도덕성이 문제가 될 때가 있다. 이와 같이 전통적인 종교체계에 대한 신뢰도가 추락할 때, 이단은 용인되고, 번성하게 된다. 그래서 항상 이단들은 정통교회의 제도적 결함과 부패를 공격함으로써 사람들의 공감을 얻는다. 다시 말하면, 경제적인 열등감으로 인한 갈등, 직분에 대한 소외감, 교회가 날로 사치스럽게 변모하고 대형화 하는데 대한 실망감, 목회자의 탈선이나 호화로운 생활, 그리고 명분 없는 교파분열이나 교권싸움 등의 문제들이 이단들의 공격요인이 되고 있다.

넷째로, 정통교회가 '보편적인 인간의 욕구'를 충족시켜주지 못하기 때문이다. 대부분의 사람들이 이단을 따르는 것은 진리냐 아니냐의 기준이 아니라, 다른 이유들이 있다. 즉 정통교회가 사람들의 감정적, 심리적, 그리고 사회적 욕구를 채워주지 못하기 때문이다. 예를 들자면, 몰몬교는 가정이 지상천국이라는 슬로건 아래 사회사업을 추진하여, 자기 교인들은 아무도 경제적 어려움을 겪지 않는다고 자랑한다. 마치 정통교회가 곤경에 빠진 사람에 대해 무관심한 바리새인처럼 보인다면, 이단은 선한 사마리아인처럼 자비와 사랑을 베푸는 인상을 풍긴다. 그래서 이단에 접해 본 사람들은 그들의 이념적 선전보다는 공동체 내에서의 친밀감, 교제, 그리고 소속감 등에 더 끌린다고 말한다.

다섯째로, 극단적인 종교 다원주의나 포스트모던 사상의 영향이 적지 않다. 상대성을 지향하는 시대적인 흐름도 이단증가의 주요 원인이다. "아무 것도 확실하지 않고 모든 것이 다 상대적이다", "진리는 하나가 아니라 여럿이다", "당신이 생각하는 그것이 바로 진리이다" 등의 주장들이 사회적 통념이 되어가면서 이단의 활동이 힘을 얻고 있다. 이런 상황에서 강력한 카리스마적인 지도자의 '확신을 안겨주는 메시지'는 불안함 가운데 확실한 내일의 지표를 찾는 현대인들에게 강력한 호소력을 지닌다. 이런 이단 교주들의 새로운 계시와 깨달음은 추종자들의 기분을 좋게 만들어주고, 안정감을 주는 것이다.

여섯째로, 한국교회 신자들의 영적 무력감이 문제이다. 한국교회가 추구하는 부흥의 목적은 진정한 제자로서의 그리스도인 양육이 아니라, 오로지 대형교회를 지향하는 물량적 성공주의에 물들어 있다. 따라서 신자 개개인의 영적 성숙이나 생활의 변화는 뒷전이다. 신자들의 올바른 목표 상실로 인해 복음전도의 열정은 왜곡되고, 그들은 교리나 성경에 대해 어둡고 무지하므로, 성경을 자기 뜻대로 해석하는데 익숙하며, 교회생활을 율법주의적으로 생각하게 되었다. 심지어 신자들은 세속적 욕망들에 더 친숙하고, 그것의 매력에 빠져 영적 무력감으로 허덕이고 있다. 이런 상황에서 젊은이들은 역할모델을 찾지 못해 방황하고 있다. 그래서 이단은 젊은이들에게 접근하여 진리에 대한 갈망과 영적 무력감을 단번에 해결해 준다고 미혹한다.

일곱째로, 이단의 배후에는 미혹하는 영, 즉 '사단의 역사'가 있다. 이단의 활동과 가르침은 그들의 주장과 현상만으로 판단할 수 없는 내면적인 부분이 있다. 성경은 그런 이단의 영향력을 거짓의 아비인 사단의 조종이라고 교훈한다. "저런 사람들은 거짓 사도요 궤휼의 역군이니 자기를 그리스도의 사도로 가장하는 자들이니라. 이것이 이상한 일이 아니라 사단도 자기를 광명의 천사로 가장하나니 그러므로 사단의 일군들도 자기를 의의 일군으로 가장하는 것이 또한 큰 일이 아니라 저희의 결국은 그 행위대로 되리라"(고후 11:13-15).

| 4 | 이단에 대한 성경의 교훈

그렇다면 성경은 이단에 대해 어떻게 말하고 있는가?

첫째로, 성경은 이단의 출현이 전혀 새로운 현상이 아니라고 말한다

(마 24:3-51). 이미 구약시대에도 거짓 선지자들이 있었다(렘 5:31; 23:9-18). 그들은 "너희에게 헛된 것을 가르치나니 그들의 말한 묵시는 자기 마음으로 말미암은 것이요 여호와의 입에서 나온 것이 아니니라…거짓을 예언하는 선지자들이 그 마음의 간교한 것을 예언하느니라"(렘 23:16, 21, 26). 또한

> "저런 사람들은 거짓 사도요 궤휼의 역군이니 자기를 그리스도의 사도로 가장하는 자들이니라. 이것이 이상한 일이 아니라 사단도 자기를 광명의 천사로 가장하나니 그러므로 사단의 일군들도 자기를 의의 일군으로 가장하는 것이 또한 큰 일이 아니라 저희의 결국은 그 행위대로 되리라"(고후 11:13-15).

구약성경은 거짓 선지자들이 본 것을 생각나는 대로 예언하며, 허탄한 묵시와 거짓된 점괘를 말하는 황무지의 여우들이라고 비판하고 있다(겔 13:2-7). 또한 신약성서 시대에도 다양한 이단들이 등장한다. 즉 영지주의, 신비주의, 쾌락주의, 금욕주의, 율법주의, 그리고 반율법주의 등이다.

둘째로, 예수와 사도들은 거짓 선지자, 거짓 그리스도, 그리고 거짓 사도의 출현을 예고했다. 예수는 "거짓 선지자들을 삼가라 양의 옷을 입고 너희에게 나아오나 속에는 노략질하는 이리라"(마 7:15)고 경계하였다. 또한 "거짓 선지자가 많이 일어나 많은 사람을 미혹하게 하겠으며… 거짓 그리스도들과 거짓 선지자들이 일어나 큰 표적과 기사를 보이어 할 수만 있으면 택하신 자들도 미혹케 하리라"(마 24:11-24)고 말씀하였다. 통계적으로 우리나라에는 자칭 재림예수가 약 50명, 자칭 하나님이 약 20명, 그리고 보혜사 성령이 10여 명이나 있다. 사도 바울도 에베소 장로들에게 "내가 떠난 후에 흉악한 이리가 너희에게 들어와서 그 양떼를 아끼지 아니하며 또한 너희 중에서도 제자들을 끌어 자기를 좇게 하려고 어그러진 말을 하는 사람들이 일어날 줄을 내

가 아노니"(행 20:29, 30)라고 예고하였다. 그 외에도 사도 요한과 베드로도 이단과 거짓 선지자들을 경계하였다(요일 4:1-6; 벧후 2장). 신약서신들도 이단자들을 논박하려고 기록한 것들이었다.

셋째로, 예수는 행위의 열매를 보고 그들을 분별할 수 있다고 말씀하였다(마 7:15-23). 거짓 선생들은 반드시 자신의 교리와 그에 따른 행위의 열매를 맺음으로 그 본색을 드러낸다. 우리는 그들의 행위의 열매를 통하여 그들의 교리와 사상이 잘못 되었음을 분별할 수 있다. 즉 선한 나무라야 선한 열매를 맺는 것이다(마 7:17). 내가 어떤 단체에 입회하였다면 다음의 질문은 행위의 열매에 대한 점검이 될 수 있을 것이다.

1 그 단체를 통해 나의 인격이 더 성숙해지고 행복하게 되었는가?
2 가족관계가 더욱 행복하게 되었는가?
3 개인의 생각을 권장하고 개인차를 허용하는가?
4 외부의 충고와 평가를 기꺼이 받아들이는가?
5 어떤 보복을 두려워하지 않고 자유로이 의문을 제기할 수 있는가?
6 회원을 영입할 때, 그 방법이 정직한가?
7 다른 단체와의 관계와 유대를 권장하는가?

넷째로, 성경은 물량적 성장이 반드시 하나님의 축복을 의미하지 않음을 교훈한다. 귀신을 쫓아내고, 많은 능력을 행하여 많은 추종자들을 거느린다고 해서, 그것이 하나님의 축복이 함께 한다는 보증이 되지 못한다(마 7:22; 벧후 2:5). 말하자면, 가라지와 잡초일수록 더 성장속도가 빠를 수 있다. 마틴

(Martin)은 이단들이 1년에 200%의 놀라운 비율로 성장하고 있다고 지적했다. 그리고 윌리엄스(J. L. Williams)도 이단에 빠진 사람의 80%가 정통교회에서 넘어간 사람들이라고 개탄하였다. 따라서 이단이 양적으로 성장한다고 그것으로 정통이 되는 것이 아니다.

다섯째로, 성경은 이단자를 형제자매로 포용할 수 없다고 가르친다 (고후 11:13-15; 요이 7-11; 딛 3:10). 사도 바울은 "이단에 속한 사람을 한두 번 훈계한 후에 멀리하라"고 명령하고 있고, 사도 요한은 "누구든지 이 교훈을 가지지 않고 너희에게 나아가거든 그를 집에 들이지도 말고 인사도 말라"(요이 10)고 권고하였다. 이미 이단에 빠진 사람을 구제하기는 매우 어렵다. 스스로 속았다는 것을 느끼기 전에는 빠져나오려 하지 않고, 또한 속았음을 인식했을 때에는 이미 물질적, 정신적 피해를 다 입은 뒤이다. 단지 우리가 할 수 있는 일이라면, 그 집단의 그릇된 배경과 여러 가지 비리를 지적함으로 스스로 회의를 갖도록 하는 길밖에 없다.

여섯째로, 성경에서 불신자와 이교도는 전도와 사랑의 대상이지만 멸망케 할 다른 복음을 전하는 이단들은 저주와 심판의 대상으로 등장하고 있다. 바울은 "우리가 너희에게 전한 복음 외에 다른 복음을 전하면 저주를 받아 마땅하다"(갈 1:8,9)라고 선언한다. 이교도는 전도의 대상이지만, 이단자는 반역자요 배교자이기 때문이다. "저희가 우리에게서 나갔으나 우리에게 속하지 아니하였나니 만일 우리에게 속하였다면 우리와 함께 거하였으려니와 저희가 나간 것은 다 우리에게 속하지 아니함을 나타내려 함이니라"(요일 2:19).

일곱째로, 성경은 이단을 악령의 가르침을 좇는 자들이라고 말한다.

사도 바울은 이단의 등장에 대해 다음과 같이 말하였다. "후일에 어떤 사람들이 믿음에서 떠나 미혹케 하는 영과 귀신의 가르침을 좇으리라 하셨으니 자기 양심이 화인(火印) 맞아서 외식함으로 거짓말하는 자들이라"(딤전 4:1-2). 이 본문에서 몇 가지의 중요한 교훈들을 암시하고 있다.

> ① 말세가 되면, 정통신앙에서 떠나는 자들이 늘어날 것이다.
> ② 성도를 미혹하는 존재인 어둠의 영과 귀신을 강조하는 자들이 일어날 것이다.
> ③ 양심이 무디어져서 사람들을 유혹하려고 거짓말도 가리지 않는 자들이 등장할 것이다.

| 5 | 이단의 특징들

어떻게 우리는 거짓 선지자와 이단을 식별할 수 있는가? 사도 베드로와 요한, 그리고 바울의 가르침을 근거로 정리한다면, 그릇된 교리와 체제를 가지고 있는 이단들은 다음의 10가지 특징들을 가지고 있다고 할 수 있다.

첫째로, 대부분의 이단은 '성경 이외에 다른 경전'을 가지고 있다. 비록 성경이 하나님의 말씀인 것을 인정하더라도 자기 뜻대로 해석하거나 특별한 계시를 받은 책이나 혹은 교재들을 가지고 있는지 살펴야 한다. 이런 자료들은 성경에 첨가되거나 성경을 대치하는 역할을 한다. 예를 들어서, 통일교의 『원리강론』, 몰몬교의 『몰몬경』, 『교리와 성약』, 『위대한 가치의 진주』, 그리고 여호와 증인의 『새 세계 성경』 등이 대표적인 예이다. 이외에도 천부교의 박태선은 성경의 98%가 오류이고, 자신의 말을 완전한 계시로 여겼으며, 기독교복음선교회(JMS)의 정명석은 『30개론 성경공부』 교재를 계시해석서로 중시하고, 그리고 신천지의 이만희는 성령과 천사로부터 보고 들은 계시가 『계시록의 실상』이라고 주장하였다. 그러나 성경은 어떤 사람도 성경에 더하거나 빼지 못한다고 선언하였다(계 22:18-19).

둘째로, 이단은 다른 집단이나 개인에게서 찾아볼 수 없는 '절대적 진리를 독점'하고 있다고 주장한다. 이단은 정통교회에 맡겨진 하나님의 진리가 시간이 지나면서 상실되거나 부패되었다가 자신들의 집단에서 다시 회복되었다고 주장한다. 특히 지방교회는 "교회는 여러 세기에 걸친 역사를 통해 타락되었기 때문에 하나님의 본래의 뜻대로 회복되어야 한다"고 강조한다. 구원파의 권신찬도 "교회의 참 뜻은 성경에 비밀히 감추어져 있는 진리로서 구원파에서 처음으로 깨달아졌다"고 단언하였다. 구원파의 박옥수도 '죄사함과 거듭남의 비밀'은 자신들만이 깨달은 독점적 진리라고 주장하였다. 다미선교회의 이장림은 예수의 공중재림과 휴거에 대한 진리를 자신만이 알고 있다고 강조하였다. 그리고 신천지의 이만희도 "봉인되었던 요한계시록의 예언의 말씀이 실상으로 응한 것을 자신이 성령과 천사에게 보고 들은 것을 말한다"고 주장하였다.

셋째로, 이단은 이중적 언어체계를 가지고 있으며, 정통교회와는 다른 해석법을 사용한다. 이단은 정통교회가 사용하는 똑같은 용어들을 사용하지만, 다른 방식으로 해석한다. 성서해석이라는 이름으로 본문과 교리를 문맥과는 상관없이 자기 마음대로 영해(spiritualized interpretation)하며, 신자들을 미혹한다. 거짓과 진리를 교묘하게 혼합하여 가르치며, 억지해석을 시도한다. 예를 들어서, 구원파는 모든 종교행위와 율법에서 해방 받는 것이 구원이라고 강조하며, 죄에서 돌이키는 것이 회개가 아니라, 하나님께로 인도되는 것이 회개라고 가르친다. 교주의 사위인 유병언은 사업이 하나님의 일이며, 사업논의가 기도이고, 교제이며, 예배라고 주장했다. 구원파의 분파인 박옥수도 죄(Sin)와 범죄(sins)를 혼동하고 있음에도 자신의 죄론을 진리인 것처럼 주장하였다. 통일교의 문선명은 창세기의 타락기사를 성적 타락으로 해석하였다. 그래서 사탄과 성관계를 맺은 하와의 후손들에게 혈통교환이 필요하다는 신화적 해석을 하였다. 기독교복음선교회의 정명석은 정통교회가 성경을 문자적으로만 해석하는데, 과학적으로 풀이해야 한다고 주장한다. 시한부종말론자들은 종말(재림)의 날짜(마 24:36)를 환상에 의존하여 주장하므로 사회적인 물의를 일으킨 적이 있다. 신천지의 이만희는 성경은 비유로만 해석해야 하고, 자신이 성령으로부터 해석 권한을 받았다고 주장한다. 이와 같이 이단들은 성경에 대해 문자주의적이고, 우화적이며, 신화적으로 영적해석을 시도하므로 진리를 훼손하고 왜곡한다. 사도 베드로는 억지해석에 대해 경고하였다. "그 중에 알기 어려운 것이 더러 있으니 무식한 자들과 굳세지 못한 자들이 다른 성경과 같이 그것도 억지로 풀다가 스스로 멸망에 이르느니라"(벧후 3:16).

넷째로, 이단은 정통교회의 권위와 전통을 무시한다. 베드로는 이단을 "주관하는 이를 멸시하는 자들"이라고 불렀다(벧후 2:10). 이단은 정통교회의 권위와 전통에 대해 적대적인 자세를 취한다. 교회의 질서와 신학교육을 무시하기도 한다. 이단자들은 자기 목적을 달성하기 위해 거짓말도 하고, 반대하는 사람에게 협박 공갈 폭력도 불사한다. 다시 말하자면, 복음을 전한다는 미명하에 목적을 위해 수단과 방법을 가리지 않는다. 또한 이단은 전통적인 가르침과는 다른 교훈을 강조하며(딤전 1:3; 6:3), 변론과 언쟁을 좋아한다(딤전 6:4). 즉 통일교는 삼위일체 하나님을 부인하고, 하나님이 자웅동체라고 주장한다. 예수의 십자가는 실패의 상징이며, 단지 영의 구원만 이루었으므로 구원을 완성할 복귀주가 와야 하는데, 그가 바로 교주 문선명이라는 것이다. 통일교의 영향을 받은 정명석도 예수는 평범한 인간이었고, 모세의 영이 임한 자이며, 실패자에 불과하다고 주장한다. 하나님의 교회 안상홍 증인회도 하나님은 남자와 여자가 있어야 한다고 엉뚱하게 주장하며, 기도할 때 '어머니 하나님'이라는 장길자의 이름으로 기도한다. 몰몬교는 천상의 결혼과 죽은 사람을 위한 세례에 중요성을 부여하고, 이런 조건들을 수행하지 않으면 고상한 구원을 받을 수 없다고 주장한다. 그리고 예수님은 엘로힘의 영적 자녀로서 맞아들이라고 주장한다. 여호와 증인은 그리스도에 대한 참 믿음보다 축호전도의 의무를 수행해야 하고, 구원은 사람이 아니라 여호와께 달려있는데, 14만 4천 명으로 지정된 사람만이 구원 받는다고 주장한다. 안식교는 안식일을 지켜 율법을 순종하여야 구원을 완성한다고 강조한다. 성락 침례교회의 김기동은 귀신추방이 구원이라고 주장하는데, 귀신은 불신자의 사후의 영이며, 본래 정해진 수명을 다 채우진 못하여 죽었으므로 남은 기간을 세상(음부)을 떠돌아다니며 모든 질병을 일으킨다고 주장하였다. 심지어 혈기나 담배중독도 귀신의 영향이며, 정신질환이 귀신 들림이라고 주장한다. 성경은 이런 주장들을 '공허하고 일관성이 없는 지어낸 거짓말'(딤전 4:1-2)이라고 규정한다. 그래서 베드로는 이단사상을 '물 없는 샘'(벧후 2:17)이라고 하였고, 유다는 "바람에 불려 가는 물 없는 구름이요 열매 없는 가을나무"(12절)라고 하였다.

다섯째로, 이단은 한국의 전통신앙을 기독교신앙과 연결하여 혼합주의를 조장한다. 한국의 전통적 예언서인 『정감록』이나 16세기의 남사고 선생의 예언서라는 『격암유록』과 같은 비결서에 의존하여 세상종말의 때에 구원받을 장소가 동방인 한국이며, 말세심판을 모면할 수 있는 곳을 십승지(十勝地)인데, 바로 그곳이 성경에서 예언한 지상천국 건설지라고 주장한다. 한국의 전통적인 샤머니즘이나 도참사상 등을 기독교 신앙에 적용하려고 하는 것이다. 그리고 한국에 나타난 이단들은 대체적으로 한국 땅에 메시아가 재림한다거나 재림주가 한국인이라고 주장한다. 그래서 국수주의적 민간신앙에 따르면서 한 때는 『정감록』에 예언된 정도령이 나타나는 장소가 계룡산으로 알려져 그 산이 한국의 신흥종교나 기독교 이단의 집산지가 되기도 했다. 전도관의 박태선은 물론이고, 용문산기도원의 나운몽 장로도 한국 땅에 메시야가 나타난다고 주장하였다. 통일교의 문선명도 자신이 참 하나님이며, 한국이야말로 세계종교를 통일하고 평화세계를 만들 지상천국이 건설될 장소라고 주장한다. 2000년대에 들어서 통일교는 청평대교 건너편에 천성왕림궁전을 건립하는 등 지상왕국 건설에 온 힘을 기울이고 있다. 신천지의 이만희도 종말의 장소가 과천의 청계산인데, 과천은 옛 도시명이 '동방' 이었다고 주장하며, 한자어로 청계산의 계(溪)는 "시내 계"자로서 구약성경의 '시내산'을 의미한다는 황당한 주장을 펴기도 했다.

여섯째로, 이단은 특이한 신비체험을 열망하는 열광주의나 신비주의

에 빠져있다. 이단의 교주들은 대부분 하나님께로부터 직통 계시를 받는다고 주장한다. 또한 자신을 차별화하거나 신격화하려고 특이한 신비체험(환상, 넘어짐, 웃음 현상, 짐승소리, 예언, 금가루나 금이빨 사역 등)을 유도하거나 조작하기도 한다. 이런 태도에는 현세에서 복 받기를 바라는 기복신앙이나 샤머니즘적인 신앙 심리에 호소하려는 부정적 동기가 들어있다. 예를 들어서, 한국교회가 경계대상으로 규정한 빈야드 운동은 성령으로 말미암은 표적과 기사들에 치중하였다. 만민중앙교회의 이재록 목사는 자신이 천국에 있는 선지자들을 호출하면 내려올 수 있다거나 자신의 고향인 전남 무안의 샘물을 치유의 효과가 있는 신비의 단물이라고 주장하며, 판매하기도 한다. 심지어 그는 그 샘물로 고장 난 냉장고를 고칠 수 있다고 주장하였다. 새생활영성훈련원(아시아교회)의 박철수는 상대방의 내밀한 문제를 자동적으로 읽어내는 영적 상담을 주장한다. 이것은 투시은사라고 볼 수 있으나, 자칫 잘못하면 무속적 행위로 변질될 수 있다. 예수왕권세계선교회의 심재웅은 혼의 인격과 영의 인격을 구분하였고, 비 성경적인 방법으로 눈을 크게 뜨고 입을 넓게 열어서 성령의 불을 받아야 능력(생명)목회를 할 수 있다고 가르쳤다. 인천 주님의 교회의 김용두 목사는 설교시간에 천사들이 내려와 자신의 설교를 기록하고 있으며, 신자들은 밤새도록 날마다 천국과 지옥을 왕래하고 예수님과 천사들과 마귀들을 만나고 있고, 돌아가신 부모나 조상들을 만나는 접신 경험을 하고 있다고 주장한다. 심지어 자신의 손바닥에서 성령의 독가시가 발사되어 성미를 훔쳐 먹던 쥐의 뇌와 내장이 터져 죽었다는 황당무계한 주장을 하였다.

일곱째로, 이단은 자신들만이 선택 받았고, 구원이 있다는 선민의식을 주장한다. 이단은 기성교회가 심각하게 타락하여 구원 받을 자격이 없다고 비판하며, 남을 정죄하고 판단하는 독선을 보인다. 그리고 자신들은 참 진리를 전하고 있기 때문에 부패한 교회와 세상으로부터 핍박을 받고 있다고 자위하고 있다. 그래서 자신들은 역사상 중심적 역할을 담당한다고 믿으며, 예수의 재림 시 자신들은 들림을 받는다고 착각한다. 따라서 추종자에게 출석 중인 교회에서 탈퇴하여 자신들의 공동체에 입회할 것을 강조한다. 어떤 경우는 교주를 중심으로 집단생활을 하며, 지상천국을 이루기 위해 가정과 사회로부터 단절할 것을 주장한다. 예를 들어서, 만민중앙교회의 이재록은 하나님은 자기교회만 특별히 사랑한다고 힘주어 강조한다. 신천지의 이만희는 기존교회는 극도로 타락하였고, 14만 4천명인 자신들만이 재림을 맞이하고 영생할 것이며, 자신들의 교적부가 생명록이라고 주장한다. 따라서 세상의 가족관계도 끊어야 하고, 자신들의 공동체에서 신앙의 뿌리를 내려야 한다고 가르친다. 또한 이단은 현세의 지상천국을 강조하는데, 신천지는 과천의 청계산에 지상천국을 세우려 하고, 통일교는 경기도 가평군 송산리에 천정궁을 이미 건축하였으며, 기독교복음선교회는 충남 금산의 월명동에 선교본부를 건설하여 신성시하고 있다. 몰몬교는 자신들이 인류에 대한 하나님의 마지막 말씀으로 회복된 복음을 맡은 자들이며, 잃어버린 족속이 시온에 모여 몰몬인 에브라임 선지자로부터 대관의 축제에 참여하는 것은 곧 북미대륙이라고 주장한다. 여호와 증인은 자신들이 하나님의 참 백성이요, 기성교회는 큰 음녀이며, 배교자들이고, 목사는 악마의 직계라고 주장한다(계 17장; 눅 9:49).

여덟째로, 이단은 종말의 날짜를 지정하는 시한부 종말론을 주장한다. 이단은 종말의 현상과 재림의 날짜를 정하여 극적 효과를 노리고, 자기 집단의 정당성과 차별성을 부각시킨다. 예를 들어서, 다미선교회의 이장림은 청소년들의 직통계시를 근거로 1992년 10월 28일에 종말이 온다고 주장하여 사회적인 물의를 일으키기도 했다. 이때 재림이 불발되자, 다미선교회는 작은 집단으로 분산되었으며, 최근에 이

> 이단은 기성교회가 심각하게 타락하여 구원 받을 자격이 없다고 비판하며, 남을 정죄하고 판단하는 독선을 보인다. 그리고 자신들은 참 진리를 전하고 있기 때문에 부패한 교회와 세상으로부터 핍박을 받고 있다고 자위하고 있다. 그래서 자신들은 역사상 중심적 역할을 담당한다고 믿으며, 예수의 재림 시 자신들은 들림을 받는다고 착각한다.

장림은 '이답게' 라는 새 이름으로 여전히 종말론 집단을 이끌고 있다. 기독교복음선교회의 정명석도 1999년에 종말이 온다고 했으나 불발에 그쳤다. 하나님의 교회 안상홍 증인회도 1988년에 죽은 교주가 부활할 것을 믿었으나 역시 불발로 그치고, 추종자들이 이탈하기도 하였다. 여호와의 증인은 하나님의 왕국이 1914년까지 세워지지 않았으나 지금은 예수 그리스도와 공중왕국의 14만 4천명으로 이루어졌다고 주장한다. 세계의 신자들이 14만 4천명이 넘어서자, 재 14만 4천명을 주장한다고 알려진다. 신천지의 이만희는 1984년이 예수 재림의 날이라고 주장했는데, 이 날은 과천에서 자신의 집단을 시작한 날이다.

아홉째로, 이단은 윤리적이고 도덕적인 비행을 자행한다. 거짓 선지자일수록 광명의 천사로 가장한다. 예수님은 "거짓 선지자들을 삼가라 양의 탈을 쓰고 나아오나 속에는 노략질하는 이리"라고 말씀하셨다. 거짓 선지자들은 '정욕적이고 호색적인' 특징을 가지고 있다(벧후 2:2, 10, 14). 다시 말하면, 이

단자들은 도덕적으로 문란하다는 말이다. 겉으로는 경건하고 의로운 것처럼 행세하지만, 윤리적으로 문제가 있다. 또한 거짓 선지자는 돈을 사랑하며, 교인들을 경제적으로 착취하고, 그리고 가정을 파괴시킨다. 그래서 베드로는 "저희가 탐심을 인하여 지은 말을 가지고 너희로 이를 삼는다"(벧후 2:3)고 하였다. 바울도 이단은 경건을 이익의 재료로 삼는다고 하였다. 즉 종교를 돈벌이 수단으로 생각하는 자들이며 그로 인한 끊임없는 알력이 발생한다는 것이다(딤전 6:5). 이단에 모든 재산을 모조리 헌납한 후 가난과 굶주림에서 허덕이는 신자들의 이야기는 수없이 많다. 그런데 교주와 그 측근들은 호화 생활을 하는 경우가 많다. 통일교의 문선명은 간음과 혼음사건을 일으킨 인물이며, 그의 방탕한 생활이 큰 며느리와 박준철 목사에 의해 폭로되기도 했다. 교주의 점지에 따라 이루어지는 합동결혼식을 통해 1억에 가까운 봉헌금을 내야 한다. 정명석은 한국, 일본, 중국, 그리고 대만 등지에서 '순결점검'이라는 이름으로 한꺼번에 여러 젊은 여성들을(심지어 미모의 고등학생들도) 자기 숙소에 불러들여 성폭행을 한 일로 고발되었고, 현재 10년 징역형을 언도 받았다. 신천지는 정통교회에 침투하여 교회와 목회자를 파괴하는 일을 진행하고 있다.

열째로, 이단은 권위주의적인 지도자를 신격화하는데 힘을 쏟는다. 이단은 강력하고 권위주의적인 지도자에 의해서 시작된다. 이들은 추종자들의 마음을 완전히 장악하고 지배하는데, 신으로부터 초자연적 능력을 받았다거나 특별히 인침을 받거나 계시를 받았다고 주장한다. 그런데 이단의 지도자들은 대체로 성격장애자들이며, 과대망상 증세를 드러내는 심리장애자로 알려진다. 마틴(Martin)은 "이단 지도자들이 자아도취적 고립주의에 의해 자신을 타인으로부터 분리시킨다. 이것은 과장된 자아상 즉 하나님께서 특별히 자신을 인 쳐 영적으로 으뜸 되는 위치에 승격시켰다는 믿음으로 가능하게 된다"고 분석하였다. 그들은 반사회적 성격장애자들이 많은데 다음의 특징을 보인다.

1. 보통 이상의 지능을 갖고 있으며 겉으로는 상당히 매력적 인물이다.
2. 불안이나 신경증적 증상을 보이지 않고 정상인처럼 행동한다.
3. 그러나 자기가 한 일에 책임감이 없다.
4. 진실성이 없고 후회할 줄 모르고 수치심이 없다.
5. 병적인 이기주의를 보이고 사랑을 하지 못한다.
6. 충동적으로 보이는 반사회적 행동을 한다.
7. 자신을 객관화하지 못하고 자신에 대한 통찰이 결여되어 있다.

그렇지만 이단들은 자신이 위대한 존재이며 하나님의 계시를 받고, 꿈이나 환상을 통해 인류를 구원하는 시대적 사명을 받았다고 주장한다. 그래서 이단은 창시자를 절대적 존재로 신격화하거나 참 부모, 재림주, 그리고 심판주 등의 신적 명칭을 부여하는 일을 주저하지 않는다(딤전 1:40; 딤전 4:2,3). 콜만(J. Coleman)은 이단 교주들이 고등 사기꾼으로서 "대단한 지능과 사교적 매력으로 사람을 속이기 위해 복잡하고 정교한 계획을 세워 이행하기도 한다"라고 보았다. 통일교는 문선명을 세계평화의 왕이며, 재 창조주로 높인다. 천부교의 박태선은 동방의 의인, 참 감람나무라고 주장한다. 기독교복음선교회(JMS)는 정명석을 선생이라고 부르고, 그를 만나는 것이 인생 최고의 목적이라고 한다. 하나님의 교회(안상홍증인회)는 교주 안상홍을 아버지 하나님이며 장길자를 하나님 어머니라고 부른다. 장막성전의 유재열은 자신을 보혜사 성령이라고 주장했다. 신천지의 이만희는 자신의 계시록 해석은 성령의 계시이므로 일반 신학서적이나 주석서들이 빛을 잃게 될 것이라고 호언장담하였고, 자신이야 말로 시대적 사명자요, 재림 예수며, 보혜사 성령이고, 영생불사 할 자라고 주장하였다.

| 6 | 대학 안에서 활동하는 주요 이단

이단들이 캠퍼스에서 버젓이 활동하는 데는 학생들의 무관심이 한몫을 한다. 실제로 기독학생들을 상대로 한 숭실대학교의 설문조사(2003년)에서도 학생들이 알고 있는 이단 집단의 숫자는 3개(2.7개)가 되지 않았다. 조용히 활동하는 이단들에 대해서는 별로 드러나지 않기 때문에 사람들이 모르는 경우가 많다. 또한 포스트모던 사회에서 기독교만 절대적일 수는 없다는 생각이 지배하여 캠퍼스에서 이단들의 활동을 방조하는 경우도 있다. 그리고 이단들의 각종 협박과 테러 등으로 인해 캠퍼스에서 이단 사이비들의 모임을 용인하는 경우가 있다.

대학에서 주로 볼 수 있는 이단의 종류는 다음과 같다. 비 기독교계로는 사이비 종교인 '증산도', '창가학회'(SGI), '대순진리회' 등이 있으며, 기독교계로는 '안증회', '여호와증인', '신천지', '안식교', '구원파'(IYF-박옥수계), '기독교 복음선교회'(JMS), '천부교', '통일교', '베뢰아 아카데미', 그리고 '몰몬 교' 등이다.

1 IYF(국제 청소년 연합)

IYF는 세칭 구원파라 불리는 집단 중에서 박옥수에 의해 만들어진 단체이다. 죄사함과 거듭남, 그리고 구원의 비밀을 자신들의 교회를 통해서만 깨달을 수 있다고 주장하며 일단 죄사함을 받으면, 다시는 회개할 필요가 없고, 회개하는 자는 구원 받지 못한 자라고 주장한다. 이 단체는 성화가 배제된 중생의 구원만을 강조하고, 거기에 초점을 맞추어 성경을 해석하고 있다.

이 단체는 대학 캠퍼스에 동아리 등록을 시도하고 종교분과, 문화분과, 봉사분과에 등록하고자 하며, 종종 IYF가 아닌 다른 이름을 사용한다. 추석에 '중국인 문화의 밤'을 대규모로 개최하여 중국 유학생들을 미혹한다. 대학행사와 지역문화행사에 IYF이름으로 공연 및 자원봉사를 한다. 이단으로 규정하거나 비판한 기독 교수나 학생, 교목실에 대해 고소 고발 협박을 하기도 한다. 미국에 신학교를 설립하여 운영하고 있다. 최 측근인 도기권 씨(굿모닝 신한증권 회장)가 대표이사로 있는 Unhwa Biotech Corp. 계열사의 프로그램들(아토피 극복 캠프)을 캠퍼스 내에 동원하여 홍보하고 있다. 이단으로 규정된 박옥수씨를 홍보 일선에서 제외하고, 사회의 저명인사들을 고문으로 위촉하였다.

이들은 소속단체인 GNC(Good News Corp), 기쁜소식선교회, 대한예수교침

례회, 그리고 'Culture 2008'이라는 이름으로 문화박람회 및 홍보행사를 하기도 한다.

2 신천지(신천지 예수교 증거장막성전)

신천지는 성경 외에 『계시록의 실상』과 『신탄』 등의 저서를 강조하고, 성경은 비유로 되어 있다고 주장하며, 자의적으로 성경을 풀이한다. 이들은 신이 인간이 되어야 한다고 주장하며, 예수님의 성육신과 신성을 부인한다. 경기도 과천의 '청계산'에 신천지가 이루어질 것이며, 교주 이만희를 '이긴 자'이고 '보혜사 성령'이라고 주장한다.

이들은 캠퍼스의 선교단체나 일반교회에 위장 잠입하여 활동하면서 신자들을 미혹한다. 일정기간 지속적인 친밀관계를 유지한 후, 제3자를 통해서 무료 성경신학원이나 선교방 등으로 유인하며, 자신들의 성경공부로 인도한다. 대학 안에서 기독동아리에 비밀스럽게 침투하거나 종교분과가 아닌 일반 동아리에 잠입하기도 한다. 어느 대학에서는 봉사동아리를 장악하는 사태도 발생하였다. 이미 잘 알려진 선교단체 및 기구의 이름을 도용하여 성경공부 모임을 홍보하기도 한다. 또한 이들은 위장 설문조사나 강의듣기 아르바이트를 통해서 미혹하고, 특히 신입생들의 포교활동에 주력하고 있다.

이들은 신천지를 비판하는 세력이나 인사들에 대해 법정대응을 하거나 폭력을 행사하기도 한다. 지역교회나 캠퍼스 선교단체만이 아니라, 학생자치기구 등에서 위장활동을 전개한 경우도 있었다. MBC 방송의 「PD수첩」에서 신천지의 문제점들이 방송된 이후, 신천지는 전국의 소속 청년들을 재편성했고, 특정한 이단 사역자나 한국기독교총연합회에 대한 법적 사회적 역공을 하고 있으며, 천지일보나 올댓 뉴스와 같은 여론 매체를 통해 이미지 개선을 시도하고 있다.

③ 통일교(세계 평화통일 가정연합)

통일교는 교주 문선명이 저술한 것으로 주장하는 『원리강론』을 하나님의 약속이 이루어진 참 성경으로 믿는다. 문선명은 예수 그리스도를 실패자로 간주하고, 재림예수 혹은 복귀자가 그 사명을 완성할 것이며, 자신이 그 '재림 예수'이자 '메시아'라고 주장한다. 그에 의하면 타락한 인간은 오직 재림주와의 혈통교환, 피가름을 통해서만 영육의 구원을 완성할 수 있다.

더 나아가 통일교는 월드카프, 민통선 자원봉사 등의 활동에 주력하며, 화이트 캠퍼스 운동, 순결운동 등 문화와 관련된 활동을 하여 대외 이미지 개선을 시도한다. 문화, 봉사, 그리고 학술 동아리('대학생원리연구회')로 위장 활동하며, 가입한 학생들에게 『원리강론』을 가르치기도 한다. 요즘에는 피스컵, 피스퀸컵, 그리고 피스 스타컵 등의 국제적인 스포츠 대회를 개최하여 이단에 대한 부정적 이미지를 불식시키려고 한다.

통일교와 직접 관련된 기관으로는 세계일보, UPI통신, 워싱턴타임스, 데일리리뷰, 일화축구단, 선문대학교, 선화예고, 용평리조트, 리틀엔젤스, 유니버셜발레단, 세일여행사, 그리고 청심 국제중고등학교 등이 있다.

4 기독교복음선교회

기독교복음선교회는 구약성경의 엘리야처럼 자신이 말세에 하나님으로부터 온 사람 정명석이라 한다. 이 단체는 일명 BOB이라고도 불리는데, 서울 북아현동에 위치한 신촌교회를 중심으로 대학생들을 포함한 젊은이들을 포섭하는데 주력하고 있다. 각 대학마다 B.O.B., W.C.F., 참사랑, 오순도순, 빛, 그리고 생사람 등 특별한 이름을 붙여 사용한다. 이들의 집회 모습은 대중가요의 가사를 바꾸어 부르면서 노래와 함께 정명석을 찬양한다. 간부들은 왼쪽 가슴에 JMS라는 영문 필기체 글씨로 새겨진 배지를 달고 다닌다. 특별한 영계론, 7단계 법칙, 그리고 메시아 자격론이라는 것을 중심으로 10과목을 가르친다. 4주의 30개론을 마친 사람은 정회원이 된다. 1999년에 「SBS그것이 알고 싶다」에서 그들에게 피해당한 사례들, 성폭행, 재산 탈취 등 무수한 사례들이 백일하에 드러났다. 아직도 대학교 동아리 모임에 '기독교복음선교회'라는 이름으로 포교활동을 벌이고 있다.

5 엘리야복음선교원

엘리야복음선교원 역시 초, 중, 고, 대학생들에 이르기까지 현 사회교육은 썩었기에 포기하고 자신들의 교리 공부만을 시켜야 한다고 하는 등 한국사회의 치명적인 약점을 이용하여 사람들을 미혹시키는 이단이다. 지리산에 "이근담"이라는 이름 아래 엘리야복음선교원의 전원학교를 세워 운영하고 있다. 행정구역상 경남 산청군 사천면 사리에 있다. 교주 박명호(박광규)는 본래 안식교인이었는데, 서울 천호동 뒷산에서 기도하는 중 엘리야의 하나님을 보았다고하며, 하나님은 자신의 친아버지이며 선악과에는 독이 있다고 주장하고, 예수는 창녀 마리아와 동침했다고 말한다. 더 나아가 그는 한국을 동방이라고 말하고, 자신을 마지막 때에 성육신한 엘리야라고 칭한다. 주로 기성교회의 여성도들이 현혹되어 가정이 파괴되는 경우가 많다.

6 몰몬교

외국어에 관심을 가진 한국 젊은이들에게 다가가는 몰몬교라는 이단이 있다. 지하철이나 도로상에 2명이 한 조가 되어 흰 와이셔츠와 곤색 바지를 입고 가방을 든 외국인을 쉽게 볼 수 있다. 왼쪽 가슴에는 '말일성도 예수그리스도 교회'라는 명칭을 붙이는 자들이 반기독교적인 이단 단체이다. 이 이단의창시자 조셉 스미스(Joseph Smith)는 1805년 미국 버몬드 주 샤론에 태어난 자로서 미대륙에 모르나이라는 천사가 나타나 금판에 새겨진 책, 즉 몰몬경을 그에게 보여주었다고 한다. 1831년에 계시를 받았다고 하며, 미조리 주로 이주하여 미중서부에서 활동을 벌였다. 1844년에 체포되어 투옥되었다가 주민들의 습격을 받아 구치소에서 살해되었다. 그를 이어 브리암 영(Brigkam Young)은 정치 수완을 발휘하여 지금의 몰몬교를 발전시켰다. 이들의 이단성은 자신들이 소유한『몰몬경』을 하나님의 말씀과 동일시하고, 스미스의 영(靈)을 하나님이라고 강조하고 있어서, 새로운 기독교를 전파하는 이단이라고 할 수 있다.

| 7 | 이단의 접근 방법과 피해사례

이단이 어떻게 접근하는지, 그리고 어떤 피해사례들이 있는지 알아야 한다.

첫째로, 평범한 교인인 것처럼 접근한다. 평소에 청년회 임원이었던 신실한 믿음을 가진 청년이 신학대학에 재학하고 있는 여자 청년에게 접근하여 가까워지게 되었다. 얼마 후 그 여자 청년은 신학대학을 자퇴하게 되었고, 두 사람은 결혼까지 약속하게 되었는데, 그 남자 청년은 나중에 알고 보니 이단 사이비 소속이었다. 이것은 처음부터 자신의 신분을 속이고, 전략적으로 접근하였던 경우이다. 결국 그 여자 청년의 부모들이 이 사실을 알고 결혼을 반대하였다. 결국 그들은 헤어졌고, 마음의 상처를 입게 되었다.

둘째로, 설문지를 통해서 접근한다. 고등학교 3학년이었던 한 여학생이 11월에 수학능력 시험을 치루고, K대학에 개설된 영어 학습과정에 등록하게 되었는데, 교내에서 설문지 조사를 하는 어떤 언니를 만나게 되었다. 대학교 안에서 만난 언니라서 별로 의심하지 않고, 설문에 친절하게 답변을 해 주었다. 설문지 마지막에 신상을 묻는 난이 있어서 이름과 전화번호, 그리고 주소를 적어 주었다. 그런데 며칠 후 전화가 왔는데, 그날 설문지 조사를 한 언니였고, 만나자고 하여 학교 앞 빵집에서 만나게 되었다. 그런데 그 언니는 이단 사이비 단체에서 나와 포교활동을 하는 사람이었다. 다행스럽게도 그 여학생은 그 언니의 의도를 알아채고, 이후의 만남을 거절하였다. 그런데 그 언니는 끈질기게 연락을 해 왔다고 한다. 어떤 경우는 OO선교회에서 나왔으며, QT에 관한 설문조사라고 접근하였고, 어떤 경우는 방학 중 대리수강 아르바이트를 할 수 있다고 속여 이단사상을 배우도록 만들기도 한다.

셋째로, 자신의 신분을 가장하여 접근한다. 어떤 사람이 다가와 건네 준 명함에는 WEM(세계복음선교연합회)소속이며, "선교사로 임명받아 파송되었다"는 내용이 들어있었다. 어느 경우에는 성경을 탁월하게 해석하는 분이며, 외국에서 활동하는 신학교수 혹은 선교사라고 소개하고, 성경공부나 세미나를 위한 만남을 주선하기도 한다. 이런 경우들은 이단사이비 단체들이 즐겨 사용하는 포교전략이다. 2004년 전남대학교에서는 신천지 소속 학생들이 동아리 연합회를 장악한 후 역사가 오래 된 정통 기독교 동아리인 C.C.C, 예수전도단, ESF, SFC, IVF 등을 제명시키는 놀라운 사건이 벌어졌다. 결국 신천지 소속이라는 신분이 드러나 쫓겨났지만, 그들이 얼마나 치밀하게 신분을 위장하는 전략을 구사하는지 잘 알 수 있다.

넷째로, 꿈이나 환상을 보았다거나 혹은 계시를 받았다고 주장하면서 접근한다. 어떤 교회의 집사가 화장품 가게를 하는데 하루는 전혀 알지 못하는 손님이 불쑥 찾아와 꿈속에서 어떤 사람을 만났는데 바로 집사라고 하면서 반가워하였다고 한다. 다음 날에도 찾아와 이런 저런 신앙 이야기를 나누다가 예언하는 은사를 받은 분을 소개했고, 결국 그 집사를 신천지 무료성경신학원으로 인도하였다고 한다.

다섯째로, 가장 열심 있는 신자들을 목표로 삼아 접근한다. 교회에서 기도대장으로서 알려진 어떤 여 집사는 어딘가 성경공부를 하러 다니다가 교회를 떠났고, 두 자녀와 남편마저 버리고 가출하였다. 어느 날 남편 앞에 나타난 그 집사는 남편에게 이제는 신앙이 다르므로 이혼해 줄 것을 요구하였다. 이것은 이단사이비로 인해 가정이 파괴된 경우이다. 어떤 자매는 이단으로 규정된 교회에 가족들 몰래 출석한 사실이 밝혀지자, 부모가 자신의 종교를 이해해 주지 않는다고 하며 가출하더니 지금은 아예 행방불명이 된 일도 있다.

여섯째로, 신자들이 출석하는 교회를 떠나게 만든다. 어떤 순진하고 착한 여 동생이 친구의 권유로 인덕원의 OO교회의 집회에 참석한 이후, 기성교회는 구원이 없다고 비판하더니 참 구원이 있는 교회에서 신앙생활을 하겠다고 주장하며, 가족들과 갈등을 빚게 되었다. 이와 같이 이단사이비는 신자들을 미혹하고 정통교회를 파괴하며, 젊은이들을 포섭하여 세력을 확장하고 가정과 교회에서 불화와 갈등을 조장하기도 한다. 이런 행태들이 발생하는 것은 이단사이비 집단과 교주가 개인과 가정, 그리고 교회공동체의 행복을 목적으로 하지 않기 때문이다.

| 8 | 이단에 대한 대처방안

■ 교회에서의 이단 대처방안

첫째로, 체계적인 성경공부와 교리교육이 있어야 한다. 성경을 잘못 해석하여 이단이 발생하므로 교리와 신조 등을 단편적으로 이해하지 말고, 체계적으로 이해하기 위해 꾸준하게 성경을 읽고 묵상하며 공부해야 한다. "구원의 투구와 성령의 검 곧 하나님의 말씀을 가지라"(엡 6:17) 또한 이단에 미혹되는 것은 정통교회가 믿는 교리에 대한 무지 때문이기도 하다. 그러

이단사이비는 신자들을 미혹하고 정통교회를 파괴하며, 젊은이들을 포섭하여 세력을 확장하고 가정과 교회에서 불화와 갈등을 조장하기도 한다. 이런 행태들이 발생하는 것은 이단사이비 집단과 교주가 개인과 가정, 그리고 교회공동체의 행복을 목적으로 하지 않기 때문이다.

므로 교회 안에서 교리에 대한 분명한 교육이 이루어져야 한다. 다음은 정통교회가 공통적으로 믿고 가르치는 내용들이다.

1 신구약 66권으로 이루어진 성경은 유일무이하고, 정확무오한 하나님의 최종적이고 완전한 계시의 말씀으로 믿는다.

2 성부, 성자, 성령의 삼위일체 하나님을 믿는다.

3 하나님의 형상을 따라 지음 받은 인류는 첫 사람 아담의 범죄로 영향을 받아 마음이 부패하여 스스로 선을 행할 수 없는 죄인인 것을 믿는다.

4 참 하나님이시고, 참 인간이신 구세주 예수 그리스도께서 십자가를 통해 이루신 구속 사역이 완전하고, 충분하며, 영원한 것임을 믿는다.

5 부활하신 예수님이 약속하신 성령의 존재를 믿으며, 교회와 사회에 대한 성령의 사역을 믿는다.

6 누구든지 예수 그리스도를 믿고, 영접하면, 죄 사함과 구원을 받는다고 믿는다.

7 교회는 하나님의 부르심을 입어 예수를 구주로 믿는 성도들의 거룩한 공동체로서 그리스도의 몸인 것을 믿는다.

8 예수 그리스도의 재림의 때와 장소는 하나님 외에는 그 누구도 알 수 없다고 믿는다.

⑨ 한국교회는 초대교회의 사도들로부터 시작된 신앙의 정통성과 종교개혁으로 시작된 개신교 전통을 따른다.

둘째로, 신비한 성령체험은 성경의 범위 안에서 허용되어야 한다. 입신상태에서 천국에 가 죽은 부모를 만나거나 직통계시나 예언의 은사를 받아 사람들의 앞날을 점친다거나 안수기도를 받으면 뒤로 넘어진다거나 하는 경우가 있다. 때로는 신비체험이 우리의 믿음을 강화해 주는 유익함도 있지만 교만의 원인과 악령의 기회가 될 수 있어서 성경과 신학의 검증을 받아야 한다. "그런즉 선줄로 생각하는 자는 넘어질까 조심하라."(고전 10:12) 오히려 성경말씀은 신자를 온전하게 한다(딤후 3:16). 따라서 말씀과 체험이 건전하게 균형을 이루는 것이 바람직하다.

셋째로, 사랑의 실천과 도덕적인 생활을 강화해야 한다. 교회에서 소외되거나 실망한 사람들이 이단 종파의 인간적인 관심 등에 빠질 수 있으므로, 신자들이 미혹되고 실족하지 않도록 서로 돌보아 주고, 이웃의 고난과 아픔에 사랑으로 함께 하며, 세상의 빛과 소금의 역할을 다 해야 한다. 사실 이단 교주들의 성장과정은 이단발생의 한 요인이 되기도 한다. 대부분의 교주들은 불우한 가정, 경제적인 어려움, 그리고 심리적인 피해를 감당하기 어려워하던 사람들이다. 어느 경우에는 가족 중에 정신 병력이 있다거나, 경제적으로 아주 어려워서 혼자 생활전선에 뛰어들어야 했다거나, 신앙적 갈망이 남다르거나 혹은 여러 신앙단체를 전전하기도 했다. 그들은 어릴 적부터 경제적 어려움으로 교육의 기회를 갖지 못했으나, 보상심리로서 성경공부에 집착을 보였던 사람들이기도 하다. 그러므로 소외되거나 실망한 사람이 없도록 서로 돌아보고 이웃사랑을 실천하며, 빛과 소금이 되어야 한다. "자녀들아 우리가 말과 혀로만 사랑하지 말고 오직 행함과 진실함으로 하자"(요일 3:18). "누구든지 하나님을 사랑하노라 하고 그 형제를 미워하면 이는 거짓말하는 자니 보는 바 그 형제를 사랑치 아니하는 자가 보지 못하는바 하나님을 사랑할 수 없느니라"(요일 4:20). 목회자는 교인들의 영적 욕구를 잘 알고, 적절히 채워주어야 한다.

넷째로, 종말의 때를 준비하며 항상 충실한 삶을 살아야 한다. 미래가 불확실하여 세상에 대해 비관적인 사람들은 시한부 종말론에 매달리기 쉽다. 그러나 신자는 현실부정의 타계주의나 현실긍정의 현세주의를 버리고, 하나님의 말씀대로 예수 그리스도의 재림을 사모하고 기다리며, 오늘의 책임을 다하는 삶을 살아야 한다. 현실을 부정하거나 세상 사랑을 버리고 주의 재림을 준비하며 충성스럽게 살아야 한다. "그런즉 깨어 있으라 너희는 그 날과 그 시를 알지 못하느니라"(마 25:13).

다섯째로, 이단에 속한 사람들과 무익한 논쟁을 하지 말아야 한다. 기독교를 내세우고 접근하는 사람들이 '양의 탈을 쓴 이리'가 아닌지 살펴야 하고 그들의 교리적 주장들에 대한 충분한 사전지식이 없을 경우에는 논쟁하지 않는 것이 좋다. 오히려 그들의 영혼구원을 위해 기도해야 한다. 지나친 친절로 가장한 양의 탈을 쓴 이리가 아닌지 살피고, 사전에 충분한 지식이 없으면 변론하지 말아야 한다. "신화와 끝없는 족보에 착념치 말게 하려 함이라 이런 것은 믿음 안에 있는 하나님의 경륜을 이룸보다 도리어 변론을 내는 것이다"(딤전 1:4). "그러나 어리석은 변론과 족보 이야기와 분쟁과 율법에 대한 다툼을 피하라 이것은 무익한 것이요 헛된 것이니라"(딛 3:9).

여섯째로, 초교파적인 연합체를 구성하여 이단에 대한 대처방안을 마련해야만 한다. 이단의 주장이 단지 교파의 차이 정도가 아니라 초교파적인 문제가 제기될 경우라면 한국교회는 한 목소리를 내야 한다. 그렇다고 섣부른 판단으로 이단성을 규정하기보다 신중하게 연합과 일치의 자세로 임해야만 한다. 그리고 이단들의 정체를 정확히 분석하여 이단에 대한 올바른 정보들을 사람들에게 제공할 필요성이 있다. 만일 이단 집단이 노출될 정도가 되었으면 이미 걷잡을 수 없을 정도로 많은 문제가 발생했음을 암시하기 때문에, 사람들이 미혹되지 않도록 사전 예방책이 필요하며 대대적인 홍보와 교육도 역시 필요하다. 이단의 심각성은 교회 사람들에게만 아니라, 일반 대중들에게도 알려야 한다. 따라서 대중들이 납득할 수 있는 합리적이고 객관적인 방법으로 홍보되어야 한다.

2 대학에서의 이단 대처방안

그러면 대학생들이 어떻게 하면 이단 사이비로부터 영향을 받지 않고, 그에 대처할 수 있는가를 살펴 볼 것이다. 다음의 몇 가지 제안들을 기억하고 민첩하게 대처해야 한다.

첫째로, 이단 사이비에 대한 정보를 가지고 있어야 한다.
둘째로, 지나친 친절로 접근하는 상대가 있다면, 호기심보다는 경계를 늦추지 말아야 한다.

셋째로, 성경에 대한 바른 지식을 갖도록 노력해야 한다.

넷째로, 가족이나 기존 교회와의 관계를 부정적으로 말하는 사람이나 단체는 접촉을 피해야 한다.

다섯째로, 어떤 특정한 인물을 신격화하는 주장이나 낌새가 보이면, 즉시로 떠나야 한다.

여섯째로, 직장생활이나 학업 등을 부정하고 특정 단체의 집단생활을 권유하면, 즉시 떠나야 한다.

그 다음으로, 캠퍼스에서 활개를 치는 이단들에 대한 구체적인 대처 방안을 살펴보자.

첫째로, 기독교대학(미션 스쿨)은 교내에 있는 교목실과의 의사소통을 통해 이단대처를 해야 한다. 숭실대학교 기독인연합 임원이 구원파인 IYF가 학교에 들어와 각종 문화행사를 빌미로 포스터를 붙이고 있음을 확인한 후, 곧바로 교목실에 항의하여 교목실에서는 학생생활지원처에 연락하여 게시된 포스터를 모두 회수하고, 폐기하도록 했다. 차후 외부 종교단체에서 포스터를 게시를 원할 경우, 교목실에 문의하도록 약속을 얻어냈다.

둘째로, 일반대학 캠퍼스는 학문과 사상이 보장되어 있어야 하는 곳이기 때문에 기독교인들이 직접적으로 보호받을 '바람막이'가 존재하지 않는다. 일반대학의 경우에는 상식적이고, 합리적인 한도 내에서 대처해야 하며, 물리적인 충돌이나, 다툼은 피하는 것이 좋다. 서울대학교에서는 2001년 이후부터

IYF가 지속적으로 학내 동아리의 등록을 시도하였다. 그러나 서울대학교 기독인연합은 IYF를 비난하는 대자보를 붙였고, 2006년에는 IYF가 서울대 정식 동아리 승격을 요구해 오자 정동아리 승격을 저지하게 되었다. 서울대학교의 사례는 물리적 충돌 없이 합법적인 방법 안에서 학교 당국과 학생들에게 기독인 연합의 관철된 논리의 성공사례라 할 수 있다.

셋째로, 불교재단의 학교인 동국대학교의 경우에는 예전의 훼불사건이 일어난 2000년 이후, 모든 기독교 활동 자체가 학내에서 금지되었다. 이것은 학내에서 기독인들의 활동이 매우 어렵지만, 이단들의 활동 역시도 어려운 실정이다. 이단들의 활동, 전단지, 그리고 포스터 발견 시 학교 당국에 신고하면 미션스쿨이나 일반대학보다 더 빠른 효과를 볼 수 있다.

마지막으로, 어떻게 하는 것이 가장 효과적인 대처방안인가?

하나, 대학 안에서 효과적인 전도방법을 모색해야 한다. 캠퍼스 안에서 정통교회가 하는 전도방법은 변화가 없는 반면에, 이단들의 전도방법들은 좀 더 구체적이고 다양하다. 캠퍼스의 효과적인 전도를 위해 문화전도와 관계전도 등의 다양한 전도방법이 필요하다. 대처방법으로는 교회 안에서 체계적인 신앙훈련을 시켜야 한다. 최소한 우리가 믿는 것이 무엇인지에 관해 지성적으로 알려주는 교육이 필요하다. 그리고 공동체 안에서 멘토링 관계가 견고하게 세워져야 한다.

둘, 이단자들과 접촉하거나 사상을 교육받거나 그들의 집회에 참석하지 않도록 미리 예방하는 교육이 반드시 필요하다. 특히 대학가에 이단들이 성행하는 이유는 이단들이 고안해낸 내용들이 젊은이들이 갖고 있는 이성적인 사고를 만족시킬 뿐만 아니라, 대학생들이 선호할 수 있도록 조성되어 있기 때문이다.

셋, 젊은이들의 기호에 대해 잘 이해하고 있어야 한다. 한국교회가 너무 세속화 되고 교역자들의 사치와 허영으로 인해 물의를 빚고 있어 젊은이들에게 혐오의 대상이 되는 것도 사실이다. 또 교회의 조직이 너무 획일화 되어 있어서 많은 사람들이 들어왔다가 적응하지 못하는 경우가 허다하다. 더욱이 교회들의 교리가 과학적이고 이성적 사고를 지닌 대학생들에게는 익숙하기 어렵고, 오히려 거부감을 주는 경우가 많다. 또 교회가 기복신앙에만 관심을 두는 것처럼 보이므로 젊은이들에게 실망을 주는 경우도 종종 있다. 더 나아가 포스트모더니즘 풍조에 싸여있는 젊은이들은 진리의 단일성이나 질의 단순성을 부정하고, 진리의 다원성과 질의 다양성을 추구하고 절대주권적 교리보다는 종교다원주의적인 교리를 추구하고 있다. 젊은이들은 단순하고, 합리적이며, 다양한 면을 선호하고 있는데, 이런 특성을 이단들은 잘 간파하고 있는 것이다.

넷, 정보공유 시스템을 구축하고, 연합전선을 펼쳐야 한다. 이단 소속의 학생들은 지역교회와 캠퍼스 선교단체를 수시로 이동하므로, 학원복음화협의회나 건전한 기독단체들은 상호 신뢰하는 가운데 정보공유 시스템을 구축해야 한다. 지역교회와 대학선교단체 사이에 네트워크 형성을 위해 이단정보 및 대처방법을 공유하며, 대학과 대학 그리고 지역적 전국적 네트워크 형성을 통해서, 보다 적극적인 이단정보 공유 및 대처를 위한 협력방안을 마련해야 한다.

이단소속으로 추정되는 명단과 자세한 신상, 특히 사진을 확보하여 공동 관리해야 한다. 그리고 개별적인 대응보다는 관심 있는 각계각층의 힘을 모아 연합적인 대응을 해야 한다. 그러나 캠퍼스 내에서 이단을 대처할 경우 기독교 내의 분쟁으로 보이지 않도록 주의해야 하며, 캠퍼스별 혹은 사안별로 대처방법을 달리 해야 하므로 전문적인 이단연구 기관이나 단체에 문의하여 적절한 대처방안을 모색해야 한다.

| 9 | 마치면서

요즘 우리 사회에 각종 이단사이비 단체들로 인한 문제제기가 부쩍 늘었다. 그것은 종교적인 영역이 예전처럼 사적인 영역으로 여겨지지 않고, 공적인 영역으로 이해되기 시작했다는 뜻이다. 그런데 사회일각에서는 이단정죄는 기독교 내부의 싸움에 불과한 것이라고 치부한다. 그러나 이단으로 인한 피해는 결코 기독교 내부의 문제만이 아니라 사회적인 문제를 낳는다는 점에서 심각한 일이 아닐 수 없다.

사실, 캠퍼스의 낮은 울타리는 대학가 인근의 중고등학생이나 지역주민에게 문화와 휴식의 공간을 제공한다. 그러나 이단의 진입에 제한이 없다는 사실은 문제가 되기도 한다. 예를 들면, "도를 아십니까?"하며 접근하여 포교활동을 하는데, 하루에도 몇 번씩 이런 말을 하는 불청객들과 대학생들의 실랑이를 목격할 수 있다. 또는 '기'(氣) 혹은 '마음수련'을 들먹이며 접근하거나 심지어 천문학을 연구하는 사람이라며 우주에 대해 논해 보자거나 환경운동 가라면서 지구환경에 관심을 기울여야 한다는 등의 접근수준도 나날이 업그레이드되고 있다.

더구나 수능 이후에 학생들 대부분이 급격하게 긴장이 풀려 심리적 공허 상태에 빠지는 '수능후유증'을 앓고 몸과 마음이 불안하고 극도로 피로하여 있을 때, 이런 틈을 타 수험생들을 주요 표적으로 공략하기도 한다. 따라서 우리는 그릇된 교리나 생각을 주입하려는 이단의 실체와 그 피해상황을 바르게 파악하여 건강한 가치관과 신앙생활을 유지하도록 힘써야 한다.

* * *

| 참고문헌 |

기독교대한성결교회 이단사이비대책위원회, 『이단사이비를경계하라』, 서울 : 기성출판부, 2008.
기독교대한성결교회 이단사이비대책원회, 『건강한 성결인 건강한 교회』, 서울 : 기성출판부, 2006.
대전광역시기독교연합회 이단사이비대책위원회, 『우리 시대의 이단들』, 서울 : 두란노서원, 2007.
최병규, 『이단 진단과 대응』, 서울 : 은혜출판사, 2004.
한국복음주의신학회, 『성경과 신학 : 한국교회와 이단』, 제12권. 서울 : 기독지혜사, 1992.
각종 인터넷 자료들

기독교의 이해

2011년 9월 23일 초판발행
2015년 3월 16일 2쇄발행

발행처 : 서울신학대학교 출판부
발행인 : 유 석 성
지은이 : 전 성 용 · 정 인 교 편저 외 6인

등 록 : 1988년 5월 9일 제388-2003-00049호
주 소 : 경기도 부천시 소사구 호현로489번길 52(소사본동) 서울신학대학교
전 화 : (032) 340-9108
팩 스 : (032) 349-9634
홈페이지 : http://www.stu.ac.kr
인 쇄 : 삼영인쇄사 (02) 2273-3521

정 가 : 12,000원

Seoul Theological University Press
Printed in Korea

ISBN 978-89-92934-30-5